QUATRE ENFANTS ET UN RÊVE

Christian et Marie-France des Pallières
et Caroline, Bertrand, Isabelle, Éric

QUATRE ENFANTS ET UN RÊVE

*49 photographies
en couleurs des auteurs*

Guilde européenne du raid
ALBIN MICHEL

« AVENTURE AU XXe SIÈCLE »
Collection dirigée par Patrick Edel

22, rue Huyghens, 75014 Paris

ISBN 2-226-02080-2

À nos amis de la Guilde européenne du Raid
qui ont fait à Christian l'honneur
de le nommer vice-président.

COUP DE CHAPEAU

- à la société Sodis (camping-cars);
- à la société Kodak;
- aux congés sans solde IBM;
- à France-Secours-International;
- aux enseignants de l'école Ferdinand-Buisson;
- à Camping-gaz;
- à la directrice de notre C.E.S.;
- à Pathé-Wébo;
- à tous les autres qui nous ont aidés;
- et à ceux qui nous ont accueillis;
- etc., etc.

ET

PIED DE NEZ FAMILIAL

- à ceux qui nous avaient fait tant espérer un camping-car et qui se sont dédits;
- au commissaire qui nous a empêchés de chanter sur le parvis de Notre-Dame de Paris;
- à ceux qui disaient que nous ne dépasserions pas la frontière allemande;
- à l'hôtesse du consulat d'Istamboul;
- aux bandits de Gorgân;
- à ceux qui ont cambriolé Nain-Bus;
- au douanier pakistanais qui...

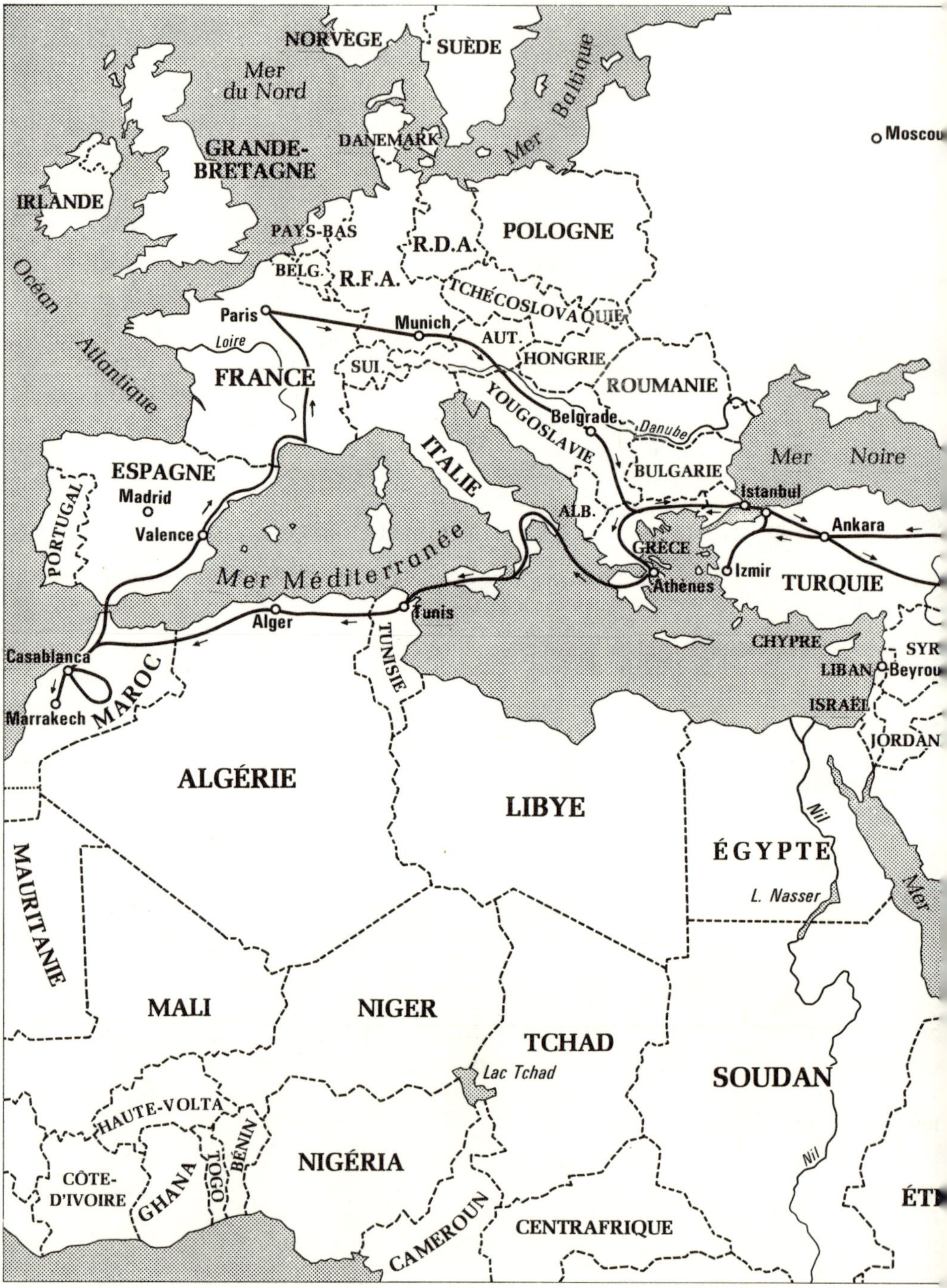
NORVÈGE
SUÈDE
Mer du Nord
Mer Baltique
Moscou
GRANDE-BRETAGNE
DANEMARK
IRLANDE
PAYS-BAS
R.D.A.
POLOGNE
BELG.
R.F.A.
TCHÉCOSLOVAQUIE
Océan Atlantique
Paris
Munich
AUT.
Loire
HONGRIE
SUI.
FRANCE
ROUMANIE
YOUGOSLAVIE
Belgrade
Danube
Mer Noire
ESPAGNE
ITALIE
BULGARIE
Madrid
PORTUGAL
Istanbul
Valence
ALB.
Ankara
GRÈCE
Mer Méditerranée
Izmir
Athènes
TURQUIE
Tunis
Alger
CHYPRE
SYR
Casablanca
TUNISIE
LIBAN
Beyrou
MAROC
ISRAËL
Marrakech
JORDAN
ALGÉRIE
LIBYE
Nil
ÉGYPTE
MAURITANIE
L. Nasser
Mer
MALI
NIGER
TCHAD
Lac Tchad
SOUDAN
HAUTE-VOLTA
NIGÉRIA
CÔTE-D'IVOIRE
GHANA
TOGO
BENIN
CAMEROUN
CENTRAFRIQUE

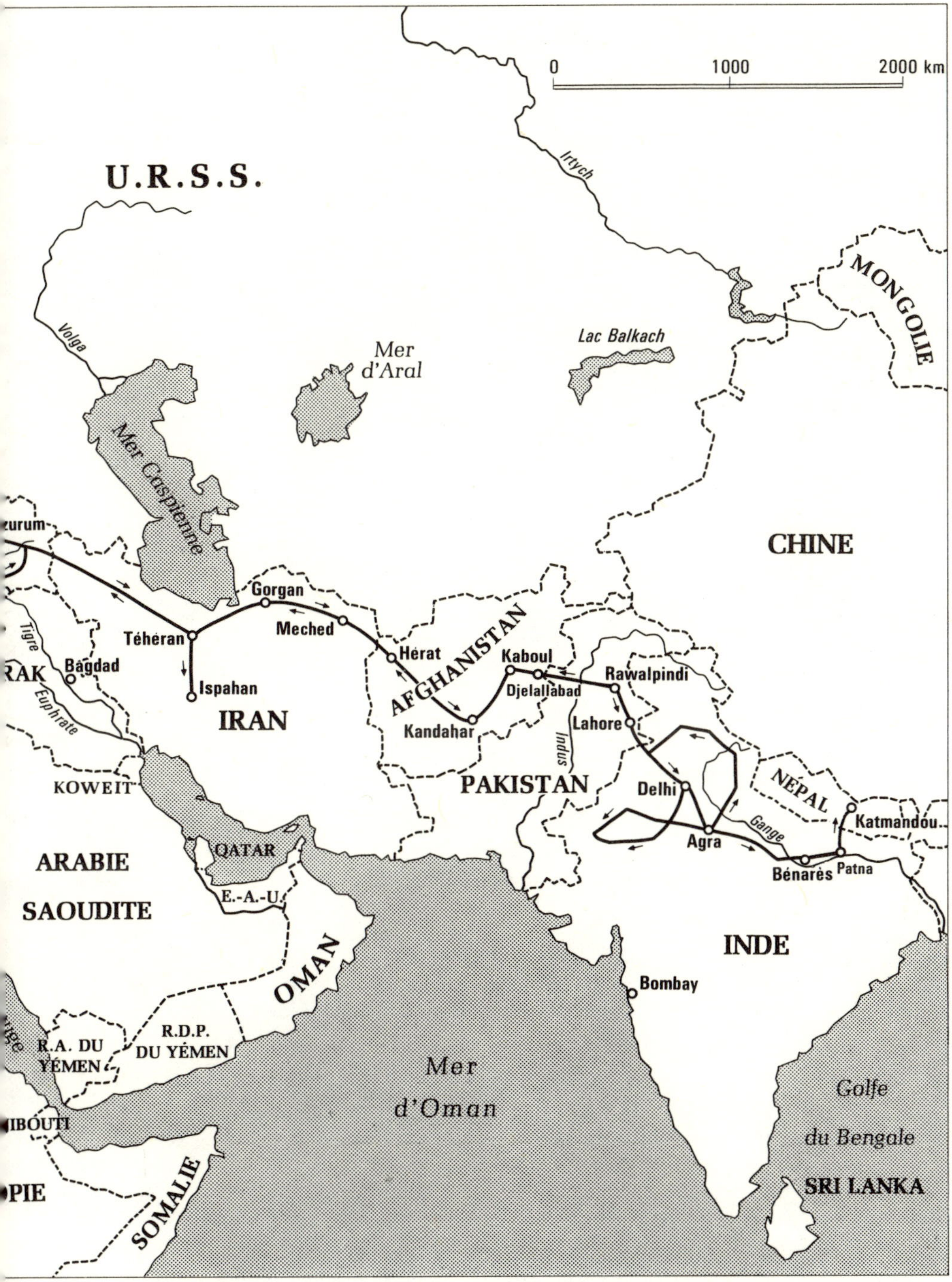

0
1000
2000 km
U.R.S.S.
Irtych
MONGOLIE
Volga
Mer
d'Aral
Lac Balkach
Mer Caspienne
CHINE
Gorgan
Téhéran
Meched
Herat
AFGHANISTAN
Kaboul
Djelallabad
Rawalpindi
Tigre
Bagdad
Euphrate
Ispahan
IRAN
Kandahar
Lahore
Indus
PAKISTAN
Delhi
NÉPAL
Katmandou
Gange
Agra
Bénarès
Patna
KOWEIT
QATAR
ARABIE
SAOUDITE
E.-A.-U.
OMAN
INDE
Bombay
R.D.P.
DU YÉMEN
R.A. DU
YÉMEN
Mer
d'Oman
Golfe
du Bengale
SRI LANKA
SOMALIE

I

Châlons-sur-Marne, 3 juillet

CHRISTIAN :

– J'te dis que c'est ceux qu'on a vus à la télé!

– Penses-tu!...

– Mais si, avec les quatre gosses... Je reconnais la carte, sur le camion!

J'ouvre un œil. Ça sent bon l'herbe et la campagne. Dedans, tout le monde dort mais, dehors, Nain-Bus s'est fait repérer. On discute sec, autour.

Une voix lit la carte, cette belle carte que le fabricant de camping-cars nous a peinte sur le côté :

– Paris, Munich, Vienne, Budapest, Belgrade, Sofia, Istamboul...

J'aime l'intérieur de Nain-Bus le matin. Les rideaux distillent une lumière orange, chaude, pleine de soleil. Il est vraiment rigolo, ce Nain-Bus! Tout y est miniature. C'est sûrement ce qui plaît tellement aux enfants... On ne les entend pas, ceux-là. Hier soir, ils ont tous voulu dormir en sardines, là-haut, dans la capucine. Je vois dépasser un bras qui pend. Celui de Caroline.

Il est huit heures et demie, je m'en moque et je m'étire. À partir de maintenant, l'heure ne compte plus. J'ai dix-huit mois devant moi! Une éternité! Je viens de descendre d'un train qui m'emmenait à dix mille kilomètres à l'heure. Ouf!... Dix-huit mois? Près de six cents jours! Ça fait combien d'heures, tout ça? Mentalement, j'ai des problèmes de retenues, mais il doit y en avoir un paquet! Dix-huit mois sans horaires, sans planning, sans patron... Sublime!

Je ferme les yeux pour mieux savourer. Tout ce temps!... C'est la première fois de ma vie. En fait, je l'ai passée à en manquer : la récréation, les vacances, les week-ends, c'était toujours trop court. Et, quand cela devenait intéressant, c'était déjà fini.

Tandis que là... Nous commencerons par ne rien faire, par nous promener dans les champs, ou dans Châlons. Sur la quantité, nous pouvons bien user un petit jour! Et puis, nous déjeunerons en retard, exprès! Ensuite, nous ferons la sieste sous les arbres, pour nous reposer de la matinée. Après seulement, quand nous nous serons bien gavés de flemmardages et d'heures perdues, nous ferons commencer le grand film direction les Indes, la liberté et le soleil.

– ... Ankara, Téhéran, Kaboul, Islamabad...

Oh! Eh! Doucement, mon gars! Il faut déjà y arriver!

Jusqu'ici, nous en parlions. C'était moins dangereux. C'était un projet. NOTRE PROJET! Un peu comme un cinquième enfant, mais bizarre celui-là. Depuis des mois il alimentait les conversations. Nous étions intarissables. Cela amusait tout le monde, et nous occupait bien. Le soir, nous nous endormions sagement, en rêvant de jungles, de fakirs, et de tapis volants. Un jour, nous irions là-bas... Nous allions partir... Nous partirions... Bref, nous « tartarinions » allégrement.

Seulement voilà : depuis hier soir, nous sommes partis!

Partis?... J'en frissonne quand même, en pensant à cette immense liste noire de tous les trucs affreux qui peuvent nous arriver. Nous la savons par cœur celle-là, depuis le temps que chacun s'acharne à nous en peindre les tableaux effrayants. Mais, en paroles, nous avions réponse à tout. Même morts de soif en plein milieu d'un désert, le choléra au ventre, et attaqués par une bande de lions affamés, nous savions toujours quoi faire...

– ... Amritsar, Delhi, Bénarès, Katmandou... Et avec ses mômes! Ben, il est gonflé, le mec!

Gonflés, nous? Je regarde Marie-France, ou, plutôt, ce qui émerge du sac à chaussettes qui lui sert d'oreiller. Elle m'attendrit toujours, comme ça. Depuis treize ans, je n'en suis pas encore revenu, de ce petit bout de femme aux yeux grands comme la mer, et toujours prête à partir dans mes rêves. Gonflée, elle? Quand elle aperçoit une petite araignée, elle s'enfuit en poussant des cris de terreur. Gonflé, moi? Oui, peut-être un peu... autour de la ceinture (la bière!). Nous sommes sans doute loin des blédards barbus, costauds, sportifs et tout. Mais ce qui est sûr, c'est que nous venons de nous embarquer dans une sacrée aventure.

En fait, elle a commencé il y a un peu plus de deux ans...

Il devait faire particulièrement gris, ce jour-là. C'était un dimanche de décembre, je m'en souviens, et nous sortions du cinéma. Un film plein de soleil et d'aventures. Dehors, il pleuvait et la rue était noirâtre, comme le ciel, comme les murs, comme tout.

C'était aussi la veille d'un lundi comme les autres, un lundi où je courrais pour avoir mon train, puis le métro. Dans l'ascenseur, ma voisine me répondrait :

– Bof! Comme un lundi! Ça ira mieux vendredi!

Je passerais la journée dans un monde d'hommes sérieux, monde efficace, sans enfance ni vieillesse. Le soir, quand je rentrerais à la maison, je voudrais jouer avec les enfants, pour les voir vivre, les entendre rire. Mais il y aurait les devoirs, puis le coucher, à cause du lendemain. Caroline avait déjà... Quand je pense maintenant qu'elle n'avait que neuf ans, ou quelque chose comme cela... En fait, je n'ai jamais vraiment su leur âge : il changeait si souvent! Bertrand devait en avoir... un de moins. Isabelle et Éric, entre quatre et cinq ans.

Nous étions encore tout éblouis par ces images de soleil et marchions bras dessus bras dessous, vers la vieille R 16 qu'il fallait pousser pour démarrer. Ce que j'ai dit exactement, je ne m'en souviens pas. J'ai dû lancer une phrase du genre :

– Et si nous partions faire le tour du monde en chantant?...

Les enfants ont tout de suite crié :

– Oh oui! comme pour jouer.

Marie-France aurait dû rire, faire allusion à notre compte en banque : « Pourquoi pas? Le jour où tu gagneras à la loterie! » Elle ne l'a pas dit. Elle s'est tournée vers moi, plantant ses grands yeux dans les miens, mi-incrédule, mi-interrogative :

– Tu parles sérieusement ?

J'ai senti un peu d'émotion dans sa voix. Je ne m'attendais pas à ça. J'avais lancé un joli ballon de couleur dans le ciel, comme pour le voir éclater. Et il n'éclatait pas. J'aurais dû m'en douter.

– Chiche ?

Merveilleuse Marie-France ! J'aime en toi cette fraîcheur, cette possibilité de marcher dans tout avec un enthousiasme d'enfant !

Elle s'était retrouvée dans mes bras, tête contre épaule. C'est sa manière, quand elle a trop à dire, ou qu'elle veut cacher une larme.

Les enfants avaient compris que nous ne blaguions plus. Et ça avait été du délire. Pendant le retour en voiture, on ne s'entendait plus. Ils criaient tous à la fois.

– C'est quand qu'on part ?

– On ne dit pas « c'est quand qu'on » !

– Est-ce qu'il y aura des sauvages ?

– On n'ira plus à l'école ?

– C'est toi qui seras notre maîtresse ?

Nous échafaudions déjà toutes sortes d'aventures, riant de notre ignorance en géographie. Bertrand voulait que nous fassions notre tour du monde à dos de chameau, Isabelle, en ballon. Marie-France, plus terre à terre, préférait un camping-car. Nous étions tous très excités et le trajet s'était terminé par un de nos chants-gueulantes dont nous avions le secret.

À la maison, Marie-France s'était précipitée au téléphone. Elle est comme ça. Des joies, des peines, elle ne peut rien garder pour elle. Il faut qu'elle partage. Et, avant que j'aie eu le temps de protester, elle avait Mamie au bout du fil. Cette fois, elle coulait mes derniers vaisseaux. L'honneur était en jeu !

Je l'entends encore, ménageant son effet de surprise :

– Allô, Maman, tiens-toi bien ! Je vais t'annoncer une grande nouvelle !

– ?...

– Non, ce n'est pas ça. Tu sais, quatre, ce n'est déjà pas mal ! Non, ON PART FAIRE LE TOUR DU MONDE !

– ?...

– UN TOUR DU MONDE !

J'imagine Mamie, à l'autre bout du fil...

– Mais non, je ne rigole pas! Je t'assure! C'est sérieux! Tu ne veux pas me croire?... Tu veux que je te passe Christian?

L'argument de choc!

Il paraît que Mamie avait marqué un temps de silence, comme si elle avait reçu un ballon de football dans le creux de l'estomac.

– Eh bien, il va essayer... euh... peut-être un congé sans solde.

– ...

– L'école?... eh bien... on se débrouillera! Christian fera les maths.

J'imaginais tout d'un coup, avec un haut-le-cœur, des milliers de trains à quatre-vingt-dix-sept kilomètres/heure, et de baignoires qui n'en finissent pas de se vider. Ma terreur!

– Oui... je sais bien...

Marie-France, cette fois-ci, avait l'air moins sûre d'elle.

– ... Mais Christian est décidé à faire des économies, tu sais!

J'ai dit ça, moi? Ah oui, c'est vrai.

– ... Oui... eh bien... dans un an, quoi!

Marie-France a encore passé une dizaine de coups de fil mais, à part celle de Bonne Maman, les réactions n'avaient pas été à la hauteur de son enthousiasme. En fait, personne n'y croyait vraiment et l'on devait nous soupçonner d'avoir bien arrosé la soirée.

Pendant ce temps-là, Bertrand était allé chercher son petit globe-lampe et nous nous étions tous agglutinés autour, comme des voyantes sur leur boule de cristal. Nous en avions oublié la répétition de chants et le repas, qui s'était transformé en dînette-frigidaire.

– Et l'argent?

Je savais qu'elle la poserait, cette question trouble-fête. Elle ne peut pas rêver longtemps, Marie-France. Avec son petit côté bassement pratique, elle vous crève votre tapis volant, et plouf! vous revoilà sur terre, sans parachute!

– Quoi, l'argent?

Bien sûr, elle était mieux placée que quiconque pour connaître les fabuleux montants de nos économies. Elle s'était d'ailleurs habituée, à partir du 20 du mois, à faire un grand détour, quand elle allait au marché, pour ne pas passer devant notre banque : on a sa dignité!

– Mais, tu sais, à partir de maintenant, on va faire attention! Et puis, on a plein de trucs à vendre.

Bref, c'était vaseux. Cette belle résolution ne nous mènerait pas tellement plus loin que Joinville-le-Pont. Les enfants étaient venus à mon secours :

– Ben, on n'a qu'à chanter dans les rues!

– Ou qu'à vendre mes dessins! avait timidement suggéré Éric qui, à plat ventre sur le tapis, me terminait l'oreille droite.

Mais, malgré les dons indéniables de notre artiste, je ne voyais, comme cliente sérieuse, que Bonne Maman.

Caroline était revenue de sa chambre avec une belle boîte à chaussures raccommodée au scotch. Elle avait barré « Bata » et dessiné en grosses lettres multicolores : « LA CAGNOTTE DU VOYAGE. »

Alors, ils avaient foncé dans leurs chambres et rapporté leurs tirelires. Tout y était passé, les économies, les étrennes... J'avais regardé Marie-France, qui se mordait les lèvres. Je faisais les mêmes efforts qu'elle pour retenir une larme idiote. Nous les avions embrassés un peu plus fort, essayant de cacher notre émotion.

– Avec une équipe comme vous, nous passerons tous les obstacles!

À ce moment précis, j'ai su que nous partirions.

Les enfants voulaient que nous décidions tout, tout de suite, et n'avaient pas voulu s'endormir avant que nous leur ayons promis dix fois de ne pas changer d'avis.

– Moi, j'emporterai ma poupée, elle n'a jamais fait le tour du monde! avait conclu Isabelle.

Maintenant que mes aventuriers en herbe s'étaient endormis, j'imaginais tout à coup la montagne gigantesque de problèmes que je venais de m'inventer avec une si petite phrase.

J'aurais dû me douter qu'elle me prendrait au mot. Décidément, avec Marie-France, il ne s'agit pas de rêver tout haut.

Déjà, l'année dernière, alors que nous sortions du film *La Famille Trapp* et que chacun essuyait sa dernière larme, j'avais lancé cette phrase imprudente :

– Ce serait rudement bien de pouvoir chanter comme eux!

Le soir même, quand nous nous étions retrouvés tous les six dans le salon, je ne me faisais déjà plus d'illusion sur l'avenir de notre chorale. Il fallait absolument renoncer ou se lancer dans le « play-back » mais, de toute façon, ne pas nous brouiller avec nos voisins.

C'était ne pas compter avec la ténacité de Marie-France!

Très influencés par notre film, nous nous étions lancés dans le folklore tyrolien. Côté folklore, on pouvait nous faire confiance. Côté tyrolien, nous nous étions fait envoyer des costumes de là-bas par une amie allemande. Les enfants étaient adorables, Marie-France ravissante et moi, très fier de ma culotte de peau à bretelles et de mes chaussettes rouges. Éric, en revanche, aimait moins sa culotte de cuir : lorsqu'il avait enfin réussi à détacher les gros boutons de devant, c'était toujours trop tard...

Notre meilleur supporter fut d'abord Bonne Maman. Mais pouvait-on se fier à son impartialité? Ses premiers compliments n'étaient-ils pas plus un attendrissement qu'une allusion à la Chapelle Sixtine? Pensez donc! Quatre frimousses de quatre à neuf ans, qui semblaient tout droit sorties des vertes collines de Bavière! Même pas besoin d'ouvrir la bouche!

Mais Marie-France ne l'entendait pas de cette oreille. Elle nous attendait tous les soirs pour la répétition et gare aux tire-au-flanc! Pas question de revenir de l'école ou du bureau sans savoir sa partie.

La concierge trouvait que nous progressions. (Il paraît que le vide-ordures servait de haut-parleur.)

Mais nous avons vite trouvé que nous ne faisions pas assez de bruit et avons commencé à nous équiper. Éric a hérité d'un triangle et d'un tambourin, Isabelle d'un xylophone, les autres de guitares et de multiples accessoires. Et il fallait que tout cela marche ensemble!

Notre réputation dépassa bientôt la portée du vide-ordures : mariages, dîners de famille, Noëls de paroisses, repas du troisième âge, nous étions de toutes les fêtes. Nous avions fini par avoir une vraie petite chorale.

– Pousse-toi, Éric, tu abîmes la Chine!

Les nattes blondes de Caro trempent dans le Pacifique. L'index de Bertrand arrive en Iran, hésite...

– Et après, où tu vas?

Isabelle plante un doigt gras sur la Caspienne :

– T'as qu'à passer par là! Y a la mer!

Elle ramènerait bien le voyage à une partie de pâtés de sable, elle.

Caroline propose plus haut. Elle est bien renseignée : la semaine dernière, elle est revenue triomphante, de la bibliothèque municipale, avec le livre de Marco Polo.

Bertrand l'avait vexée :

– C'est pas d'hier, ton truc!...

Au milieu d'une pile de bouquins ouverts, Marie-France fouille fébrilement *Le Guide du routard :*

– Oui, on peut passer par la mer Caspienne, ou traverser le désert, au sud.

Le désert? Ben voyons! J'imagine six squelettes desséchés autour d'une gourde vide. Cette idée me donne soif. Je me lève et éclate de rire :

– Vous avez l'air malin!

Derrières en l'air, coudes sur la carte, au milieu d'un fatras de dépliants, de livres, de guides, ma très sérieuse famille nous complote un itinéraire de désert de la mort alors qu'il est plus de neuf heures et que nous n'avons pas encore dîné.

Et le scénario se répète tous les soirs, depuis ce fameux jour où... Je me demande toujours si c'était une idée de génie ou la plus grosse gaffe de ma vie. Les devoirs expédiés en deux coups de cuillère à pot, hop! nous nous retrouvons tous les six à plat ventre sur notre planète des rêves. Nous escaladons alors des montagnes gigantesques, nous taillons à coups de machette des passages dans une jungle pullulant de moustiques et de bêtes terribles et finissons attachés à des poteaux, entourés d'une ronde de Sioux hurlants qui se pourlèchent les babines.

Notre itinéraire fait un gros trait rouge sur la carte et arrive maintenant jusqu'en Inde.

En Inde!... Cela nous paraît si fabuleux!...

Il est près de trois heures du matin et je somnole sur la « Croisière Jaune ». Marie-France lève le nez, d'une main elle écarte une mèche de son front :

– Il faudra absolument passer par le Taj Mahal!

– Hein? Le quoi?

Air condescendant de Marie-France :

– Quoi! Tu ne connais pas le Taj Mahal?

– Ben non!

– Mais enfin, voyons, Christian (sous-entendu : mon pauvre!), ce fameux mausolée...

J'avoue que pour moi, tout cela était en effet très, très brumeux. Bien sûr, de mes années d'études, il me restait cette vaste et légendaire érudition, cette vue globale, universelle et transcendantale du Français sur le monde et qui lui permet d'affirmer sans appel « qu'ils n'ont qu'à... », « qu'ils n'avaient qu'à pas... » et « qu'après tout, s'ils ne nous avaient pas fichus dehors, ces pingouins, ils n'auraient pas besoin de venir mendier nos sous... »

Derrière la Suisse, se mélangeaient et s'imbriquaient un tas de pays en « ie ». Mais après? Il y avait bien un Iran plein de pétrole et puis, plus loin, beaucoup plus loin, énormément de pauvres gens qui feraient mieux de manger leurs vaches, après tout! Mais le Taj Mahal...

– Tu sais l'heure qu'il est?

Non. Marie-France connaît le je ne sais quoi Mahal, mais elle ne sait pas l'heure qu'il est. Je la regarde et j'ai envie de pouffer. À trois heures du matin, à quatre pattes dans les cartes, en train de vous demander comment il peut se faire que vous ne connaissiez pas son...

Je l'adore, ma gamine et je l'embrasse.

– Tenez, monsieur, essayez!

Là, il m'a épaté : avant que j'aie eu le temps de comprendre, la table et les sièges ont disparu pour faire place à un lit. Je m'allonge. En largeur, ils ont prévu l'intimité. Il ne faudra pas qu'on soit trop fâchés, Marie-France et moi. Côté longueur, j'ai le crâne et le talon qui touchent, mais ça va. Heureusement que je n'ai pas beaucoup de cheveux!... Je cherche à me détendre les orteils. Interdit!

– Madame peut essayer aussi!

On pourrait fermer les rideaux pendant qu'il y est! D'ailleurs, Madame est occupée. Elle inspecte les rangements d'un air connaisseur.

– J'avoue que j'ai une grande place pour ma vaisselle!

Notre vendeur se rengorge et ajoute :

– Et puis, avez-vous remarqué, Madame, que vous avez l'énorme avantage d'avoir la dînette à l'arrière, et le bloc cuisine sur le côté ?

Il m'inquiète... Elle a tout ça, Marie-France ?

Les enfants, eux, furètent dans tous les coins, ouvrent les placards, tirent les rideaux, et nous hurlent tous à la fois leurs découvertes :

– T'as vu, Papa, il y a l'eau courante!

– Moi, je coucherai là, avec Bertrand!

Éric est subjugué. Ses yeux en accent circonflexe m'interrogent timidement :

– On peut l'acheter, celui-là ?

– C'est plus chouette qu'à la maison! conclut Isabelle.

Le vendeur flaire la belle prise. Il n'a plus qu'à ferrer. Toujours allongé, je lâche négligemment :

– Ça va chercher dans les combien?

À sa réponse, je ne sourcille même pas... Un détail, quoi! S'il savait, le pauvre, que nous n'avons pas le moindre sou et que cela ne nous empêche pas de passer nos dimanches à visiter des dizaines de ces palaces ambulants. Bien sûr, les enfants choisissent toujours les plus beaux, avec eau chaude, moquette, lampe de chevet, salon Regency, et bouteille de whisky dans le bar. Ils rapportent des brassées de prospectus pour occuper la soirée.

Le vendeur a pris son carnet de commandes. C'est simple : il n'y a qu'à signer là! Cette fois-ci, la retraite va être difficile. Même pas l'excuse du « je vais en parler à ma femme ». Elle est là.

– Regardez comme vos enfants l'aiment déjà!

Ça y est! Si je refuse, je suis le bourreau!

Quand je recule vers le marchepied de l'engin, en m'embrouillant dans ma grande phrase où il est question d' « étudier à fond le prospectus, de réfléchir encore, et de repasser de toute façon la semaine prochaine... », au regard du vendeur, je me demande s'il ne va pas me déchoir sur-le-champ de mon autorité paternelle.

Pour ajouter à ma honte, Éric est en larmes :

– Pourquoi on part pas avec?

Je précipite la retraite.

– Dépêchez-vous, les enfants, sinon, on n'aura pas de temps pour la veillée.

En plein dans le mille! C'est sacré, la veillée!

Ils ne la manqueraient pas pour un empire, pas même pour une tablette de chocolat!

Nous n'avons peut-être pas de camping-car, nous, mais nous voyageons déjà. Et tous les soirs.

Le vendeur nous reconduit jusqu'à la vieille R 16 dans laquelle la famille s'installe dignement. Puis, dès qu'il a le dos tourné, hop! tout le monde redescend et pousse. Sauf moi évidemment, qui trône au volant : depuis qu'il n'y a plus de frein à main, et que la poignée du changement de vitesse est dans la boîte à gants avec les essuie-glaces et quelques autres pièces qui étaient sûrement en trop, Marie-France ne veut plus y toucher.

Pour finir de remonter le moral, j'attaque notre tyrolienne préférée. Encore un de nos rites : les trajets en voiture nous ont toujours inspiré de joyeuses roucoulades.

– D'en bas j'ai v...

– Non, tu pars trop bas!

Marie-France fouille sur le tableau de bord à la recherche du diapason.

– Doooooooooooo...

C'est parti! Nous avons oublié les camping-cars inabordables et, en chansons, dévalons comme des fous des collines verdoyantes et fleuries, à la poursuite de troupeaux à grelots et de torrents gazouillants...

– ...idouuuuuuu...

– Christian! Mi!

– ...ou!

Moi, je le trouvais bien, mon « ou »... Peut-être pas grandiose, mais bien.

Meudon, déjà! Nous n'avons pas vu le temps passer.

– Attends, Papa, attends!

Bertrand gratte sa troisième allumette pour allumer la bougie.

– Ça y est, Caro, tu peux éteindre!

La bougie, c'est pour l'ambiance. L'histoire fait plus vrai. On peut rêver.

J'attrape la guitare; pour le bruitage. J'aime bien les voir là, tous les quatre, en rond sur le tapis. La bougie n'éclaire que leurs visages et fait briller leurs yeux.

Marie-France s'installe derrière moi, sur un pouf. J'attends un peu. Il faut créer le suspense.

– Il était une fois un petit garçon de Mongolie, qui s'appelait Gengis...

Je parle doucement, pour me donner le temps d'inventer. Au bout d'un moment, je me prends au jeu. J'arriverais presque à me faire peur!... Grands coups sur la guitare...

– ...et c'est à partir de ce jour-là qu'on le nomma Gengis Khan!... Allez, lumière, pipi, les dents, la prière et tout le monde au lit!

– Oh non, Papa, la suite!

– Demain, demain!

Nous bordons jusqu'au cou nos intrépides aventuriers qui préfèrent quand même que je laisse la lumière du couloir allumée.

Marie-France est assise à la table du salon, au milieu de dizaines de relevés de banque, et de feuilles noircies de chiffres. Elle a aperçu la pile de livres que j'ai achetés cet après-midi, et que je pose discrètement sur la commode. Mauvais signe : je n'ai pas droit aux « bras autour du cou », ce soir.

– Tu as vu les comptes ?...

Je ne les ai pas vus, mais j'ai comme l'impression que je vais en entendre parler...

Ce n'est sûrement pas le moment d'annoncer que je viens de réserver six places pour une conférence-projection sur la Turquie...

– Si on continue comme ça, ce n'est même plus la peine de parler voyage !...

« On », c'est moi, il n'y a pas de doute !

Je gagne du temps.

– Continuer quoi ?...

– Ben, d'acheter des livres, le cinéma... Cela fait six mois qu'on prépare, on part dans un an, la bibliothèque est pleine, mais nous n'avons toujours pas un sou de côté !

– Ne te fâche pas, ça ne sert à rien.

Les enfants ont l'air désolé. Isabelle montre la boîte à chaussures éventrée.

– Mais si, Maman, on a tout ça !...

– Vous avez ouvert la cagnotte ?...

Bertrand termine ses calculs, avec les retenues sur les doigts.

– 732,30 frs.

– Ouh ! c'est beaucoup, hein !

Effectivement, ce n'est pas brillant...

Je me cherche des excuses :

– Mais, tu sais, ces livres, c'est un peu pour tout le monde que je les rapporte.

J'avoue que cette préparation me passionnait tellement! Cette découverte que nous faisions ensemble, et qui remplissait merveilleusement nos soirées... Depuis que nous avions décidé ce voyage vers l'Asie, je ne manquais plus un film, une émission, un article ou une conférence sur ces pays. Atteint d'une véritable boulimie, je pillais les librairies, pour tout savoir : comment les gens naissaient là-bas, vivaient, mangeaient, priaient, pleuraient, riaient, et mouraient... Enfin, tout! Je pouvais faire dix conférences sur la route de la soie, et j'avais déjà rapporté vingt-deux livres sur l'hindouisme.

Pourtant je sens bien que Marie-France a raison. Nous avons peut-être appris des tas de choses, mais nous n'avons toujours ni argent, ni camping-car; rien du tout.

J'ai une idée!

– Il faut qu'on fasse un dossier!

– Un dossier de quoi?

– Eh bien, de notre projet, de ce qu'on veut faire, avec l'itinéraire, le budget, et tout! Dans le bouquin que je lis, c'est ce qu'ils ont fait. Ils en ont envoyé à des tas d'entreprises, et ils ont trouvé des sponsors pour du matériel.

J'ai marqué un point. Marie-France s'intéresse.

– Montre.

Je lui passe le livre en lui pointant le paragraphe.

– Et puis, on pourrait donner des concerts!

– Tu rigoles!

– Pourquoi pas? Le dîner du troisième âge, samedi, n'a pas été un succès?

– Si, mais tu ne savais pas bien ta partie, toi!

– J'ai moins de temps que vous! N'oublie pas que j'ai un petit boulot annexe qui me fait quand même partir à sept heures du matin et revenir à huit heures du soir!

Je connais sa réponse par cœur; elle va m'arriver comme un torrent : « Ah, parce qu'à la maison il n'y a rien à faire! Élever tes quatre enfants, ce n'est pas un travail! Faire ton courrier, ce n'est pas un travail! Réparer les chaussettes de Monsieur, ce n'est pas un travail, non plus! » Rien... Je n'ai rien eu de tout ça. J'ai même eu droit à ses bras autour du cou :

– Tu sais que je t'aime, toi?

– Et moi, alors!

Nous avions des solutions. Elle avait retrouvé le sourire et elle était maintenant complètement rassurée.

Mais, avec tout ce qu'il restait à faire, c'est moi qui me demandais si nous partirions un jour.

– Tous les six! Mais, c'est merveilleux! Combien demandez-vous?

Marie-France pique un fard. Je bredouille :

– Euh, je...

J'avoue que nous ne nous sommes jamais posé la question.

M. Lauret, directeur du Centre culturel, a entendu parler de nos chants par un ami. Derrière son bureau, tout d'un coup, il grossit, grossit, grossit... Une massive chaîne en or traverse son ventre énorme. Mr. Lauretown, super big boss de la Metro Goldwyn Mayer, se renverse sur son fauteuil, les pouces plantés dans les poches de son gilet, en mâchouillant son gros cigare. Il va nous proposer un contrat fabuleux. Des tournées interpalaces en superjet, des millions de dollars...

– 600 frs, ça vous irait?

– Formidable!

– Pour le moment, je vous prévois déjà deux spectacles.

J'ai quelques frissons. Des images de tomates pourries me traversent la cervelle. Ne devrait-il pas commencer par nous écouter un peu? Il y a quand même une différence entre les soirées familiales et les planches!

Mais, pour lui, l'affaire est faite. Goût du risque ou confiance sans borne?

– 27 septembre à Meudon, 29 janvier à Garches!

– Ça y est, les enfants, notre premier contrat! On chante à la rentrée, avec des vrais spectateurs qui auront payé! Et tout pour la cagnotte!

Isabelle sautille :

– Ben dis donc, on va être des vedettes!
– Surtout si tu continues à couiner comme d'habitude!
– Oh toi, hein, Bertrand, tu t'es pas entendu!
Nous plaisantons un bon moment avec des histoires d'impresarios, de journalistes, d'interviews, d'aéroports et de Cadillac. Marie-France ne partage pas l'enthousiasme général :
– Je ne sais pas si vous vous rendez compte mais il ne reste que trois mois avant septembre! Et je vous garantis qu'il y a du pain sur la planche! Allez, arrêtez de faire les pitres, et on s'y met tout de suite, sinon, ça va être une belle catastrophe!
Nous nous retenons un bon moment, puis le fou rire éclate. Bertrand hoquette :
– Et avec toute la salle à genoux, nous suppliant d'arrêter.
– Ou Maman qui récupère les tomates dans son tablier pour la salade du soir.
J'en rajoute :
– Ou alors moi qui craque mes bretelles en chantant un « yodel » trop fort.
– Oui, et qui, et qui, qui... (il en bégaye, Éric), et qui cours vite derrière le rideau en tenant à deux mains ta belle culotte...
– ...Et Éric qui ne peut plus se retenir, et qui fait pipi sur la scène, pendant qu'Isabelle tombe dans le trou du souffleur...
– J'ai vraiment une famille trop bête!
Le « bête » a claqué en même temps que la porte. Silence de mort. Caroline joue les aînées :
– C'est de votre faute, les garçons, c'est vous qui avez commencé.
– Oui, elle a raison, Maman, faut qu'on répète! Je vais la chercher!
Elle est revenue, à condition que nous arrêtions de faire les idiots, et que nous attaquions la répétition. Il y a bien eu encore quelques pouffades solitaires, mais, comme nous nous appliquions bien, elle y a participé. Puis, les enfants couchés, elle s'est remise au dossier, pendant que je me replongeais dans l'itinéraire.
Il est tard. Je pique du nez. Un coup d'œil sur Marie-France. Elle a les yeux un peu cernés. Ça m'attendrit, cet acharnement qu'elle met dans tout ce qu'elle fait. Mais il faut quand même qu'elle s'arrête!
J'arrive derrière elle, lui mets mes bras en collier.
– Tu crois qu'on est sérieux?
– Tiens, regarde!

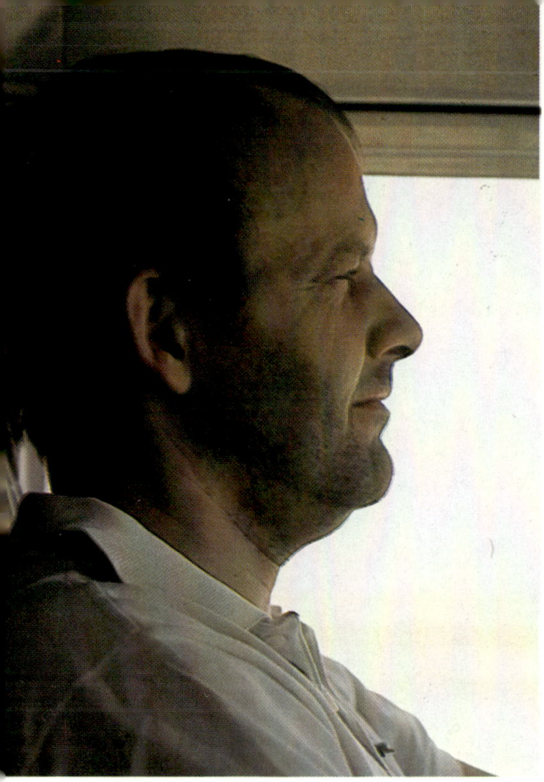

1

1. Christian, père de famille et chauffeur.
2. Marie-France.
3. Caroline, concentrée sur son journal de bord.

2

3

4

5

4. Nain-Bus, le dernier-né de l'équipe.
5. Bertrand, aide mécanicien.
6. Isabelle « chez Ali Baba ».
7. Ce n'est que du lait !... (Éric en Turquie).

6

7

– Mais il est magnifique, ton dossier!

– Attends, je vais te le lire. Dis-moi franchement ce que tu en penses... En première page, j'ai dessiné *Voyage en famille à travers chants,* avec une belle photo de nous tous. Page deux, c'est la table des matières : l'équipe, l'itinéraire, le matériel, le budget, etc. Page trois : l'équipe. Caroline, dix ans, deux nattes blondes, des yeux bleus, gracieuse et raisonnable, aime écrire et jouer de la guitare. Bertrand, neuf ans, adorable et sensible, rêveur et mauvais joueur, a une très jolie voix de soprano. Isabelle, six ans, enthousiaste et rigolote, bille ronde et couettes en l'air, participant à tout, est spécialiste des catastrophes...

– Eh, Marie-France...

– Attends! Éric, quatre ans et demi, l'artiste, yeux en accent circonflexe, sourire d'Enfant Jésus, calme et réfléchi, disparaît mystérieusement au moment des corvées. C'est notre dessinateur et...

– Excuse-moi de t'interrompre, mais je voulais simplement te signaler que tes gracieux, raisonnables, calmes et réfléchis angelots sont en train de se bagarrer dans la chambre. On ferait bien d'aller voir avant qu'ils aient tout cassé!

Marie-France a vraiment l'air fatiguée. Elle est là, devant ses piles de dossiers, d'enveloppes, de lettres prêtes à partir. C'est peut-être un peu trop...

Je repense à cette préparation, à ces mois complètement fous, ces milliers de lettres, ces millions de démarches. En fait de liberté et de grands espaces, nous avons commencé par les travaux forcés : plus de sorties, de cinéma, de télé, de week-ends, de vacances. Marie-France a écrit aux fabricants de camions, de voitures, d'appareils photo, aux compagnies pétrolières, aux ambassades, aux banques, aux États-Unis, au Japon, au ministre de l'Éducation nationale, à notre propriétaire, au percepteur, au Père Noël..., bref, à la Terre entière!

Nous n'avons pas encore écrit à sainte Anne mais, si ce n'est pas nous, il y aura sûrement le facteur pour le faire. Dès qu'il arrive, nous nous précipitons tous les six sur lui, le nez dans sa sacoche, comme si nous attendions l'héritage d'un oncle Mohammad d'Arabie Saoudite.

Marie-France s'approprie d'autorité le paquet. Elle a le coup pour éliminer prestement les quittances de gaz ou les publicités et sortir les belles enveloppes à l'en-tête des importantes sociétés. Nous retenons notre souffle pendant qu'elle déchire fébrilement l'enveloppe qui va sûrement nous apporter la réponse enthousiaste du richissime sponsor... Alors, le plus souvent, elle a son sourire un peu figé et nous n'avons pas besoin d'attendre la lecture de la lettre pour savoir que « malgré l'intérêt certain de votre projet », ...bla bla bla bla..., « la crise actuelle ne nous permet pas... ».

– Ah! Les cochons! (Isabelle a une manière assez personnelle de résumer la situation.)

Je n'aime pas les voir déçus et j'ai fini par trouver un truc : je pars un peu plus tôt et je m'arrange avec le facteur pour subtiliser un bon paquet de ces réponses poliment négatives, que Marie-France attend toujours.

Ainsi, les mois passent. Mais les choses n'avancent guère. La famille se rassure peu à peu : nous ne partirons jamais.

– Ça ne va pas?

– Si, si!

C'est tellement évident qu'elle va bien, que tout va bien, que deux grosses larmes ont coulé, vite essuyées d'un revers de main, suivies d'un reniflement de petite fille.

– Ce n'est rien.

Et puis, elle me raconte. Ce coup de téléphone, tout à l'heure : une amie qui connaît quelqu'un qui..., bien placé pour savoir..., des histoires atroces... Nos pays de rêve sont des pays de cauchemar. On s'y fait égorger à tous les coins de rues. Bien trop dangereux pour les enfants. Nous avons le droit de jouer avec notre vie mais pas avec la leur! « Si vraiment vous voulez partir, au moins laissez-les. »

Partir sans les enfants! J'ai piqué ma colère : Eh bien oui, il y a des risques! Et la bonne amie en a oublié. Oui, on peut se faire étriper, violer, couper en rondelles! Non, il n'y aura pas de toubib à tous les coins de piste! Et si les enfants attrapent à la fois le choléra, le paludisme, une hépatite, des amibes, une appendicite aiguë et une bonne fièvre typhoïde là-dessus, eh bien oui, on sera dans de beaux draps!

Comme si, depuis des mois que nous nous préparons, nous ne les connaissions pas par cœur tous ces risques! Comme si nous n'essayions pas d'y parer! Nous savons bien qu'il est impossible de les éliminer tous!

Mais emmener ses enfants à cent trente à l'heure sur l'autoroute, ce n'est pas un risque, ça? Ce n'est pas un risque?...

– Ne crie pas si fort, tu vas réveiller les enfants! Et puis, tu ne sais pas tout!

– Quoi, encore?

C'est une lettre du constructeur. La tuile! Pour le camping-car, c'est fichu.

– Ce n'est pas possible!

Après tant de visites et de discussions, tout semblait réglé, pourtant! Nous avions leur promesse. Au bout d'un an et demi de préparation et à cinq mois du départ, c'est l'impasse totale!

La grosse dame à gauche nous prévient :

– Meaux, c'est dans cinq minutes.

L'excitation atteint son comble dans le compartiment. Isabelle récupère sa poupée qui dormait dans le filet. Marie-France ramasse les papiers et la bouteille d'Évian. Notre voisine qui, depuis Paris, crochette dans le rose bonbon pour sa petite nièce, lâche ses aiguilles pour rattacher le lacet d'Éric, pendant que je lui renfile sa cagoule et que Caroline lui remonte sa culotte.

C'est ça, les voyages en famille : l'incognito, pas question!

Au début, chacun était resté sagement assis, plongé dans sa lecture. Mais cela n'avait pas duré bien longtemps. Il y avait d'abord eu Éric, qui avait fait éclater de rire tout le compartiment, quand il avait dessiné, sur la buée de la vitre, le portrait du monsieur chauve qui ronflait, étalé dans le coin gauche. Puis Isabelle avait raconté nos projets à sa voisine attendrie et époustouflée. Ça nous avait valu une distribution de bonbons, et des milliers de questions. Bref, tout le monde sait maintenant que nous allons chercher le fameux camping-car tant attendu, et qui va nous emmener autour du monde.

Le camping-car! NOTRE camping-car! J'ai du mal à y croire.

Pourtant, le moral n'était pas bien haut, quand nous avions décidé de reprendre toutes nos démarches à zéro. Et puis, un jour, il y avait eu cette lettre, cent fois relue :

– Votre projet nous intéresse... Pouvez-vous prendre contact avec nous le plus rapidement possible?

Et comment!

Nous avions foncé. Je nous revois encore, devant le patron : il fallait convaincre!

Nous avions expliqué, pendant plus d'une heure. Et puis

l'attente... Oui? Non?... Ç'avait été « oui ». Nous avions failli lui sauter au cou!

Nous quittons le wagon dans de touchants adieux. Je me sens obligé d'embrasser, moi aussi, toutes ces dames aux joues rendues un peu collantes par les généreux baisers de ma progéniture.

Course vers la sortie de la gare. C'est à qui le verra le premier!

Pas de camping-car!...

Mais M. Alain est là, avec Isabelle déjà accrochée à son cou. Il devine tout de suite nos pensées.

– Non, je ne suis pas venu avec : on termine l'installation des jerricanes. Je vous y conduis.

Pendant le trajet, difficile de parler d'autre chose.

Un virage à gauche, et nous nous arrêtons dans la grande cour bourrée de camping-cars.

– Voilà!

Impossible de se tromper. Au milieu de ses congénères, notre petit camping-car trône tout blanc, tout pimpant, avec sa belle carte-itinéraire sur le côté. Il est vraiment rigolo. Sa grille pare-bêtes sur le nez et ses deux jerricanes sur les fesses lui donnent même un petit air blédard. Pépère-blédard, oui, c'est bien ça!

Tout de suite c'est le coup de foudre.

– Super-génial! crie Caroline.

Une volée de moineaux gicle de la voiture. J'essaie de paraître plus calme, mais j'aurais bien envie de sauter comme Isabelle, qui trépigne d'excitation. Avec un petit sourire amusé, M. Alain guette nos réactions. Il l'a manifestement bichonné aux petits oignons.

– Je le ferai comme pour moi. Vous réalisez mon grand rêve! m'avait-il dit.

Nous sommes plantés devant, n'osant pas trop y croire. Timidement, Éric s'approche de moi.

– Il est vraiment à nous, celui-là?

Trop souvent échaudé, il reste encore sceptique. M. Alain ouvre la porte arrière.

– Vous pouvez entrer. Il est à vous!

Pendant l'abordage hurlant et déchaîné, nous allons, entre hommes, discuter moteur. J'avoue que j'écoute à peine M. Alain. Je n'ai qu'une envie, c'est de lui faire une grosse bise et de filer avec notre carrosse avant qu'il ne redevienne citrouille. Si à le bricoler ainsi il s'y était tellement attaché et qu'il ait des regrets de dernière heure...

Nous réglons encore quelques détails et, cette fois-ci, M. Alain s'adresse à Marie-France. La conversation devient poétique.

– Pour les toilettes, je vous mets le modèle 44 ou le 66?

Nous apprenons vite qu'il s'agit du nombre de séjours.

Et nous voilà partis tous les trois dans de charmants calculs qui ne cachent plus rien à M. Alain de nos habitudes familiales. Nous optons finalement pour le 66, qui devrait nous permettre de tenir un siège de près de quatre jours!

C'est le départ. M. Alain succombe sous un assaut d'embrassades enthousiastes et reconnaissantes. Je me contente de lui serrer la main, mais je n'en pense pas moins.

– Et encore merci pour tout ce que vous avez fait pour nous!

Quand enfin je monte dans la cabine, j'ai tout oublié de ses explications.

Un coup d'œil dans le rétro : assis sur la pointe des fesses, et raides comme des premiers communiants, les enfants osent à peine respirer. Ça sent le suspense... Contact. Ronronnement merveilleux. Je passe la première. Grand sourire de M. Alain :

– Bonne route!

L'air faussement décontracté, mais la jambe un peu tremblante, j'emmène ma famille hypnotisée, en espérant sortir sans emboutir tous ces beaux camping-cars, ni la grille de la cour...

Maintenant, ça y est! Nous sommes hors de vue.

– Yahoooooo!!!

Nous nous sommes trop retenus. Cette fois, c'est le déchaînement, le délire. Ça éclate à la Wagner. L'attaque de Sioux avec roulement de tam-tam sur la table. Du dix mille décibels dans les tympans.

– Mais arrêtez! Vous n'êtes pas fous, non?

Ça re-scande de plus belle à l'arrière :

– I-lè-ta-nous! I-lè-ta-nous!

Ah! la tête de ceux qui prédisaient que nous ne partirions jamais!... Hein?...

La route file devant nous. Derrière, c'est toujours l'enthousiasme. Isabelle a déjà installé l'inévitable poupée là-haut, sur la capucine. Chacun s'est attribué un placard, et Éric fait de la spéléo dans le coffre.

– Ce que je trouve super-sympa, moi, c'est d'être assis tous les quatre à jouer à table, pendant que Papa conduit!

– Merci toujours, Caro!

– Moi, ce que j'aime, c'est qu'on peut faire pipi pendant que ça marche, dans le « ping-car », ajoute Éric en se levant.

Toute la famille lui tombe sur le dos :

– Tâche pas d'essayer! hurle Bertrand. Tu ne vas pas déjà le salir, non?

Paris 40.

– Plus que quarante kilomètres?

Isabelle est déçue.

– On pourra en refaire demain, du camping-car?

Bertrand, doctoral :

– C'est pour le voyage, et pas pour en faire, qu'on l'a, le « campingneu-car », comme tu dis, ma vieille!

– D'abord, je ne dis pas le « campingneu-car », je dis le « camping-car »! Et puis, si je veux l'appeler le « campingneu-car », je l'appellerai le « campingneu-car »! Je peux même l'appeler « sac-à-puces », si ça me plaît!

– C'est vrai! Si on lui trouvait un nom?

– Oh oui, super!

– La maison qui roule!

Je fais une pointe à soixante-dix.

– P'tit nid!

– Eh, pas si vite, Christian!

C'est vrai qu'il se conduit bien, ce...

– Bidule!

Un silence respectueux m'indique que je n'ai pas encore découvert l'Amérique.

En attendant, c'est fou ce qu'il a comme succès! Tous nos voisins d'autoroute font des yeux comme des billes, et les enfants nous envoient des petits signes complices. Il faut dire qu'il est marrant, avec toutes ses inscriptions. Marrant, mais pas discret.

– Nounours! tonitrue Isabelle.

Air exaspéré de Bertrand.

– Mêêêê non! Maman a dit qu'il fallait « car » ou « bus » dedans!

– Petit Gibus! ce serait mignon, hein? risque Isabelle.

Cela fait déjà plus d'une demi-heure que nous nous creusons la tête, et nous commençons à sécher sérieusement.

Notre artiste daigne sortir de ses dessins.

– Moi, je sais, Papa!

– Ah! tu te réveilles, Éric? Eh bien, dis-le!

– Euh... Le camping-car!

Éclat de rire général.

– Ah! toi, dis donc, t'as vachement suivi la conversation! On veut justement lui donner un nom!

– Nain-Bus!

– Oh oui!

Je succombe modestement sous les applaudissements. On sent planer l'admiration. Je me rengorge, et en rajoute :

– C'est un petit bus, alors il est un peu nain... Nain... Bus, quoi!

Marie-France persifle :

– Merci, on avait compris!

– Et maintenant, vingt centimes d'amende au premier qui ne l'appelle pas par son nom!

Porte de Bercy. Il fait déjà nuit. J'enfile le périphérique, j'irai plus vite que par les quais.

Tout à l'heure, nous nous sommes arrêtés pour baisser la table et tester la position couchette. C'est réussi! Nos quatre braillards sont tombés comme des mouches. Ça rompiche en confiance et le tableau fait plaisir à voir. Marie-France le contemple en maman-poule. Sa voix vire à la tendresse :

– Tu te rappelles, quand nous étions fiancés, dans une voiture vide, tu t'étais retourné et tu avais dit : « Il en faudra plein derrière...! » C'est quand même chouette!...

– Quoi ?

– Ben, tout ça..., le voyage, le camping-car!...

– Vingt centimes, Maman!

Caroline ne dormait pas.

– Non, tous dehors, sinon ça va être la panique! Passez-moi plutôt les trucs!

Marie-France a pris le commandement à bord, et pas question de mutinerie.

Nain-Bus navigue au milieu d'une mer immense de ces « trucs ». Il y en a partout : dans l'escalier, dans l'entrée, et même sur la pelouse. Mamie désigne l'ensemble d'un air affolé :

– Et vous voulez mettre tout ça là-dedans?

Oui, nous voulions. Et pendant des heures, nous avions tout fait pour. On ne voyait plus Marie-France, mais on entendait des bruits de toutes sortes, accompagnés, nous semblait-il, de quelques écarts de langage : elle devait sûrement reconstruire Nain-Bus de l'intérieur. Quant à nous, ouvriers anonymes, nous passions, passions, passions.

Vers midi, elle était réapparue à la porte arrière de Nain-Bus, échevelée, congestionnée. Avant de s'effondrer sur le marchepied, elle avait écarté les bras dans un grand geste d'impuissance, et gémi :

– Rien à faire! Ce n'est pas possible, ça ne tient pas.

Après le déjeuner, nous avions tout ressorti, pour de nouvelles coupes sombres. Mais la discussion avait vite tourné au vinaigre :

– Tu ne vas quand même pas prendre deux sacs à viande par personne!

– Ah, parce que tu comptes passer dix-huit mois sans les laver? Eh bien, moi pas!

– Et alors, au soleil, ça sèche dans la journée!

– Mais si un gosse fait pipi dedans?

– Pipi dedans?

Je m'étais retourné vers les enfants, en donnant de la voix :

plan de Nain-Bus.

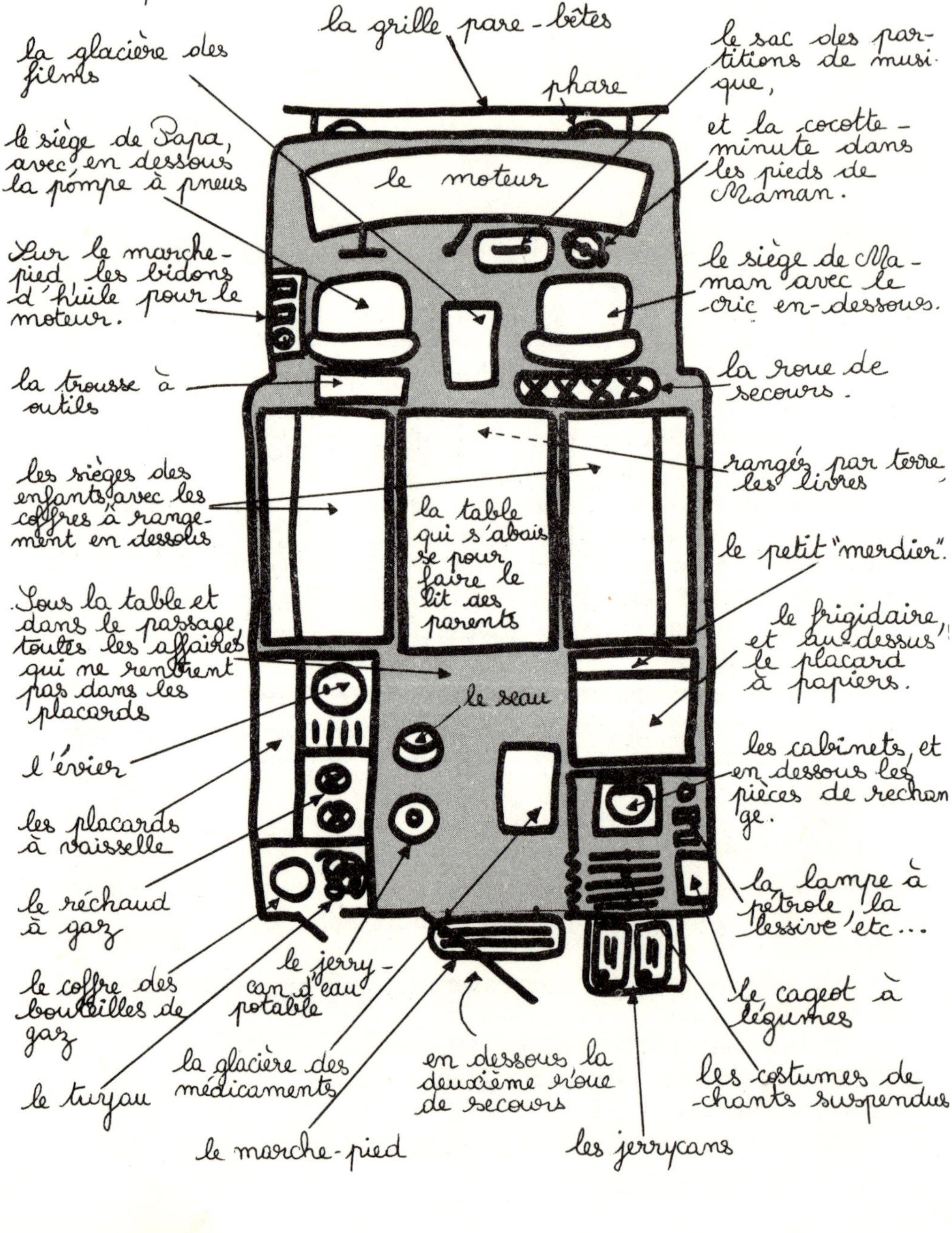

– Ah non! Dans Nain-Bus, pas question, j'espère! Manquerait plus que ça... Bon, admettons qu'on en prenne un de secours!

– Et toi, tu crois vraiment que tu as besoin de douze filtres à air? Ça prend une place, ces machins-là!

– Je préfère prendre mes précautions... Eh merde, il pleut!

À neuf heures du soir, ma lampe électrique éclaire le tas hétéroclite et détrempé des nouveaux objets sacrifiés. Au sommet, la moitié des médicaments donnés par le Dr Dufour. Marie-France soupire :

– Pourvu qu'on ne les regrette pas.

– Et ça, qu'est-ce que j'en fais?

Depuis un quart d'heure, je tournicote désespérément avec cette cocotte-minute dans les bras.

– Tu n'as qu'à la mettre sous mes pieds, à l'avant : il n'y a pas d'autre solution!

Marie-France arrive encore à suspendre nos costumes de chant dans les cabinets, à coincer une roue de secours derrière son siège, et la trousse à outils dans mon dos.

Nain-Bus a tout avalé. Même la guitare, même le xylophone, même la tarte de Mme Philippo. Bourré comme un grenier après les foins, il a le derrière qui traîne par terre, et nous allons avoir bien du mal à nous trouver une place là-dedans.

– Voilà!

– Non, mais t'es pas folle?

Isabelle me déverse sur les pieds une énorme brassée de chiffons d'où dépassent deux jambes en celluloïd.

– Ben... c'est les affaires de Coralie!

– Coralie! Coralie! D'abord, on va dans des pays chauds, elle n'a sûrement pas besoin de tous ces vêtements... Non, là, les enfants, je crois qu'on s'est mal compris. Écoutez : je vous permets d'emporter tous les jouets que vous voulez, mais alors vraiment tous..., à condition qu'ils tiennent là-dedans!

Je décabosse la boîte à chaussures qui traînait sur la pelouse, et la pose délicatement sur le marchepied de Nain-Bus. On grognasse dans les coins. Je n'ai pas dû convaincre.

– Dites donc, bande de rouspéteurs, partir faire le tour du monde, ça ne vaut pas le plus beau jouet?

Enfin, comme des somnambules, nous nous sommes hissés jusqu'à nos sièges. L'équipe est à plat, complètement flagada. J'ai les jambes comme des nouilles, et Marie-France de grands cernes sous les yeux. Quant aux enfants, ils n'ont même plus la force de se chamailler.

Depuis quinze jours, quel tourbillon! Déménagement, vente des meubles, préparation du gala, repeinture de l'appartement pour récupérer la caution, courses dans les ambassades, dans les hôpitaux pour les séries de vaccins, un million de choses à ne pas oublier... J'ai une tête comme la cocotte-minute, et même pas de petit sifflet pour diminuer la pression!

– Bon, alors, où va-t-on?

C'était encore une idée de Caroline : « Il n'y a qu'à s'installer tout de suite dans Nain-Bus pour économiser deux mois de loyer! » Décidément, j'étais père d'une famille de génies! Oui, mais maintenant... Pendant le voyage, il y aurait le soleil, et l'espace pour vivre dehors; le temps, aussi, de se laver à la queue leu leu dans une petite cuvette; un trou pour vider l'eau sale; tandis que là, dans la rue...

– Alors? interroge Marie-France.

– Pourquoi ne pas rester ici?

– Ça ne va pas? Où iras-tu chercher l'eau?

– Et puis, je connais des gens très chics qui viendront nous dire (Bertrand prend sa bouche « cul-de-poule ») : « Enfin, je vous en prie, cette rue n'est quand même pas un camping! »

En attendant, demain : bureau! Et je me demande bien comment je vais pouvoir retrouver ma veste et ma cravate dans un fatras pareil. J'ai une idée :

– Au camping du bois de Boulogne!

– C'est toi qui conduiras les enfants à l'école? Il faut au moins qu'ils terminent leur année, si tu ne veux pas te mettre déjà les enseignants à dos.

– Dans la cour de la mairie, alors? suggère Bertrand.

– Pour faire sécher tes chaussettes sur la statue de Marianne? Tu crois que les gendarmes te laisseraient, toi?

– Remarque, Marianne, ça ne la dérangerait pas!

– Ou sentier des Jardies?

– Oh oui, ce serait sympa, non?

– C'est vrai, pourquoi pas?

Isabelle se rengorge : elle a obtenu l'unanimité.

Nous avons de bons copains là-bas : un groupe de familles installées en semi-communauté.

– Bon, Marie-France, tu leur téléphones ?

Elle est revenue en sautant de joie : c'était d'accord. On pourrait même prendre l'eau chez eux.

Une demi-heure après, Nain-Bus s'installait dans le sentier des Jardies, attirant aussitôt tous les gosses du quartier :

– Vous allez dormir là ?

– On peut voir dedans ?

Je leur ai fait une visite de groupe, puis nous avons fermé la porte et sommes tombés comme des masses sur nos couchettes, sans même dîner.

Mais Marie-France avait encore la force de raisonner :

– Maintenant que nous avons acheté le châssis et les pièces détachées, tu sais combien il nous reste sur la cagnotte ?

– Non, mais je préférerais en parler demain !

– Eh bien, à peine 11 000 frs pour dix-huit mois. Ça ne paiera même pas l'essence !

Mais, ce soir, je n'avais plus le courage de me poser des problèmes. J'avais surtout très sommeil.

– Oui, mais il y a notre gala d'adieu, et celui qu'on doit donner la semaine prochaine avec Gérard Lenorman !

Marie-France s'était retournée vers nous, les yeux en billes, bouche ouverte comme si elle avait avalé le courrier :

– C'est... c'est la télé! Ils ont entendu parler de notre truc.

Une bombe au milieu de Nain-Bus!

– La télé!?...

Décidément on prenait goût à nos têtes. Le mois dernier déjà, notre chorale s'était retrouvée, très impressionnée, dans les studios de France Musique et de France Culture.

– Attention, ça va être à nous!

D'un revers de main, j'essuie les gouttes de sueur qui me perlent sur le front : c'est le four, ici.

– Projecteurs!

J'ai cent mille watts dans les yeux, et le ventre qui se noue. Lumière rouge : ça y est! Des millions d'yeux braqués sur moi! C'est trop!... Et Marie-France qui a prévenu la famille, les voisins, et Mme Poron, la concierge. Je dois être cramoisi... Vacherie d'invention, la couleur!... Je dégouline de talc. Elle m'en a collé plein le front, la maquilleuse. Trop dégarni, ça risquait de luire, paraît-il.

– Nous avons le plaisir de recevoir aujourd'hui, dans nos studios, l'étonnante famille des Pallières qui s'apprête à vivre une grande aventure...

Prendre l'air décontracté. Sourire. Le père d'une étonnante famille, ça sourit! Le journaliste se tourne vers moi. D'ailleurs, Marie-France a décidé de ne pas répondre : depuis que le chef de plateau a décrété que les enfants n'avaient pas l'autorisation de passer, elle est furieuse.

Eux, ils sont là, juste en face, à pouffer en se fichant de nous.

– Christian des Pallières, avec votre famille, vous partez sur les routes du monde pendant dix-huit mois...

Les deux gars, là-haut, braquent leurs monstrueux engins vers moi. Ça va être le trou, le vide dans la tête. Où est mon micro? Et mes mains? Où je les mets, mes mains?... Mais non, je parle! Il y a quelqu'un qui parle en moi! Mais, qu'est-ce qu'il m'a posé comme question, déjà?... Ah oui, mon travail!

Je me revois encore entrant dans le bureau de mon patron pour lui annoncer que je partais me promener pendant un an et demi...

Je m'arrête. J'ai sûrement bien répondu. Facile, la télé!

– Et comment ferez-vous, pour l'école?

Là, j'ai ma réponse toute faite, rassurante. Marie-France et moi, nous étions allés voir la directrice de l'école des enfants avec le trac des potaches.

– Nous les inscrirons à un cours par correspondance. Marie-France s'occupera des langues, je ferai les maths.

D'après le tableau que nous en faisions, Nain-Bus n'était plus un camping-car, mais une boîte à bac ambulante.

... Et la meilleure école n'est-elle pas celle du monde?

Quelle envolée! Je sens que je me surpasse!

Les questions pleuvent. J'ai réponse à toutes. Même à celles qu'on ne me pose pas. Je brille de plus en plus. J'ai mis mon jean, pour faire sport, mais il me serre un peu.

– Puis-je vous poser une dernière question? Un voyage comme ça doit coûter très cher. Comment avez-vous fait pour réunir tout cet argent?

Catastrophe! Je pense à la famille, derrière les écrans. Je ne peux quand même pas déclarer que j'ai vendu le service de la tante Marcelle, ou la petite console qui avait résisté à tant de générations pour arriver jusque-là. Les cadeaux de mariage, les cuillères en argent, les meubles, même nos lits, tout y était passé.

– Eh bien, euh..., nous avons commencé par ouvrir une cagnotte. Pendant deux ans, nous avons économisé sur tout : plus de télé, de cinéma, de cigarettes, ni de restaurants. Tout le monde s'y est mis, à commencer par les enfants, qui ont été vraiment chouettes, déposant leurs étrennes, ou le prix de leurs « Malabars ». Il y a eu les concerts que donne notre petite chorale. Et puis il a fallu emprunter. Il y a eu aussi des bourses, comme la dotation nationale de l'aventure, distribuée par la Guilde du Raid...

Là, ni vu ni connu, je vais faire discrètement un petit coup de pub pour nos sponsors.

– ... La dotation Kodak, sans oublier, bien sûr, toutes les sociétés qui nous ont aidés, comme la Société Sodis, pour le camping-car, ou encore Pathé Wébo pour la caméra, Nikon, Camping Gaz... Et Omo la bonne lessive, et Wonder qui ne s'use que si l'on s'en sert...

Et v'lan! Bien joué! Il n'a pas bronché!

– Christian et Marie-France des Pallières, il me reste à vous remercier et à vous souhaiter bonne chance, et bon voyage! Promettez-nous, bien sûr, de revenir nous voir à votre retour, pour nous raconter tout ça.

Ouf! Non, pas encore! Toujours la petite lumière rouge sur la caméra. Je reste figé dans un sourire qui n'en finit plus.

C'est aujourd'hui!

Marie-France a étalé nos beaux costumes de scène sur les coussins : pantalons noirs, chemises bouffantes et boléros brodés à la hongroise pour les garçons; tenues tyroliennes pour les filles. L'Europe, quoi! Comme notre répertoire.

Cinq minutes et l'espace d'une cabine téléphonique pour nous changer à six! Il y a de la crise de nerfs dans l'air.

– Et si on n'avait personne?

Personne? Je revois encore la bille d'Isabelle. Lundi dernier, elle s'était engouffrée en trombe dans Nain-Bus en hurlant : « On voit notre affiche partout! Il y en a une devant l'école, et deux place Rabelais. Il va y avoir plein de monde! D'ailleurs, ma maîtresse vient! »

Le soir même, en jetant son cartable sur la banquette, elle avait lâché d'un air dégoûté : « Ah, les cochons! On est recouverts! C'est foutu, on n'aura personne! »

– Ce n'est sûrement pas le moment de se poser la question, grommelle Marie-France en attachant les bretelles d'Éric.

Il y a encore eu les couettes d'Isabelle, les nattes de Caroline et une claque pour Bertrand qui avait déjà taché sa chemise.

Nous traversons Meudon en trombe, et je bloque Nain-Bus devant la salle. Dans la rue, un gamin nous interpelle :

– Vous allez à un bal costumé?

Les enfants foudroient du regard cet ignorant qui n'est même pas au courant du grand événement de la journée.

À la queue leu leu, chacun un instrument dans les bras, nous nous enfilons par la petite porte de côté. Isabelle est très fière :

– C'est vachement chouette : on passe par l'entrée des artistes!

– Et, en plus, on paie pas! triomphe Éric.

Je discute éclairages avec François, le responsable. Ultime répétition. Bertrand n'est pas en rythme. Ça fausse chez Caroline, et Isabelle se mélange les mailloches. Je suis mauvais dans le *Nun ade* et Marie-France rouspète. Décidément, il y a du trac dans l'air. Pourtant, nous ne chantons qu'en fin de seconde partie. Avant, tous nos amis musiciens viennent nous prêter main-forte : chorales et orchestres de grande qualité se succéderont. Et il faudra passer derrière eux! C'est justement ce qui me donne la trouille : est-ce que nous n'allons pas paraître maigrelets?

Huit heures vingt. Isabelle passe la tête dans le rideau :

– La salle est complètement vide. Il y a juste Bonne Maman dans le fond!

Et dire que le spectacle commence dans dix minutes! C'est la catastrophe. Adieu la cagnotte.

J'entends la chorale du Virelai qui répète à côté, et Jean-Claude vient d'arriver avec son orchestre de chambre. Tous ces amis dérangés pour rien!

M. Lauret surgit, essoufflé :

– J'ouvre les portes quand vous voulez. Il y a une foule incroyable, jusque dans la rue. On ne pourra jamais faire entrer tout le monde.

Ouf!

Onze heures. Hélas, ils ont tous été formidables et, cette fois-ci, c'est à nous.

Pour décharger son trac, Marie-France remonte des culottes, accorde la guitare, refait une natte, essuie des museaux.

– Et maintenant, ceux que vous attendez tous, la merveilleuse famille des Pallières qui...

Là, je trouve qu'il en rajoute un peu trop! Comment être à la hauteur, après ce préambule?

En attendant, la merveilleuse famille des Pallières panique

derrière le rideau. J'ai le cœur qui brinquebale dans la poitrine et je tente des pitreries, histoire de décontracter la troupe.

Un dernier gros baiser familial : pour l'harmonie.

Le rideau s'ouvre. Projecteurs. Applaudissements.

Nous chantons les premiers morceaux en automates, les cordes nouées. J'ai la basse un peu tremblante. Mais, est-ce l'ambiance de la salle, la sympathie qui en émane?... peu à peu nos voix se fondent mieux. Le *Vuprem oci* est presque bien. Avec son xylophone, Isabelle conquiert définitivement la salle en loupant l'attaque du *Vdol da pariechkie.*

Silence profond. Projecteurs en veilleuse. C'est maintenant le *Guten Abend,* notre bonsoir, notre au revoir. Tout d'un coup, il n'y a plus ni scène ni public, mais des amis, le visage de Marie-France qui exprime le bonheur, la musique, les enfants tellement chouettes et cette voix de Bertrand, si claire, si pure.

Tonnerre d'applaudissements.

Pendant notre danse, la salle scande à tout rompre. Le rideau tombe, se relève, retombe, s'ouvre encore, n'en finit plus. Ils vont tout casser.

C'est le « bis » final, avec tous les participants. Le rideau se ferme une dernière fois. La salle se rallume. C'est fini.

Longtemps encore on entoure Nain-Bus. On veut le visiter, tout savoir.

C'est le départ. Nous avons démarré dans la nuit, en silence, comme si le moment était trop fort pour nous. Les enfants ont encore fait des signes de la main mais maintenant, c'était trop loin.

Alors, nous sommes restés tous les six sans un mot, hébétés, incrédules, grimaçant stupidement pour arrêter l'émotion qui montait en bouffées.

– Y a encore combien de kilomètres?

La voix pointue d'Éric, émergeant des reniflements, a déclenché un fou rire sans fin, libérant, comme une digue qui craque, l'océan de toutes les pensées qui nous bloquaient le cerveau et où se mêlaient la fatigue, la joie folle et beaucoup de tendresse pour ceux que nous venions de quitter.

Et puis Isabelle a demandé qu'on s'arrête pour faire pipi.

Trippstadt, Allemagne, 3 août

CAROLINE :

Aujourd'hui, on a passé notre première frontière. Ça me fait quelque chose.

On vient de quitter la France pour bien longtemps. C'est vraiment le début du voyage.

Le gros douanier français était tellement étonné de voir qu'on allait jusqu'à Katmandou qu'il a appelé je ne sais pas qui et qu'il rigolait dans son téléphone en disant :

– Dis donc, j'ai une jolie petite femme devant moi, ben, elle a le moral! Avec son mari et ses quatre gosses, ils partent jusqu'à Katmandou!

À la douane allemande, ils n'ont même pas regardé la liste de nos affaires.

Ce soir, quand on est arrivés au camping de Trippstadt, on a tout de suite voulu savoir comment c'était dans les campings allemands. On a d'abord filé aux balançoires.

Aux toilettes, un grand monsieur croyait qu'Éric voulait faire pipi et qu'il n'était pas assez grand pour y arriver. Il l'a attrapé dans ses bras, et l'a tenu pendant cinq minutes au-dessus des cabinets. On a bien essayé de lui expliquer qu'Éric n'avait pas du tout envie, mais il ne comprenait rien. Alors, on est vite repartis, en pouffant de rire, et en laissant le pauvre Éric suspendu.

Nain-Bus a eu beaucoup de succès dans le camping, et il y avait toujours un groupe de gens autour. Isabelle s'est plantée devant la carte pendant toute la soirée, et c'est elle qui répondait aux questions. Papa lui a promis de lui acheter une casquette de guide.

Bavière, Allemagne, 9 août

En ce moment, nous traversons un coin de Bavière ravissant, avec des chalets en bois foncé et des balcons croulants de fleurs.

Tout à l'heure, on passe en Autriche (ou plutôt, nous passons, pour faire plaisir à Maman). Nous allons commencer à être loin!

Villach, Autriche, 11 août

Catastrophe! Nain-Bus est malade!

Nous ne savons pas ce qu'il a : il ne peut plus monter les côtes. Quand Papa accélère, il s'étouffe, a le hoquet, et crache une grosse fumée noire par-derrière. (Pas Papa, heureusement!) Nous sommes tous un peu déçus : notre bon Nain-Bus dont nous étions si fiers! Avec tout ce qu'il a à faire, s'il commence comme ça, nous n'irons pas bien loin!...

Cela fait deux ou trois fois, déjà, que Papa a ouvert le capot, touché un peu les fils, soufflé sur le moteur, mais il ne va pas mieux. (Pas Papa, Nain-Bus.) Je crois qu'il n'y connaît pas grand-chose.

Il paraît que, vers la Yougoslavie, il y a des routes de montagne que Nain-Bus ne pourra sûrement jamais monter, et nous allons être obligés de faire un détour pour passer la frontière par une route plate.

En attendant, même dans les toutes petites côtes et avec de l'élan, nous faisons tous ensemble de grands mouvements vers l'avant pour aider le pauvre Nain-Bus à arriver jusqu'en haut.

Depuis que nous sommes arrivés au camping de Villach, Papa cherche quelqu'un qui s'y connaît en moteur.

Maintenant, Nain-Bus est entouré de messieurs qui discutent devant son capot ouvert, et qui le tripotent un peu. En attendant, il a déjà fait une grosse tache sur la pelouse, avec ses crachouillis noirs.

Autriche, 12 août

Comme nous n'avons pas trouvé de garage pour réparer Nain-Bus, nous avons décidé de continuer quand même tout doucement vers la Yougoslavie.

Aujourd'hui, la route a été longue, et tout le monde était un peu fatigué et énervé.

La poupée d'Isabelle a encore déclenché une bagarre.

Il faut dire qu'elle nous agace tous un peu, cette poupée. Alors que nous n'avons déjà pas beaucoup de place, nous la trouvons toujours dans nos pattes, et ses habits sont étalés partout.

Quand c'est Papa qui est de corvée de lit, et qu'Isabelle n'est pas là, il a une drôle de manière de lui faire faire deux ou trois tourbillons par les cheveux, avant de l'envoyer un peu brutalement dormir au fond de la capucine.

Cet après-midi, Isabelle était encore en train de lui faire des « mi-mi » et des « gnien-gnien » tout haut, en lui faisant téter son biberon. Ça a mis Bertrand hors de lui, et il ne s'est pas gêné pour lui dire que c'était ridicule de cajoler comme ça un bout de plastique, c'est-à-dire un litre de pétrole, et un produit inutile de la société de consommation.

Du coup, Isabelle en a rajouté, en chantant à tue-tête, soi-disant pour endormir sa Coralie chérie qu'elle serrait dans ses bras.

La bagarre a commencé, mais plus seulement en paroles, et les affaires volaient de partout.

Les parents avaient laissé faire, sauf quand Isabelle a reçu la tirelire d'Éric sur la tête.

Papa a arrêté Nain-Bus. Il a piqué une énorme colère, et fait payer cinq shillings d'amende à Bertrand, pour rembourser la bosse.

Yougoslavie, 13 août

Ça y est! Notre troisième pays!

Avant d'arriver, nous avons eu droit à une grande conférence de Papa sur les pays de l'Est, etc., et nous étions bien curieux de savoir comment c'était.

Eh bien, rien de spécial!

Il y a même partout des crucifix et des statues de la Sainte Vierge, dans ce pays communiste.

Belgrade, 14 août

Ville un peu grise et un peu triste. Pas grand monde dans les rues, mais peut-être parce que c'est dimanche.

Nous n'avons trouvé personne encore pour soigner notre pauvre Nain-Bus, qui devient vraiment très capricieux : il y a des moments où il ne peut même plus dépasser le quarante, et, tout d'un coup, on ne sait pas pourquoi, il marche comme un petit fou.

Papa pense que c'est une saleté qui bouche un tuyau et, de temps en temps, il nous fait tous descendre pour le secouer sur le côté.

Nous reprenons notre route casse-cou.

Bertrand et Isabelle ont fait tellement de bagarres pour avoir la place de devant que Papa leur compte maintenant une heure chacun leur tour.

Et redispute, parce qu'Isabelle trouvait qu'on ne devait pas compter le temps des bouchons.

Le paysage change un peu : nous voyons moins de champs de maïs et de tournesols, mais des oliviers, avec des petits bergers et des moutons.

Skopje, 16 août

Youpi! Nain-Bus est guéri! Personne n'a compris ce qu'il avait eu, ce petit bonhomme, mais il nous a fait très peur! Maintenant, il grimpe les côtes comme un champion, et nous sommes redevenus bien fiers de lui.

Ce soir, nous sommes à Skopje. Nous y resterons peut-être deux ou trois jours, car nous trouvons la ville beaucoup plus agréable et plus gaie que Belgrade, avec des petites fontaines dans les rues et des marchands de brochettes.

Grèce, 17 août

À la frontière grecque, il fait 35° dans Nain-Bus. On étouffe vraiment.

Dans une heure, nous serons à Thessalonique, au bord de la mer. Un bain! J'en rêve!

20 août

BROUILLON DE LA LETTRE À BONNE MAMAN

Ma chère Bonne Maman

J'espère qu'il fait beau à Courseulles et que ton dos va mieux.

Nous sommes en Grèce depuis quatre jours, et venons d'arriver à Alexandroupolis.

Je ne veux pas te faire envie, mais si tu voyais les journées que nous passons ici!

Imagine un ciel tout bleu, une mer transparente et chaude, des pins et des lauriers-roses, des oliviers pour se mettre à l'ombre après le bain, les bonnes odeurs du maquis, la musique des cigales, et des longues soirées avec le barbecue, les grillons et les bains de nuit, sans oublier, bien sûr, la veillée où Papa, chaque jour, invente une nouvelle histoire.

Nous passons presque toutes nos journées dans l'eau, à part la réunion du matin, où Papa nous répète la seule phrase qu'il ait retenue de ses cinq années de grec classique, et qui veut dire que « les animaux courent », et qu'il n'a pas réussi à faire comprendre au directeur du camping.

À part ça, nous discutons de la Grèce, de son histoire ancienne et moderne. Nous préparons notre trajet et nous amusons à faire des concours de cartes de la Grèce sans regarder. Avec les formes biscornues de la côte, ce n'est pas si facile que ça! Bertrand est le champion.

L'après-midi, pendant la sieste de Papa et des petits, nous écrivons notre journal ou notre courrier.

Dans ta lettre, tu me demandais comment nous nous organisions dans Nain-Bus. Eh bien, petit à petit, nous prenons nos habitudes. Mais le plus compliqué, c'est le déménagement pour faire les lits.

À chaque fois, c'est toute une affaire! Nous descendons de la capucine dans la cabine le métallophone, le sac des cassettes, des dizaines d'autres trucs, et bien sûr, la poupée d'Isabelle. Après, nous baissons la table, et nous glissons dessous l'appareil photo, la caméra et les pataugas. Mais tu connais Maman : il s'agit que chaque chose aille bien exactement à sa place, sinon ça ne va pas.

Et, tous les matins, c'est pareil, dans l'autre sens.

Je ne couche plus là-haut, dans la capucine, parce que Bertrand s'étale, la nuit, et qu'il y a un peu trop de bagarres entre Isabelle et lui. Maintenant, nous installons le lit supplémentaire en toile au-dessus de l'évier et des pieds des Parents. Le soir, ils accrochent une couverture avec des pinces à linge à la poignée des placards pour que je ne sois pas gênée par leur lumière.

Pour les corvées, ça se passe à peu près bien. Nous nous les partageons à la réunion. Moi, je choisis souvent la vaisselle, parce que les petits la posent un peu n'importe où, même quand c'est dégoûtant.

La prochaine fois, je t'écrirai d'Istamboul où, en principe, nous devons arriver demain. Tu te rends compte?...

En attendant, je t'embrasse très très fort.

Caroline

Istamboul, 22 août

Nous sommes arrivés hier soir à Istamboul.

Je ne peux pas raconter grand-chose du trajet, sauf qu'il faisait chaud, que j'ai dormi depuis la frontière, et que les Turcs sont très bruns avec de belles moustaches.

Dès cet après-midi, nous irons chercher le courrier qui nous attend à l'American Express.

Avant-hier, nous étions un peu inquiets de savoir où nous pourrions nous installer avec Nain-Bus pour dormir, tellement on nous avait dit que les rues d'Istamboul étaient dangereuses, et qu'on pouvait se faire voler pendant la nuit, avec les fenêtres qu'on nous découpe.

Eh bien, nous sommes arrivés dans un grand camping, à vingt kilomètres avant la ville, plein d'Allemands, d'Anglais, de Hollandais, et même de Français. Cinq minutes après, Isabelle est revenue des toilettes en courant et en criant :

– Maman, il y a des Turcs chez les femmes!

Nous avons tous éclaté de rire. Au début, j'avais vraiment pensé à des bandits turcs, mais elle parlait seulement de la forme des toilettes. Maman était ravie : elle trouve ça plus propre, et ça nous évite, comme dit Papa, de jouer les petits oiseaux sur les branches.

Nous avons fait la connaissance de Martine et Jean, qui étaient très intéressés par notre voyage, et qui nous ont dit qu'il ne fallait surtout, surtout pas emmener Nain-Bus pour visiter Istamboul. Nous nous le ferions cambrioler en cinq minutes.

Pendant que j'écris mon journal, Bertrand peine depuis deux heures sur une lettre à Mamita; Papa prépare la veillée de ce soir, en fouillant dans des tas de livres, et en surveillant les nouilles.

J'adore les histoires historiques de Papa! Bien sûr, il invente ses personnages, mais tous les détails de l'époque sont vrais. Hier soir, c'était celle de Meriem, une petite Byzantine de dix ans, pendant la prise de Constantinople (l'ancien Istamboul) par Mehmet II. Pendant que sa maison était bombardée par des obus en pierre et des flèches enflammées, son père était allé se battre sur les murailles, et elle assistait avec sa mère à de grandes processions dans la cathédrale Sainte-Sophie. Jusqu'au moment où les Janissaires ont passé la muraille. Alors là, ç'avait été vraiment terrible...

Bref, nous sommes vraiment tous heureux. Et les Parents aussi.

II

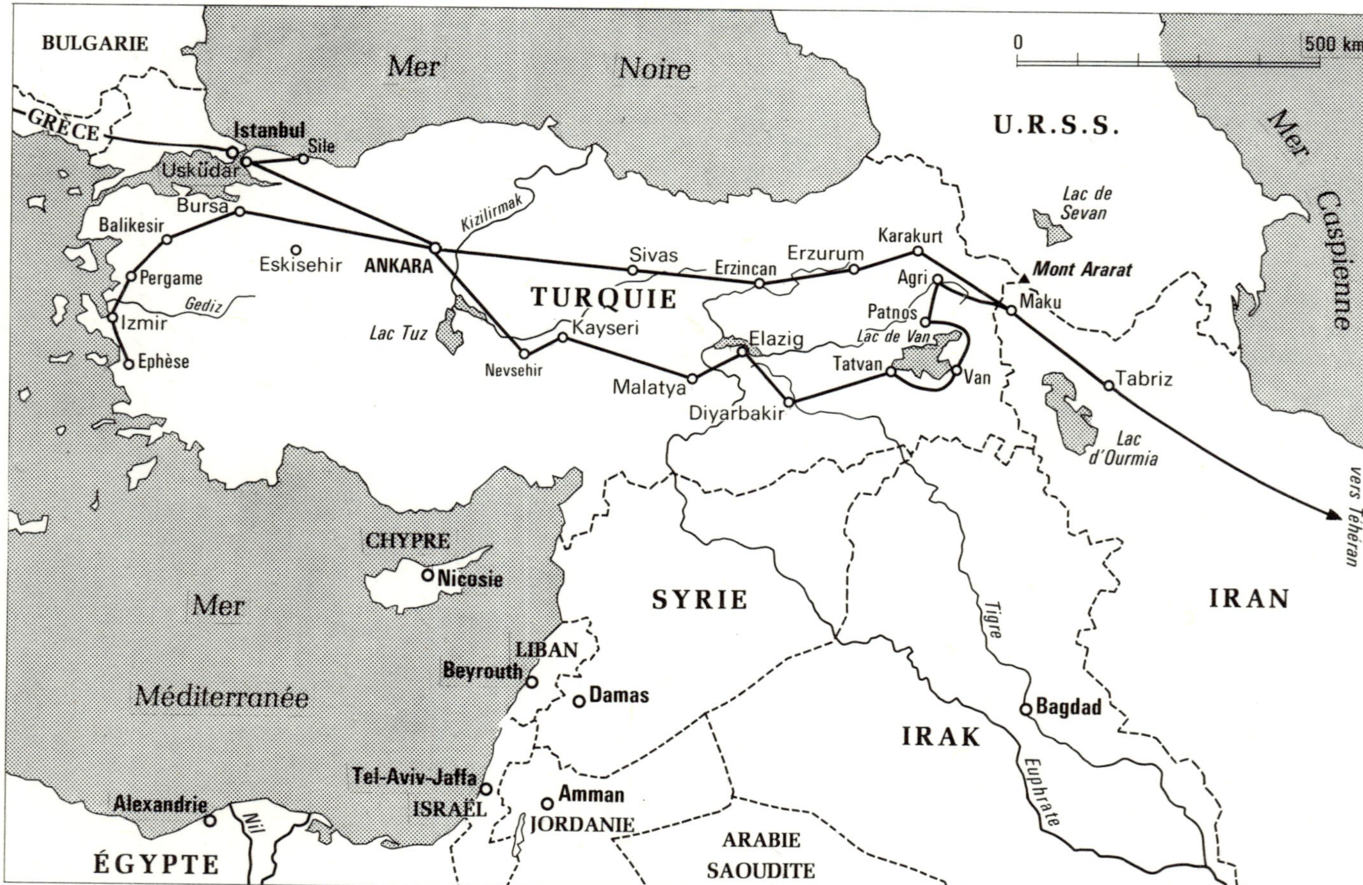
BULGARIE
GRÈCE
Mer Noire
Mer Caspienne
0
500 km
U.R.S.S.
Istanbul
Sile
Usküdar
Bursa
Balikesir
Pergame
Gediz
Izmir
Ephèse
Eskisehir
ANKARA
Kizilirmak
Lac Tuz
Nevsehir
Kayseri
TURQUIE
Sivas
Erzincan
Erzurum
Karakurt
Agri
Patnos
Lac de Van
Tatvan
Van
Elazig
Malatya
Diyarbakir
Lac de Sevan
Mont Ararat
Maku
Tabriz
Lac d'Ourmia
vers Téhéran
IRAN
CHYPRE
Nicosie
Mer Méditerranée
SYRIE
LIBAN
Beyrouth
Damas
Tel-Aviv-Jaffa
ISRAËL
Amman
JORDANIE
Alexandrie
Nil
ÉGYPTE
ARABIE SAOUDITE
IRAK
Tigre
Bagdad
Euphrate

Istamboul, 22 août

CHRISTIAN :

– Éric, remets ton bob!

Il fait une chaleur d'enfer. La sueur me dégouline entre les omoplates, et j'ai les espadrilles qui collent au goudron du trottoir.

Voilà une demi-heure que nous l'attendons, ce bus, au bord de cette avenue puant le pot d'échappement, et abrutissante de klaxons.

En tout cas, le prochain qui me claironne le *Pont de la Rivière Kwaï* dans les tympans, je...

C'est Bertrand qui l'a aperçu le premier : le voilà, débordant, succombant. Il y a déjà cinq cents personnes de trop...

Miracle de la compression! J'ai poussé tout le monde dedans... On a sûrement dû s'allonger en hauteur!...

– Ça va?...

Par de grands mouvements d'épaules, j'arrive à ménager une poche d'air à Éric, qui essaye de survivre à la hauteur des fesses.

J'attends l'évanouissement général. Mais personne ne s'en apercevrait : nous ne risquons pas de tomber...

Je n'existe plus que par ce petit coulis d'air qui me parvient *in extremis,* quand ça lui arrive d'avancer, à cette cocotte-minute...

Sultan Ahmet, Blue Mosq. Pour nous, c'est la Mosquée Bleue. C'est surtout la sortie. On se déplie, on se détord, on revit dans une grande bouffée d'air.

– Visiter Sultan Ahmet, Mosqui Blue, Topkapi?...

Ça y est, nous sommes déjà repérés par une cohorte de petits vendeurs qui nous braquent sous le nez des brassées de trésors touristiques.

À chaque fois j'explique : le grand voyage, le petit budget, la minuscule place dans Nain-Bus...

Mais de toute façon, c'est perdu d'avance. Je sais, et eux aussi, que je repartirai avec ma demi-douzaine de flûtes ou de cartes postales...

J'ai un faible pour ces gosses qui se débrouillent sans mendier, et Nain-Bus est rempli de ces faiblesses...

Groupes de cars rutilants, commandos de vieilles Américaines, c'est là !

Six minarets plantés comme des fusées Apollo, une grande cour carrée entourée d'un cloître, au bout, un barbu à calotte qui trône au milieu d'un étalage de cordonnier.

Il pointe nos pieds d'un index impératif !

Déchaussage familial.

Marie-France range consciencieusement nos six paires d'espadrilles à côté d'un tas de babouches. On sent qu'elle n'a qu'à moitié confiance :

– J'aimerais bien les retrouver à la sortie...

Je pousse un lourd rideau rouge.

Fraîcheur, splendeur, feu d'artifice de bleus, de lumière, immensité de la voûte céleste !... Comme si les hommes avaient voulu se créer un nouveau ciel plus beau que nature, plus doux, un ciel étoilé en plein jour !

Je nous sens émus aux larmes.

Combien de temps sommes-nous restés : une demi-heure ?... trois quarts d'heure ?...

Isabelle se penche à mon oreille :

– J'ai envie...

Dehors, une chape de plomb nous tombe sur les épaules.

J'ai le crâne qui bouillonne, et mes envies touristiques qui fondent.

Sainte Sophie, ce sera pour une autre fois...

Marie-France résiste :

– Si vous voulez manger quelque chose ce soir, il faudrait peut-être penser à faire des courses !...

Pas un souffle d'air. La ville est un four, aveuglante de lumière. La troupe traîne la patte.

Marie-France, impitoyable, nous charge comme des baudets.

Bertrand croule sous ses deux pastèques. J'hérite encore de trois pains brûlants.

Il n'y a plus une goutte d'eau dans notre petit Thermos.

Cette fois-ci, la révolte gronde dans les rangs.

Marie-France capitule, et sort de sa poche un petit chiffon de papier :

– Notre bus s'arrête place Sultan-Ahmet.

Nous nous perdons trois fois, y arrivons comme des loques.

Bien sûr, pas un poil d'ombre!...

Les bus passent et repassent, bondés, engrappés jusqu'au toit. Mais pas le moindre 96!

Pris de soupçon, j'écris notre numéro en gros sur la boîte à sucre, et le flanque sous le nez de mon voisin de droite.

Ses gestes m'indiquent que notre 96 ne risque pas de passer par ici, vu que sa station est beaucoup plus loin. À un kilomètre au moins...

Cette foule, cette chaleur!... Je donnerais tout ce que j'ai, pour en sortir...

J'ai la jambe molle, la tête en feu.

Je me traîne encore jusqu'au bout de la place, mais là, quelque chose ne tourne plus rond dans la carcasse...

J'ai le cœur qui bat la chamade, et les muscles qui n'obéissent plus.

Rien à faire, il faut que je m'arrête...

Arriver jusqu'à cette pierre... Je m'écroule dessus. Les enfants m'entourent.

Ne pas les affoler...

– Ça ne va pas, Christian?...

– Ce n'est rien, ça va passer!

Je ruisselle.

Marie-France hèle sans succès des taxis archipleins.

Discrètement, je me tâte le pouls : ça bat de travers...

Cette fois-ci, je panique...

Voilà! on veut jouer les héros, emmener sa famille dans de grandes aventures, et puis...

Un courant d'air divin circule entre les fenêtres, me ressuscite. La vie est belle.

Notre taxi dégringole gaillardement une ruelle à pic, dans un bruit de batterie de cuisine.

Les fesses en équilibre sur les gros ressorts, nous sautons tous ensemble au rythme des pavés.

Je m'acharne sur la porte rebelle qui s'entête à jouer les aérofreins.

Les vrais n'existent sûrement plus, mais je m'en fiche. Plus il foncera, plus j'aurai de l'air...

Notre atterrissage sur le boulevard est triomphalement accueilli à grands coups de klaxons et de crissements de pneus...

Un grand virage sur l'aile, et nous ratons de peu un bain dans la Marmara.

Les enfants sont hilares, mais Marie-France n'apprécie pas du tout, du tout.

– Christian, je descends! Dis-lui de s'arrêter immédiatement!...

À grands gestes de la main, je suggère à notre Janissaire un peu de modération. Il a dû les prendre pour une invitation à enfoncer le champignon... Nous voici repartis pour le plus formidable des gymkhanas!

Nos deux voies ne nous suffisent plus. Nous annexons d'office les deux autres, et le trottoir, à la grande surprise de ceux qui arrivent en face, et de deux grands-mères qui se promenaient tranquillement, et nous bénissent du poing.

On atteint le sublime lorsque, lancé à fond, notre kamikaze se colle à son voisin, pour troquer tout naturellement une cigarette contre du feu...

Les enfants pleurent de rire. Marie-France, les mains sur les yeux, en autruche, recroquevillée dans le coin de la banquette, ne manifeste même plus.

Fier de son succès, notre Turc nous enlève dans un dernier rodéo fulgurant, pour nous laisser pantelants, le cerveau vide et la tripe vague, sur le trottoir du Mocamp.

Quand Marie-France a gémi un petit « güle-güle », elle ne voulait sûrement pas dire « AU REVOIR ».

– Demain, quoi qu'il arrive, on part avec Nain-Bus!...

10 septembre

Direction le Pudding Shop, dont nous avons trouvé l'adresse dans *Le Guide du routard :* c'est l'anniversaire de Caroline. L'estomac

8

9

8 à 11. Nous avions fini par avoir une vraie petite chorale.

10

11

12

12. Nain-Bus à l'assaut du Far East (Turquie).
13. Réveil de Nain-Bus.

13

14. Volets fermés, sur les pistes de Turquie de l'Est.

14

familial commençait à renâcler sérieusement devant les salades de riz et les pommes de terre aux oignons, et nous avons décidé de nous payer un gueuleton poulet-frites à tout casser.

– À condition qu'on ne prenne que ça! Le dessert, on le prendra dans Nain-Bus, on a des pommes, nous a fait promettre notre économe, nous rappelant ainsi que nous n'avons même pas assez d'argent pour le voyage aller.

Douze ans! Nous avons remplacé les douze bougies par douze portions de frites.

Le garçon revient avec la carte pour le dessert :

– Une glace?

Je prends l'air généreux :

– Les enfants?

Caroline, stoïque, refuse d'un air rassassié. Bertrand est admirable :

– Non merci!

Éric, simplement honnête : il n'aime pas les glaces.

– Isabelle?

– Oh oui!

Patatras!

Elle a pris son air angélique. Pas Marie-France. Le garçon est tout attendri. Refuser devant lui? Père indigne! Et, si j'accepte, j'imagine la tête des autres.

– Bon, vous nous mettrez cinq glaces!

Il va se demander pourquoi je force tout d'un coup le reste de ma famille à manger de la glace.

– C'est la tournée d'Isabelle, qui nous l'offre avec son argent de poche, ajoute traîtreusement Marie-France.

Nous ressortons gavés : la frite était lourde. Nous sommes contents de retrouver Nain-Bus indemne. Sur le pare-brise, un morceau de papier : « Coéquipière cool cherche lift pour Goa. Demandez Dany au Pudding-Shop. »

Je le tends à Marie-France :

– On a bien encore une petite place?

Je reçois le papier sur le nez.

J'enfile le boulevard de la mer. À droite, derrière les terrasses des cafés et les étalages des poissonniers, la Marmara miroite sous un soleil déjà chaud.

Je suis tombé amoureux de cette ville fascinante qui, comme une coquette, ne se dévoile que peu à peu. Au milieu d'une banlieue banale, elle est comme un trésor dans un vieux coffre.

Istamboul ne se visite pas. Trop fatigante. Trop affolante. C'est une ville qui s'apprivoise. À petites doses. Nous avons appris à flâner le long du Bosphore, à nous mélanger à la foule du pont de Galata, à nous empiffrer des feuilletés aux oignons dans les « büfe » de la place Taksim ou à nous reposer, à l'heure de la prière, dans une des fraîches mosquées de la colline du vieux Stamboul.

C'est là que nous retrouvons Saïm, notre grand-père turc : un beau vieillard que nous avons rencontré à l'ombre des colonnes de la Mosquée Bleue. Il a appris le français dans les livres, pour le plaisir. Ses yeux pétillent de malice et de bonté.

Nous allons le voir tous les jours, en fin d'après-midi, quand il fait plus frais et que nous sommes presque seuls dans la cour de la mosquée. Les enfants, qui l'adorent, s'installent autour de lui et le mitraillent de questions. De sa voix chaude, il leur raconte alors la Turquie, l'Islam, tranquillement, en se caressant la barbe.

À les voir tous les quatre, bouche bée, je regrette que, chez nous, les vieux soient parqués, isolés dans des maisons de retraite pendant que les enfants le sont ailleurs.

– N'oublie pas qu'on passe place Taksim pour le courrier!

La muraille de la citadelle. Je ne m'arrête pas au feu rouge : ce n'est pas la mode ici, et ce serait mal vu. Nous longeons maintenant le Bosphore. À droite, le pont de Galata, en souvenir des Gaulois qui sont venus guerroyer par là.

Ici, c'est le « souk ». À toi de jouer, Nain-Bus!... Au début, cette circulation pagailleuse, bruyante et folklorique nous donnait des complexes. Nous nous faisions tout petits au milieu de ces dignes descendants des cavaliers des steppes qui semblaient toujours vouloir prendre la ville d'assaut.

Mais, après m'être fait érafler l'aile par un « dolmus », mon sang de Viking ne fit qu'un tour... Il faut voir maintenant notre cavalier Nain-Bus chargeant, grille au clair, sous les applaudissements et les « Vas-y-Papa » des enfants et malgré les protestations de Marie-France, qui menace à chaque carrefour de nous laisser tous définitivement là. Les bras tendus, pouce en l'air, nos amis turcs ne cachent plus leur admiration.

Le palais des Sultans. Maintenant, la grande côte à gauche.

Taksim. Ici, c'est différent. C'est la Turquie moderne. Quelques grands immeubles plantés en désordre.

Je gare Nain-Bus sur la place. À l'American Express, rien pour nous. Tout le monde nous croit en Iran depuis belle lurette. Nous et les programmes...

J'ai la gorge sèche. J'aperçois l'Intercontinental. Là-dedans, elle doit être fraîche...

– Vous voulez visiter l'hôtel ?

Marie-France flaire le traquenard.

– On a de l'eau dans Nain-Bus, tu sais. Et puis, tu as vu l'allure qu'on a ? Ils ne nous laisseront jamais entrer !

Un coup d'œil sur l'équipe : évidemment, ce n'est pas la sortie de messe de Saint-Honoré-d'Eylau. Mais, en frottant un peu, on devrait pouvoir passer. On se tapote le jean. Marie-France rentre la chemise d'Éric et nettoie le coin de la bouche d'Isabelle en crachant sur son mouchoir.

– Prenez l'air naturel, comme si on était des clients.

Nous défilons dignement, à la queue leu leu, devant les gigantesques moustaches du portier, superbe général d'opérette. Ça passe. Éric a même droit à une petite pincette attendrie à la joue, ce qui a le don de l'agacer prodigieusement.

Nous nous étalons dans les gros fauteuils moelleux du hall. Caroline, le petit doigt en l'air, sirote une tasse de thé en battant des cils. Bertrand secoue négligemment son cigare de trois mètres, en s'adressant, avec l'accent cul de poule, à Isabelle, qui se fait une légère retouche de maquillage :

– Oh, écoutez, ma chèèèère...

J'en profite.

– Chers âmis, me feriez-vous l'honneur d'accepter un drink ?

On bondit hors des sièges. Même Marie-France ne résiste plus.

– Un demi ! Cinq sodas !

Je reviens d'un petit tour aux toilettes.

– Je vous les conseille, elles sont somptueuses. Et il y a du papier !

J'entrouve le sac de l'appareil photo.

– Christian, tu n'as pas honte ?

Le papier toilette était devenu une denrée rare et nous arrivions au bout de notre stock.

– Tu sais, vu le prix de la bière, ça doit être compris dedans.

J'ai commencé à avoir honte, quand j'ai vu les enfants remonter triomphalement les uns après les autres : les filles avaient un sein cyclope qui leur tombait sur le ventre et Bertrand de sérieux bourrelets de graisse autour de la ceinture. Il fallait déguerpir.

Ça paniquait dans les rangs en repassant devant le portier au garde-à-vous et, quand Éric a reçu sa pincette, on a bien cru que sa hernie de la fesse gauche allait se dérouler!

Re-pont de Galata, direction Sultan Ahmet. C'est là que règne un gaillard gesticulant, à tête de bandit corse et uniforme de garde champêtre. Il fait la loi ici et le malheureux qui n'est pas dans ses petits papiers ni suffisamment généreux, peut aller se faire garer ailleurs et cambrioler, par la même occasion.

Nous arrivons sur la pointe des roues.

– *Cheese!* les enfants.

C'est le signal d'un sourire familial et hypocrite, discrètement ricanant. J'accoste Nain-Bus à côté d'un vieux car à bout de souffle. Un Christ maigrichon et filasseux, à l'air flagada, en descend mollement, traînant des pieds crado dans des savates de moine. Un anneau doré lui pend à l'oreille gauche. Ça fripe un peu dans le gilet noir brodé et le pyjama bouffant a peut-être été blanc, un jour. À l'intérieur, quatre ou cinq Gaulois du même style sont effondrés sur les banquettes, pendant qu'une fille, un bébé sur la hanche, farfouille dans la popote.

De l'autre côté, trois gaillards lorgnent la carte.

– Vous faites tout ça?

Ça n'a pas l'accent français.

– On en a l'intention.

Ils sont espagnols. C'est à eux, le gros camion orange, équipé super-baroud, avec plaques de désensablage, jerricanes sur le marchepied et pneus sur le capot. « Expédition Bornéo. » Deux véhicules, douze garçons, plus deux motos pour là-bas. Dans l'équipe, un médecin, un mécanicien, un cameraman, un chef d'expédition et une demi-douzaine de spécialistes grand raid. C'est du sérieux! Je me sens petit garçon. Évidemment, à côté d'eux, nous faisons plutôt légers.

Ils regardent l'arrière de Nain-Bus, gentiment condescendants :

– C'est avec ça que vous partez?

Je sens Marie-France inquiète.

– Oui, pourquoi?

– Vous ne passerez pas les pistes, c'est trop bas!

Je me sens vexé. Me voilà à quatre pattes avec Marie-France, la tête sous le marchepied. Un coup d'œil à leur bahut. C'est pourtant vrai que nous ne sommes pas bien hauts.

Le chef d'expédition surenchérit :

– C'est capital!

Mon équipage est impressionné. Il faut que je le rassure :

– Mais ce n'est pas grave! On ira tout doucement!

Nous revenons par le Bazar. Dans Nain-Bus, c'est le silence. Je nous sens pour lui le rouge au front. Nain-Bus ne passera pas? Eh bien! C'est ce qu'on verra!...

– Il faut encore vider!

– Oui, mais quoi?

Nain-Bus avait déjà subi une série de purges sévères. La dernière avait vu disparaître la deuxième guitare et les draps de rechange. Ensuite, j'avais dû céder sur *l'Hindouisme* en quatre volumes des Desjardins, exigeant, en contrepartie, la disparition du petit aspirateur à piles et du fer en fonte à braises.

J'ai une idée :

– Les bouquins de classe!

Un franc succès à l'arrière. Ça flaire la démagogie.

– Et leurs programmes, alors? s'inquiète Marie-France.

– Et le nôtre? L'école buissonnière avec des bouquins, tu as déjà vu ça, toi?

Nous avions fait le mur, ce n'était pas pour rétablir les « programmes »! Pourquoi pas les sept heures cul sur un banc par jour, et les deux heures de devoirs le soir, aussi? L'école passive, cette bouffeuse d'enfance, à vous dégoûter le plus curieux des cerveaux! Bouh!... Rien que d'y penser, j'en ai des frissons.

– Ben, on n'a qu'à voter, propose sournoisement Isabelle.

La démocratie marche bien dans la famille : le soir même, cet âne de Nain-Bus se soulageait honteusement de quinze kilos, se condamnant à tout jamais aux ténèbres de l'ignorance.

Sur le bord de la mer Noire, 13 septembre

CHRISTIAN :

Nain-Bus a les pieds dans l'eau au bord d'une petite crique. Il a pour amis tous les gosses du voisinage. Avec eux, pas besoin de se comprendre pour « s'amuser vachement bien », comme dit Isabelle : parties sans fin, de chahuts et de bousculades sur le sable, où les rires remplacent les mots.

Nous avons passé près d'un mois à Istamboul pour les derniers préparatifs avant le grand départ, les pistes, le baroud.

Par précaution, j'ai encore acheté deux chambres à air et fait réparer le lanterneau. Maintenant, tout est prêt et les enfants ont décidé de nous octroyer quelques jours de « farniente » sur les bords de la mer Noire.

À l'horizon, le couchant illumine la mer de mille taches d'or. Marie-France a sorti la guitare. Elle a sa voix de bonheur, légère, très pure. Nous la rejoignons pour reprendre en chœur.

Une jeune Turque arrive timidement et, par gestes et sourires, nous explique que ses amis nous invitent à partager leur repas et voudraient que nous chantions pour eux.

Ils ont allumé un grand feu, là-bas, sur les rochers. Nous arrivons dans un cercle d'une quinzaine de jeunes et de quelques couples. On s'écarte pour nous faire de la place. Personne ne parle français, mais l'ambiance est joyeuse et on se régale de viande grillée.

La nuit tombe, douce. J'aime ces soirées des pays de soleil, cette chaleur lourde des parfums du maquis qui sourd de la terre dans un concert de grillons.

D'abord murmures, nos chants se sont élevés doucement, comme pour traduire le bonheur du moment, l'amitié et toutes ces phrases que nous ne savions pas dire.

Alors, se regroupant pour nous faire écho, nos nouveaux amis ont fredonné une mélodie turque et longtemps, dans la nuit, nos voix se sont répondues dans un dialogue au-delà des mots.

14 septembre

Un petit coulis d'air soulève les rideaux et me caresse la plante des pieds.

Cette fois-ci, il faut vraiment que j'y aille!

Le cagibi est à l'entrée à droite. Mais pour l'atteindre, de notre couchette, c'est le parcours du combattant, tellement Nain-Bus est encombré.

J'enjambe Marie-France, la glacière à films, le xylophone, les cuvettes, me rattrape à la poubelle.

C'est un cadeau de Belle-Maman, la poubelle! Un ancien baril de lessive.

Le reste, maintenant, est simple : il suffit de déménager en pyramide tout ce qu'il y a devant la porte.

Question d'équilibre!

La vaisselle d'hier soir... sur la guitare. Le sèche-linge... sur le réchaud à gaz. La lampe à pétrole sur... Qu'est-ce que j'en fais, de la lampe à pétrole?... Sur la cocotte-minute, ça glisse...
Tant pis, il y a urgence!

La poignée de ma lampe entre les dents, le nez dans les serviettes de toilette, je repousse les housses à vêtements, pour dégager enfin notre royal Porta-Potti 20 litres, chimique et familial, avec chasse d'eau à pédale, s'il vous plaît!...

Dans ce cagibi, on aurait presque pu être aussi à l'aise que dans un placard à balais, s'il ne faisait, en même temps, office de penderie, de débarras de garde-manger, et de remise à outils...

Bon!...

Je termine un parcours sans faute. Mon grand écart était bien; le rétablissement sur les poignets, assez souple, ma foi; par contre, le roulé-boulé d'arrivée en rase-mottes au-dessus de Marie-France était peut-être un peu lourd.

Je bâille. Quelle heure est-il? Deux heures! Lundi 14 septembre, deux heures!... À Paris, sous un ciel sûrement tout gris, des milliers de petits écoliers, écrasés sous leurs cartables, se dirigent d'un pas résigné vers leurs entonnoirs à gaver, derrière lesquels leurs aînés préparent un concentré de leur indiscutable sagesse.

Et pendant ce temps-là, ma famille fait la sieste au bord de la mer Noire, bercée par les cigales et le clapotis des vaguelettes... Scandale! Je hurle :

– Debout, là-dedans! C'est la rentrée!

– On peut aller se baigner?

Bande de cancres! C'est tout l'effet que ça leur fait, à mes sous-développés intellectuels.

Dehors, le sable est chaud. L'eau va être bonne.

– On fait une course?

Isabelle fonce, talons sur les fesses, couettes à l'horizontale. Caroline court légère, en danseuse. Le sable me brûle les pieds. J'arrive en soufflant comme un phoque. Je commence à avoir du mal à battre Bertrand.

Délicieuse, cette eau. Chaude et transparente comme je l'aime!

– Papa, bouge pas. Je te monte dessus.

J'ai les épaules en plongeoir et les cuisses en pont sous lequel les enfants défilent. Caroline nage déjà bien. On se précipite sur Marie-France qui entre, avec Éric, sur la pointe des orteils, millimètre par millimètre. À grands coups de moulinets, on lui fait les eaux de Versailles.

– Chameaux!

Elle brasse à la pépère, le nez en l'air, pour ne pas se mouiller les cheveux. Quelque chose dans ses yeux me dit qu'elle est heureuse.

Nous courons la main dans la main, les jambes freinées par l'eau. De vrais gamins qui sautent le mur, pendant que les autres se remettent en rang. Mais c'est trop beau, tout ça... Un vieux raisonnable va sûrement nous repérer :

– Hep! Vous, là-bas! Finie, la plaisanterie! Vous n'avez pas honte, non?...

Istamboul, mardi 20 septembre

MARIE-FRANCE :

C'est pour demain, cinq heures.

Départ aux aurores, pour avoir le temps de trouver, à l'étape, un abri à peu près sûr avant la tombée de la nuit.

J'avoue que je suis un peu inquiète. Jusqu'ici, tout s'est bien passé, mais c'était l'Europe. À partir d'Ankara, tout ce qui nous paraissait aussi évident que l'eau potable, une douche, un morceau de viande, du lait, un camping ou une bonne route, tout va devenir un problème.

Ce n'est pourtant pas ce qui me tracasse vraiment, mais je repense à ce jeune couple égorgé, il y a à peine dix jours, au nord de Diyarbakir. Et puis, à cette phrase de Nurten, notre nouvelle amie turque. Dans son anglais guttural, elle s'était alarmée :

– Vous partez vers l'est? Eh bien, vous avez du courage! Vous êtes armés, au moins?

Christian avait cherché à la rassurer :

– Nous essaierons de trouver des postes militaires!

– Les militaires, là-bas? Ne vous y fiez pas!

Depuis, tous les Turcs à qui nous en avions parlé nous ont confirmé que l'Est était dangereux. Ils n'y mettent jamais les pieds. Le banditisme y foisonne, paraît-il.

Armés? Je nous imagine tous les six un revolver à la main! L'idée me fait rire.

Nous n'avons que le petit vaporisateur « paralysant » comme nous l'a assuré le vendeur.

– En tout cas, ne voyagez surtout jamais de nuit!

Puis il y avait eu les Espagnols. Ils avaient peut-être raison pour Nain-Bus...

J'ai obtenu qu'on fasse un petit bout de route avec ce groupe de quatre jeunes dont deux se prénomment Jean-Claude. Mais après ?...

Le camping est presque vide maintenant. Il ne reste plus que quelques traînards qui reviennent de Cappadoce et qui rentrent en Europe.

Accroupis sur la toile cirée, Christian et Bertrand font une dernière fois l'inventaire des pièces détachées.

À côté de nous, vient de s'installer un couple de jeunes Anglais, sortant d'une antique voiture violette. J'ai fait un peu leur connaissance. Lui, Brian, un beau gaillard au visage d'enfant, rit tout le temps. Il m'a expliqué, en s'esclaffant, qu'il était parti avec son amie pour un simple tour de France, mais que l'idée lui était venue d'aller voir plus loin. Et c'est comme ça que, de plus loin en plus loin, ils s'étaient retrouvés ici. Ils sont équipés comme pour une journée de plage : le coffre ouvert découvre un fouillis invraisemblable d'objets hétéroclites, mais même pas de quoi faire correctement la popote. Il manque un bout de piquet à leur petite tente.

Brian me raconte cela comme un gosse qui aurait fait une bonne blague.

Lesley, sa compagne, a moins l'air d'apprécier la plaisanterie. Elle a, d'ailleurs, pris le parti, depuis leur arrivée, de bouder à l'avant de la voiture pendant qu'il s'escrime à allumer un réchaud bancal.

Caroline revient en courant :

– Maman, ça y est, les Italiens sont réveillés!

Ils sont arrivés ce matin, barbus, crasseux, l'œil hagard, et se sont littéralement effondrés à vingt mètres de nous, à côté de leur Jeep couverte de bosses et de poussière. Depuis, ils n'ont pas bougé. Ils reviennent sûrement de là-bas. Je vais en profiter pour recueillir quelques renseignements tout frais.

Un gaillard ébouriffé donne de grands coups de masse sur une jante mal en point, tandis qu'une belle fille brune, accroupie devant un réchaud, surveille une casserole fumante.

– Vous parlez français?

Oui, elle parle un peu français, avec un accent marrant.

– Vous revenez de l'est?

– Oui.
– Comment c'est?
– Terrible!
– ... C'est-à-dire?
– C'est simple : ou vous prenez le col du Tahir et vous cassez tout, ou vous prenez la route militaire et vous vous faites flinguer!
Ils me montrent les dégâts sur leur véhicule. Cette fois-ci, je suis vraiment inquiète. Je déplie ma carte par terre.
– Et la route du sud, par le Kurdistan?
Ils ne la connaissent pas, la croient plus intéressante mais moins fréquentée.
... Donc, plus de risques de se faire attaquer.

– Qu'en penses-tu?
Nous sommes assis sur notre volet, le dos contre Nain-Bus. Il fait nuit, maintenant. Istamboul bourdonne au loin, peignant dans le ciel comme une aurore boréale.
– Tu es sûr qu'on ne risque rien?
Christian marque un temps de silence. Ma question a l'air de l'agacer.
– Tu sais, ils en rajoutent certainement. Et puis, de toute façon, jusqu'à Ankara et la Cappadoce, il n'y a pas de problèmes.
Je le regarde faire l'ultime inspection de Nain-Bus, donner des coups de pied dans les pneus, tâter la grille pare-bêtes, jeter un coup d'œil aux niveaux, comme un cavalier qui vérifierait une dernière fois son sanglage. Je sens que la perspective d'un peu de baroud ne lui déplaît pas. Il gratifie Nain-Bus d'une tape amicale.
– Ne t'inquiète pas, c'est un brave!

21 septembre

Cinq heures du matin.
La nuit est d'encre, l'air est tiède. La journée sera sûrement chaude. Je reviens de ma douche sur la pointe des pieds. Combien de temps aurai-je encore ce luxe? Christian me blague souvent :
– Il va falloir que tu t'habitues à la toilette de raid!
Je suis peut-être maniaque mais j'essaierai quand même de me laver un peu.

Un grand bol de thé chacun. À cette heure-ci, on n'a pas faim, mais seulement envie de se rincer l'estomac. Nous devons avoir l'air de conspirateurs, à chuchoter et à tâtonner dans le noir avec nos lampes électriques. Pendant que Christian s'affaire à l'avant, je prépare le Thermos pour le petit déjeuner des enfants. Pas question de les lever maintenant, ceux-là. Nous laissons l'arrière de Nain-Bus en couchette. Ils continueront à dormir pendant les premières heures de route.

Christian vient me donner un coup de main pour les descendre un par un sans les réveiller. Puis, nous faisons la chaîne pour remonter tous les appareils dans la capucine. Chaque objet a sa place pour équilibrer le chargement.

Enfin Christian fait son habituel tour de camp. J'en profite pour coincer la glacière, la poubelle et le gros jerricane en barrière devant le placard de cuisine.

Nain-Bus ronronne déjà. Je prends les cartes sur les genoux. En avant!

Comme Istanbul est calme à cette heure-ci! Une lueur, en face, indique que le soleil va se lever.

Après le pont de Galata, Christian stoppe Nain-Bus.

– Qu'y a-t-il?

– Regarde!

Derrière le voile de brume de l'aurore, comme pour le rendre plus irréel, un décor fantastique. Dominant la Corne d'Or, la masse sombre, confuse, du vieux Stamboul. Et puis, dans le fond, se découpant sur le ciel rose en ombres chinoises, les imposantes coupoles des mosquées, gardées par la troupe de leurs fiers minarets.

Salut, Istamboul! Merci d'être resté à la hauteur de nos rêves!

Le pont du Bosphore. Bonjour l'Asie!

EXTRAITS DU JOURNAL DE BERTRAND

Entre Ankara, la Cappadoce, Turquie, 22 septembre

Jusqu'à Ankara, la route s'est bien passée, dans un désert très sec, avec quelques petits bergers, des femmes avec des voiles blancs et des larges pantalons multicolores, des maisons en terre et des tas de pastèques devant.

En arrivant, pendant que Papa garait Nain-Bus à l'ombre, on a fait la connaissance d'un petit chien noir adorable, avec une grosse tache blanche autour de l'œil. Une vraie petite boule! Ses quatre frères et sœurs et sa mère l'avaient abandonné et l'empêchaient de téter.

Nous, on s'est occupés de lui, on l'a appelé Ankara et il nous suivait partout. Papa disait qu'il risquait de nous donner plein de parasites, mais c'est lui qui s'est gratté toute la nuit.

Il était tellement mignon qu'on voulait l'emmener avec nous. Isabelle l'a pris dans ses bras et a demandé aux Parents la permission de le garder. Maman a répondu qu'il y avait assez de souk comme ça dans Nain-Bus et Papa qu'il y avait assez de puces comme ça dans Nain-Souk.

Comme personne n'a rigolé, il nous a expliqué qu'on aurait trop de problèmes de douane avec lui, qu'il ferait sûrement pipi partout dans Nain-Bus et qu'il risquait de tomber malade. Il nous a promis de passer par ici au retour.

Le jour où on allait partir, on a eu une surprise : on était en train de ranger Nain-Bus, et qu'est-ce qu'on voit arriver?... Brian et Lesley dans leur drôle de voiture!

Ils ont eu des tas d'aventures sur la route, avec un policier qui les a cambriolés au lieu de garder leurs affaires. Cette fois-ci, Lesley était complètement découragée, mais Brian rigolait toujours d'être arrivé jusque-là.

On leur a dit au revoir. Quand on est partis, Ankara a un peu suivi Nain-Bus sur ses petites pattes et Isabelle a reniflé pendant une heure.

Nevsehir, Cappadoce, Turquie, 23 septembre

J'ai écrit le texte d'hier dans mon journal pendant qu'on roulait vers la Cappadoce.

D'habitude, ça se passe comme ça : quand on a fini d'écrire, on le lit tout haut, chacun dit ce qu'il pense, on corrige les fautes et Papa nous fait chercher des mots meilleurs.

Il m'a fait recommencer je ne sais pas combien de fois et, à la fin, à force de relire et de réécrire, on était tous un peu excités. On n'arrêtait pas de rigoler dans Nain-Bus.

Cette fois-ci, Papa m'avait dit qu'on ne reconnaissait pas le sujet dans la phrase : « Papa disait qu'il risquait de nous donner plein de parasites, mais c'est lui qui s'est gratté toute la nuit. »

Alors voilà comment j'ai relu mon texte :

« ... En arrivant, pendant que Papa garait Nain-Bus à l'ombre, on a fait la connaissance d'un petit chien noir adorable avec une grosse tache blanche autour de l'œil. Une vraie petite boule! (Pas Papa, le chien!) Ses quatre frères et sœurs l'avaient abandonné et l'empêchaient de téter. (Pas Papa, le chien!)

Nous, on s'est occupés de lui, on l'a appelé Ankara et il nous suivait partout. (Pas Papa, le chien!) Papa disait qu'il risquait de nous donner plein de parasites (pas Papa, le chien!), mais c'est lui qui s'est gratté toute la nuit (pas le chien, Papa!), etc. »

Et on pouffait comme des idiots, en pleurant presque et sans pouvoir s'arrêter.

On est arrivés en Cappadoce en pleine nuit et Maman n'était pas rassurée.

Aujourd'hui, on est allés visiter un village en grottes et on s'est bien amusés dans les rochers troués comme un énorme gruyère.

Malatya, Turquie de l'Est, 25 septembre

MARIE-FRANCE :

J'ai peur...

Pour la vingtième fois, je soulève ce coin de rideau, doucement, pour ne pas me faire voir. Je surveille depuis un moment trois hommes aux allures louches qui chuchotent là-bas, dans le coin, en regardant dans notre direction. Une voiture vient de se ranger silencieusement contre Nain-Bus, tous feux éteints. Deux ombres en sortent, rejoignent les autres. Que viennent-ils faire à cette heure-ci ?

Le clair de lune blafard éclaire à peine le groupe. Il n'y a plus de doute, c'est de nous qu'ils discutent.

– Christian !

Cette fois-ci, je le réveille.

– Regarde ces gars ! Leurs têtes m'inquiètent. J'ai l'impression qu'ils nous épient.

Appuyé sur un coude, il observe un long moment en silence.

– Ne t'inquiète pas, dors !

Pourtant, il se lève, sans bruit, tâtonne dans son placard. Je reconnais la petite bombe noire, qu'il glisse sous son oreiller. Ce n'est sûrement pas ça qui risque de me rassurer.

Si, au moins, Nain-Bus fermait bien ! On ne pourrait pas nous surprendre endormis. Nous aurions le temps de réagir. Mais là, il suffirait de tirer un peu sur la poignée, et...

– Il faut absolument qu'on répare cette porte !

Christian continue à faire le guet. Nous aurions peut-être dû nous arrêter en ville. Ici, à part cette station-service, aucune habitation. Nous serions à leur merci, sans secours ni témoins possibles. Mais nous étions tellement fatigués, hier soir, que nous n'avions plus le courage de chercher ailleurs.

On murmure toujours, là-bas. De temps en temps, Christian allume la lumière, fait du bruit, montre que nous ne dormons pas. Il est maintenant deux heures du matin. J'ai des crampes, et cela fait trois fois que je pique du nez. À force de scruter la nuit, je vois des ombres qui bougent partout...

Il fait jour.

Je colle le nez à la vitre : plus personne. Un bon soleil éclaire déjà la cour où la vie a repris, normale, rassurante.

Je remplis la petite cuvette pour me laver un peu : je m'y entête bêtement. Pour Christian, pas de vrai baroud sans barbe de trois jours et toilette de chat. Quant aux enfants, n'en parlons pas! Ils feraient bien l'impasse totale... pour ne pas user notre eau, prétextent-ils.

Christian se réveille et sonne le branle-bas de combat. Il m'avoue avoir veillé jusqu'à plus de quatre heures du matin :

– Ils ont fini par partir comme ils étaient venus. Mais je crois qu'on a bien fait de montrer qu'on n'était pas endormis.

Rangement des couchages et petit déjeuner.

C'est sacré, pour nous, le petit déjeuner. Les jours de route, c'est notre repas principal.

Ce matin, la troupe est affamée et se régale de notre menu de gala : pain rassis à la poussière, margarine turque au goût de plastique, confiture de roses achetée à Istamboul et, là-dessus, un bon bol de « Pinar » (c'est la marque du lait d'ici), la fin du petit stock que j'avais fait à Ankara. Je n'en ai pas retrouvé hier soir, et j'ai peur d'en manquer maintenant. Pourtant, il faut absolument que les enfants, en pleine croissance, aient leur dose de protéines. Depuis que nous évitons la viande, trop chère et peu sûre, je dois me débrouiller pour la remplacer par des laitages. J'ai bien rapporté, avant-hier, un pavé de fromage blanc sec dont j'étais très fière. Mais il est si salé et piquant que je n'ai pas grand succès. J'en impose quand même un cube par jour à chacun avant toute nourriture, pour les protéines.

– Et gare si j'en trouve sous les coussins, comme hier!

Les garçons l'avalent comme une pilule, en se pinçant le nez, et Christian me soutient qu'il le préférerait en suppositoires.

Corvées expédiées, grande réunion autour de la table de Nain-Bus. Christian veut lui donner la solennité de circonstance et prend l'air d'un directeur réunissant son conseil d'administration.

– Avant-hier, nous avons oublié de prendre la Nivaquine, et, hier, Éric a bu de l'eau à la fontaine de Gürün. Si nous commençons comme ça, nous n'irons pas bien loin.

Passant en revue toutes les maladies affreuses que nous risquerions d'attraper, il dresse un tableau terrifiant des conséquences possibles, dont la moindre serait certainement la fin de notre belle aventure, et le retour fatal à l'école. L'argument a été suffisamment convaincant pour que, sous le coup, Isabelle et Bertrand arrêtent de s'arracher la carte et qu'Éric se décolle de son éternel dessin.

J'aime Christian avec les enfants : il les traite d'égal à égal et tient beaucoup à ce qu'ils établissent eux-mêmes leur discipline.

Opération réussie : les solutions fusent de partout. Un règlement est établi, et Caroline l'inscrit en artiste sur une grande feuille blanche entourée de fleurs multicolores :

ARTICLE UN : LA NIVAQUINE

On prendra la Nivaquine tous les matins, sauf le lundi. Papa donnera une prime de cinquante centimes, dans l'argent du pays, au premier qui nous y fait penser, le matin.

ARTICLE DEUX : L'EAU POTABLE

Caroline remplira tous les jours le gros jerricane de treize litres et écrasera les treize pastilles d'Hydroclonazone dedans. Elle le secouera un bon moment dans tous les sens et cachera le robinet pendant une heure. Après, seulement, on pourra boire. Interdit de boire ailleurs, même pour se laver les dents.

ARTICLE TROIS : LES FRUITS

Ou on les épluche ou on les trempe pendant vingt minutes dans la cuvette jaune avec trois gouttes d'eau de Javel versées par Papa ou Maman.

ARTICLE QUATRE : AVANT DE MANGER

Toujours bien se laver les mains, pour les microbes dans les ongles.

ARTICLE CINQ : LES BLESSURES

Quand on s'écorche, il faut tout de suite le montrer aux Parents.

ARTICLE SIX : LA VAISSELLE

Très bien essuyer la vaisselle, sans laisser de mauvaise eau.

ARTICLE SEPT : POUR LES GARÇONS

Arrêter de sucer son pouce ou ses doigts.

Pendant que Bertrand le scotche sur le frigidaire, Éric a encore une objection :

– Mais, pour l'eau, si on est invité ?

– Eh bien, il ne faudra pas refuser, ce ne serait pas gentil, mais ne pas boire non plus. À toi de te débrouiller !

Je presse l'équipe : nous ne sommes pas en avance. L'étape n'est pas aussi longue qu'hier, mais il est près de onze heures.

J'aide Christian à installer les volets sur les côtés de Nain-Bus, désolée de mettre ma progéniture dans le noir. Mais nous arrivons dans la région où le plus grand jeu des jeunes bergers est de lancer des pierres sur les véhicules et, derrière les grandes vitres de Nain-Bus, les enfants seraient trop vulnérables.

– Vous n'avez qu'à regarder devant !

On nous avait même conseillé de grillager le pare-brise, mais Christian se refuse à arriver dans un pays en char d'assaut blindé. Question d'ambiance...

Plein d'essence et des jerricanes avant de partir : les pompes vont se faire rares.

Se hissant sur la pointe des pieds, Bertrand en profite pour vérifier encore, avec beaucoup de fierté et de sérieux, les niveaux d'huile et de batterie dont son père lui a désormais délégué la surveillance.

Diyarbakir, Turquie de l'Est, 26 septembre

MARIE-FRANCE :

– Maintenant, ça suffit!

Je lui donne un grand coup de coude dans les côtes et ferme ma fenêtre à toute vitesse. Il a dépassé les bornes, celui-là! Il me prend pour qui? Déjà, ces bonshommes ne se gênaient pas pour passer la tête à toutes les fenêtres, regarder sans s'en faire dans Nain-Bus. Nous nous étions arrêtés cinq minutes dans ce petit marché pour acheter des pastèques, et tout de suite, ç'avait été l'attroupement. Le prochain qui me refait ça, je lui donne une paire de claques!

J'ai l'impression d'étouffer. Cette chaleur... Tout ce monde agglutiné autour de Nain-Bus... Foule oppressante d'hommes mal rasés, au regard noir et déshabillant... Ils n'ont jamais vu une femme, ma parole! Et ces grands dadais qui ricanent, ces gosses horripilants qui essayent d'ouvrir les portes, de tirer sur les moustiquaires... Je suis à bout de nerfs.

Quand Christian revient, imperturbable, avec ses deux pastèques, j'explose :

– Dégageons d'ici immédiatement, ou je fais un scandale!

Si c'est comme ça, Diyarbakir, ça promet!

Il fait presque nuit. L'air paraît plus lourd encore. Je me sens sale et poisseuse. La journée a été harassante, et j'espérais un peu de fraîcheur, un peu de repos. Mais, dans cette ville, où se mettre? Où trouver un endroit pour la nuit?

Nous tournicotons dans des ruelles moyenâgeuses et encombrées pour arriver sur une place : la gare, apparemment. Christian range

Nain-Bus, près d'un petit troquet en plein air, éclairé par quelques ampoules suspendues à des fils.

Mais nous sommes à peine arrêtés que ça recommence de plus belle. Les gosses, surtout. Par myriades. Ils passent sans arrêt la tête derrière le rideau avec des gloussements stupides. Je bondis hors de Nain-Bus :

– Fichez le camp de là!

– Tu ferais mieux de te calmer. S'ils voient que tu marches, ils en rajouteront.

Christian, c'est tout ce qu'il trouve : me faire des sermons, distribuer des cartes postales, chahuter avec eux.

Je lui claque la porte au nez, ferme tout, rideaux tirés, pour avoir la paix. Du coup, Nain-Bus devient un four!

Il m'a plantée là et il est parti au café, en rigolant comme un idiot, avec un type complètement ivre, me laissant tout à faire. Il est revenu deux heures plus tard, hilare, a réveillé les enfants pour leur raconter ce que lui avait dit le bonhomme, mais surtout pour me faire pester. Puis il s'est endormi comme une masse.

Je ne peux m'empêcher de jeter un coup d'œil à travers la moustiquaire. Maintenant, le bistrot est éteint, tout est noir, mais il y a toujours des bonshommes qui traînassent autour de Nain-Bus.

Décidément, je sens que je vais passer encore une bonne nuit.

27 septembre

Je me suis réveillée la dernière, la tête lourde. Il fait déjà chaud dans Nain-Bus. Christian et les enfants essaient de constituer un petit déjeuner, mais le pain acheté hier à Malatya est dur comme la table, et il ne reste plus une goutte de lait.

– Ne bougez pas, je vais aller en chercher!

Plus de trois heures qu'il est parti. En désespoir de cause, nous avons fini par nous faire chauffer un vague thé, et y tremper notre pain dur.

J'ai dû faire appel à un militaire, de garde à la gare. Il tient en respect les enfants, qui disparaissent comme une volée de moineaux à chaque fois qu'il les menace de son gros caillou.

Il est plus de midi quand Christian revient, triomphant, accompagné d'un homme élégamment vêtu.

– J'ai trouvé un emplacement pour camper. Ce monsieur nous y conduit. Quant au lait, c'est tout ce que j'ai pu dénicher dans la ville. Je te raconterai, c'est toute une histoire! ajoute-t-il en brandissant une petite bouteille de Coca remplie aux deux tiers d'un liquide blanchâtre.

Après les vingt minutes d'ébullition réglementaires, il en restera à peine un dé à coudre!

L'endroit est une ferme d'État, pas très éloignée de la ville, où des paysans aux yeux noirs, sourcils en broussailles, moustaches énormes sous la casquette, nous installent dans un coin de champ, à côté d'un eucalyptus. Il y a même un peu d'eau! Depuis trois jours nous n'en avons pas vu la couleur et allons enfin pouvoir nous laver. Même si je suis la seule que ce détail semble préoccuper, cette fois-ci, personne n'y coupera!

En un clin d'œil, je relève la table sur le côté et installe deux cuvettes par terre dans le couloir.

– Déshabillez-vous tous! Rangez-vous contre la porte! Allez, Éric, tu commences! Mouillage au-dessus de la cuvette jaune, et hop, au suivant! Savonnage sur la serpillière, bien les fesses et les pieds, n'aie pas peur de frotter!... À toi, Bertrand! On continue. Rinçage au-dessus de la cuvette rouge. Ensuite, séchage et habillage sur les sièges avant! Vas-y, Caro!

C'est le lavage à la chaîne et en rigolade, et l'eau de rinçage ressemble à l'huile de vidange de Nain-Bus.

Christian revient en pouffant. Il a une communication importante à nous faire. Réunion immédiate.

– Ils mettent à notre disposition les toilettes de la ferme, mais à condition de ne pas les utiliser à l'européenne, c'est-à-dire, pas question d'utiliser de papier, ça boucherait les canalisations, qui ne sont pas prévues pour.

Nous n'avons jamais tant ri.

Il fallait voir Christian expliquer qu'après tout nous devions être capables de nous adapter aux coutumes de chaque pays, même de ce côté-là! Il est ensuite parti dans une grande démonstration, exposant aux enfants hilares les avantages comparés du petit robinet d'eau, ou de l'antique boîte de conserve, et des deux doigts de la main gauche qui valent bien, affirme-t-il, tous les rouleaux de Lotus de la terre.

– De la main gauche, j'insiste. L'autre, c'est pour manger!

Mais je reste quand même méfiante et, à tout hasard, impose la savonnette.

Tout va bien. J'ai retrouvé un moral du tonnerre. Avec un P.C. si sympathique, nous envisageons de rester ici deux ou trois jours, histoire d'apprivoiser un peu cette ville kurde rebelle à l'étranger. Si rebelle même qu'elle s'est entourée d'une imposante muraille de basalte noir.

Tout à l'heure, quelques femmes en robes à fleurs et foulards blancs sont venues me dire bonjour et m'offrir du raisin. Nous avons essayé de bavarder en riant, mais c'était plus comique qu'efficace. L'une d'entre elles savait lire et a beaucoup tenu à ce que je marque Diyarbakir sur la carte latérale de Nain-Bus, m'expliquant par gestes que, pour les Kurdes, c'était la vraie capitale de la Turquie, et non pas Ankara.

Le soir tombe. Il fait enfin plus frais. Pour le dîner, Caroline nous mijote des œufs brouillés aux poivrons pendant que deux moustachus grisonnants initient Isabelle et Bertrand, passionnés, à un jeu apparemment compliqué, qui consiste, vu d'ici, à pousser des petits cailloux sur une grosse pierre. Assis sous l'eucalyptus avec le patron de la ferme, qui bredouille quelques mots d'anglais, Christian est parti dans une longue discussion sur le problème kurde.

À la tombée de la nuit, j'ai quand même été un peu émue quand un gaillard à l'air terrible, et dont on apercevait sous la casquette deux yeux noirs et une moustache en cornes de bœuf, est arrivé vers nous avec un grand fusil.

– C'est notre ange gardien, m'a assuré Christian.

Un cri perçant me fait bondir. Je me retrouve assise sur le lit, le cœur à mille à l'heure. C'est Isabelle qui hurle des « non!... non!... » Un cauchemar.

Christian aussi s'est réveillé.

Je repense à la veillée d'hier soir, l'histoire de cette famille arménienne d'Erzurum, famille ressemblant étrangement à la nôtre, et qu'il avait imaginée poussée à l'exode dans le désert par les Turcs, mourant à petit feu de faim, de soif, puis exterminée ici même par les Kurdes, dans des conditions atroces. Il l'avait racontée avec tant d'émotion, de détails et de conviction que j'avais senti les enfants très impressionnés.

– C'était à prévoir. Tu n'aurais pas dû leur raconter une histoire si terrible.

Je sens Christian agacé.

– D'abord, rien ne te prouve que c'est ça. Et puis même, mon histoire est en dessous de la vérité. Quand on pense à tout ce qui s'est passé ici, à ces millions d'hommes, de femmes, d'enfants surtout, qu'on a fait mourir dans cette région d'une façon ignoble, c'est plutôt ça, le cauchemar! Et si ça a pu les frapper un peu, après tout, tant mieux! Et si ça peut leur montrer à quoi mène le racisme, eh bien, tant mieux aussi!

J'ai rebordé Isabelle, qui avait paru rassurée de se trouver dans Nain-Bus, et qui redormait déjà paisiblement.

Tadvan, Turquie de l'Est, 30 septembre

MARIE-FRANCE :

– Éric, comment te sens-tu ?
Déjà, hier soir, je ne le trouvais pas dans son assiette et je l'avais fait coucher sur le lit-hamac au-dessus de nos pieds, pour pouvoir le surveiller. J'espérais qu'une bonne nuit arrangerait les choses mais, ce matin, il a le front chaud et les yeux brillants.
– Je ne sais pas. J'ai un peu mal à la tête, et puis aussi au ventre.
– Reste couché, on va prendre ta température.
Lui, d'habitude si gai, je le trouve amorphe. Ça me tracasse. Pourvu qu'il n'ait rien de grave ! Que pourrions-nous faire dans ce petit poste militaire perdu en plein Kurdistan ?
– Montre-moi ça.
39°5 ! Flûte ! Ce n'était vraiment pas le moment !
Christian revient hilare avec Bertrand :
– Si tu avais vu le succès que j'ai eu avec mon rasoir à piles ! J'avais au moins vingt bidasses ébahis autour de moi !
– Christian, Éric n'est pas bien !
– Tu as pris sa température ?
– Oui ! Il a 39°5 ! Qu'est-ce qu'on fait ?
Christian s'approche d'Éric, lui fait plier la nuque, tâte les ganglions. Souvenir d'Algérie où il avait, entre autres, joué les toubibs dans un village kabyle.
– Qu'est-ce que tu veux qu'on fasse ? On continue. Il vaut mieux se rapprocher de Téhéran.

– Attends, Éric! Vite, Caro, la cuvette, au lieu de rester là plantée! Oh, la poisse!

Secoué de vomissements, le pauvre fait pitié à voir.

– Christian, tu es sûr qu'il supportera la piste, avec cette chaleur?

– De toute façon, ça n'avancerait à rien de rester ici. On n'a qu'à laisser le lit supplémentaire, et il voyagera couché. Mais il faut surtout lui donner beaucoup à boire.

Je soupçonne Christian de craindre, comme moi, la déshydratation. Éric ne garde rien. Cela fait deux fois qu'il me recrache sa cuillerée de Primpéran. J'essaierai encore tout à l'heure, quand son estomac sera un peu calmé.

Christian accélère le départ.

– Toi, Caro, prépare l'eau potable. Et, Bertrand, tu remplis un peu le réservoir. Pas trop, à cause du poids. Et fissa! Je voudrais faire le maximum de route avant la grosse chaleur.

Nous allons dire au revoir à l'officier et remercions les militaires en leur signant des cartes postales.

Depuis une demi-heure, nous avons retrouvé la piste. La chaleur est suffocante et le soleil me cuit tellement les cuisses à travers le pare-brise et le jean que je me suis recouverte d'une serviette blanche. Dans un fond de cuvette, j'humecte un gant, que je passe sur le front d'Éric.

Nous soulevons un énorme tourbillon de poussière blanche et fine comme du talc, qui s'infiltre partout dans Nain-Bus en un épais nuage ocre. Elle nous pique les yeux, nous assèche la gorge, fait tousser les gosses et se colle à notre peau moite de transpiration. Christian va beaucoup trop vite, à mon goût. Nous faisons des bonds terribles sur d'énormes nids-de-poule, et ce vacarme, à l'arrière, m'inquiète pour mes placards. Je vais encore tout retrouver sens dessus dessous. Quatre fois déjà, j'ai envoyé Caroline raccrocher les vêtements de la penderie.

– Christian, tu es fou?

Nain-Bus est retombé lourdement, dans un bruit infernal. Cette fois-ci, tout est sûrement cassé!

– Désolé, un énorme trou, je ne l'avais pas vu.

Christian pile et descend. Côté mécanique, j'espère qu'il n'y a pas trop de mal. Mais des placards, là-haut, tout est par terre, pêle-mêle dans la poussière. Même le tiroir à couverts s'est vidé. Je suis furieuse : le linge à relaver, tout à nettoyer!

– Je t'avais dit de ralentir!

– J'allais à peine à trente à l'heure. À cette allure-là, on n'arrivera pas à l'étape. Et tu sais ce que Nurten nous a dit. Moi, je n'ai pas du tout envie de me trimballer la nuit sur ces routes.

– Oui, mais si on casse tout, on ne sera pas plus avancé.

Est-ce la fatigue? la chaleur? ou l'inquiétude pour Éric? Mais je me suis mise à pleurer comme une gamine, au milieu de tout ce gâchis étalé par terre.

Turquie de l'Est, 3 octobre, 11 heures

Sale nuit. Christian et moi nous sommes relayés toutes les deux heures pour veiller sur Éric que nous avions couché entre nous deux. Mille fois j'ai cru ne plus entendre sa respiration. Alors des idées folles m'assaillaient. C'est terrible comme la nuit amplifie les peurs!

Ce matin, il ne vomit plus, mais il est resté toute la matinée pâle et sans réaction, couché sur le lit supplémentaire.

20 heures

Éric a mangé un peu de riz et sa fièvre est tombée. Il a même repris ses ciseaux et recommence à tapisser Nain-Bus de son habituel fatras et de ses découpages qui d'ordinaire nous mettent hors de nous, mais qui ce soir sont accueillis avec une joie intense.

4 octobre

À l'infini, la steppe. Pas un arbre, pas un buisson. Une mer immense dont les vagues seraient ces dunes ocre, jaunes, dorées à perte de vue.

Les yeux fixés sur la piste, Christian continue son perpétuel gymkhana entre les trous et les bosses. Sa barbe de quelques jours, blanchie par la poussière qui a recouvert aussi ses sourcils et ses cheveux, lui donne l'air d'un vieux baroudeur.

Au milieu d'un nuage blanchâtre, Nain-Bus tressaute, grince, craque, et moi j'attrape des crampes à essayer de me faire plus légère.

Un coup d'œil à l'arrière : le tableau a quelque chose d'irréel. Au milieu de cette brume de poussière fine transpercée de soleil, les enfants sont assis autour de la table, aussi naturellement que s'ils étaient à l'école. Caroline s'escrime à vouloir recopier une lettre à Mamita et rouspète à chaque cahot :

– Papa, regarde ce que tu m'as fait faire!

Chien et chat, comme toujours, Isabelle et Bertrand daignent arrêter un instant de se chamailler pour passer à notre chauffeur un verre de l'eau tiédasse que Caroline nous a purifiée ce matin.

– Beurk! Merci, Caro, pour ta potion! Entre nous, je préférerais un bon demi, avec un petit faux col, et de la buée sur le verre!

Le soleil nous a offert un spectacle splendide, tout à l'heure, en se levant. Il a d'abord peint en rose le sommet des collines nues et arides. Puis, petit à petit, en a enflammé une face. Maintenant, il est plus haut, déjà brûlant, éblouissant, écrasant tous les reliefs.

– Combien fait-il, Bertrand?

– 38!

– Ça promet!

Éric, imperturbable, dessine du doigt dans la poussière qui recouvre la table. Il va nettement mieux, celui-là : ça se voit et... ça s'entend! Avec son humour, il a retrouvé sa voix perçante qui déclenche périodiquement de bruyants fous rires à l'arrière.

Nous avons mis beaucoup de temps à trouver le petit poste militaire. À notre arrivée, nous avons été reçus par le capitaine, originaire de l'Ouest, qui considérait comme une punition sa mutation dans ce pays de barbares, ce « Far East » de la Turquie où il devait organiser des embuscades contre les bandits kurdes.

– Ces sauvages de l'Est ne sont pas éduqués! nous répétait-il.

Mais il a surtout tenu à nous montrer son gros album de photos. Sur chacune, immanquablement, on le voyait en grand uniforme, raide comme un piquet, aussi fier que sa moustache, et bombant un torse bardé de décorations, à côté d'un personnage qui paraissait alors bien piètre :

– *This is me, with the General... This is me with the Governor Mustafa... This is me with the Colonel Djabbar... This is me with...*

Avec beaucoup de cérémonie, et gardant à grand-peine son sérieux, Christian traduisait à haute voix pour les enfants :

– Lui avec le général américain commandant la base..., lui avec le gouverneur Mustafa..., lui avec le colonel Machin Truc Chouette..., lui...

Au début, les enfants hochaient la tête d'un air respectueux et admiratif. Mais, au bout d'un quart d'heure, j'étais obligée de tousser fréquemment pour couvrir les « gloussades ».

Quand Christian lui a montré notre article dans le journal turc *Hurriyet,* notre glorieux capitaine a été fortement impressionné. Il n'a pas tardé à nous demander une photo de... lui avec la famille. Et quand, après avoir disparu un grand quart d'heure, il est revenu trôner au milieu de nous dans son fameux uniforme, nous n'avons pas eu besoin de faire *cheese* pour avoir les sourires sur la photo.

Nous avons quitté notre capitaine et la journée s'est terminée dans un grand éclat de rire quand Christian, qui avait mal à la gorge, a sorti de la glacière des suppositoires complètement liquides. En désespoir de cause, il les a remplacés par un petit coup de raki!

Ce matin, les garçons sont partis entre hommes faire leur toilette avec les soldats.

Je revois encore Bertrand revenant ravi :

– Dis donc, tu as bien fait de te laver dans Nain-Bus. Nous, on avait un vieux tuyau percé de trous, avec quelques gouttes d'eau qui tombaient dans une espèce de bassin en fer, plein de crachats et de chiques multicolores. Et quand tu dis que je ne me lave pas, ben, si tu les avais vus!... Ils arrivent tout habillés, prennent de l'eau dans le creux de leur main, font des glouglous dans le fond de la gorge, et recrachent tout ça dans le lavabo. Et voilà, ils s'en vont!

Tout à l'heure, avant de quitter notre petit poste militaire, nous avons beaucoup insisté pour prendre une dernière photo : notre capitaine avec Nain-Bus!...

– Attention, Christian!

Je viens d'apercevoir un groupe de gamins, sur le bord de la route. Je sais maintenant à quoi m'en tenir : s'ils se baissent, c'est qu'ils ramassent une pierre. Christian les a vus aussi et attaque sa manœuvre habituelle : il ralentit et fait mine de s'arrêter tout près d'eux. Je vois les pierres disparaître discrètement, glisser par terre, et les mains se lever dans de petits saluts bien timides.

– Passe-moi les cartes.

Ça, c'est la dernière tactique : Christian en jette deux ou trois dans le groupe et, pendant que nos petits anges se précipitent dessus, nous filons en douce avant qu'ils aient eu le temps de récupérer leurs projectiles. Il paraît que le véhicule est l'ennemi numéro un : combien de ces petits bergers, de retour au village, ont reçu des rossées parce qu'un camionneur imprudent ou imbécile leur avait écrasé un mouton...

La piste serpente maintenant dans des collines plus hautes. Presque de la montagne.

Midi et quart.

– Qui a faim ?

Un « moi » hurlé en chœur me répond. C'est vrai que nous sommes partis tôt, ce matin, et que le petit déjeuner est déjà loin. Mais, sur ces longues étapes, s'arrêter pour déjeuner risque de compromettre l'arrivée avant la nuit.

– Bon, à toi de jouer, Caro !

Avec une démarche de matelot ivre, au milieu de tout l'encombrement de Nain-Bus, notre spécialiste commence à réunir sur la table tous les éléments du festin : la planche et le couteau à pain, la margarine devenue liquide, le sac à pain rassis; et les gros oignons de Tadvan. Pendant ce temps, Bertrand installe le jerricane sur ses genoux et remplit généreusement d'eau tiédasse les godets en plastique.

– Et faites ça proprement ! N'oubliez pas que vos sièges, c'est mon lit ! avertit Christian.

Je l'ai vu trop tard, à cause de la colline qui le cachait. Christian aussi. Il a pilé sur place. Juste devant.

Pendant que le troupeau de chèvres continue tranquillement de traverser la piste, poussé à coups de baguette par son petit berger, Christian regarde ses pieds d'un air désespéré, et gémit :

– Oh non, meeeerde !...

Les croûtons de pain et les oignons ont roulé sous l'accélérateur, la margarine lui coule le long de la jambe. Je sens qu'il reprend sa respiration pour piquer une formidable colère vers les enfants qui auraient dû retenir tout ça. C'est à ce moment-là que le petit berger a le malheur de passer sa tête à la fenêtre, faisant des mimiques pour réclamer une cigarette. L'ouragan lui tombe dessus avant qu'il ait eu le temps de comprendre. Il recule avec des yeux ronds et détale comme un lapin, semant la panique dans son troupeau.

L'éclat de rire envahit Nain-Bus, qui en tressaute encore un quart d'heure après.

Le repas n'a pas été lourd à digérer, mais j'ai quand même attrapé le hoquet, comme chaque fois que je mange de ce pain.

Christian organise les activités de l'après-midi :

– Regardez bien le paysage et décrivez-le sur votre journal.

– Ben c'est le désert, il n'y a rien à décrire! déclare Isabelle.

– Et les petits villages qu'on a traversés tout à l'heure? Et les vaches qui tournaient en rond pour séparer les grains de la paille? Et les femmes tellement chargées que Bertrand voyait des « tas de foin qui marchent tout seuls », hein? Même le désert, ça se décrit!

Je le sens heureux, notre instit'.

– Tu te rends compte?

Le soleil qui saoule un peu, cette beauté sauvage du paysage, le goût âcre de la poussière dans la gorge, l'excitation d'un certain risque... Pour la première fois, j'ai vraiment la sensation de comprendre ce que Christian voulait dire quand il me parlait de « sa » Kabylie, de l'aventure qu'il avait vécue là-bas, dans son petit village perché sur la montagne, et brûlé de soleil. Je commence à ressentir, moi aussi, malgré tout l'inconfort, ce bonheur désencombré, réduit à l'essentiel, au plaisir d'une bonne nuit à la fin d'une dure journée, à un verre d'eau quand on a vraiment soif, à une vie en famille au rythme de la nature...

Makou, Iran, 5 octobre

CAROLINE :

Piste, piste, le mont Ararat, la frontière...

Ce soir, nous sommes à Makou, en Iran, très fatigués, tellement la journée a été longue, et je sens que je ne vais pas écrire beaucoup.

Les premiers Iraniens que nous avons rencontrés ne sont pas très sympathiques.

D'abord le pompiste, qui a profité de ce que nous ne pouvions pas lire les chiffres de la pompe pour nous faire payer plus. Et puis d'autres, à qui nous demandions un renseignement, qui secouaient la tête, et qui ne répondaient même pas.

Les femmes et les filles portent un long voile de la tête aux pieds et semblent plus gentilles. À côté des hommes, qui sont tous mal rasés et qui ont l'air inquiétant, on dirait des bonnes sœurs au milieu de brigands.

Nain-Bus est installé au pied d'un énorme rocher, et nous attendons que la soupe cuise pour le dîner. Comme pain, nous avons trouvé deux galettes plates et grandes comme des tables.

Voilà! Bonsoir, mon petit journal! Maman m'appelle pour préparer les lits, alors je te quitte.

6 octobre

Ce matin, pour le petit déjeuner, la galette avait durci, tellement il fait sec, et ressemblait à une grande planche à fromage.

Ensuite, réunion : Papa a fait un petit discours sur le pétrole et nous a fait lire l'histoire de l'Iran.

Puis nous avons passé la matinée à faire la grande toilette de Nain-Bus. Il en avait bien besoin, le petit cochon, tellement il s'était vautré dans la saleté! Nous avons étalé autour de lui tout ce qu'il avait dans le ventre, et ça faisait une belle exposition à dix mètres à la ronde. Tout le monde s'est mis à frotter et à taper, en faisant de gros nuages de poussière. Elle était rentrée partout, celle-là!...

C'est comme ça que Maman a découvert la cachette secrète d'Éric, sous l'évier, derrière le tiroir à couverts. Il y avait tous ses trésors : une boîte d'allumettes, un Schtroumpf, et un coquillage de la mer Noire, mais surtout un vieux morceau de loukoum donné par Saïm et que Papa lui avait demandé de finir.

Après la toilette de Nain-Bus, il y a eu la nôtre.

Papa a dessiné au stylo-feutre sur le ventre des garçons pour être sûr qu'ils se frottent, et Maman, armée d'une allumette avec du coton au bout, nous a fait défiler pour le nettoyage des oreilles.

Demain, nous partirons à Tabriz.

Téhéran, Iran, 9 octobre

Depuis deux jours, nous sommes à Téhéran, ou plutôt, sur la route de Saveh, dans un camp de la banlieue, un peu moche comme un terrain vague.

Mais ça ne sera pas de très bons souvenirs, avec toutes les histoires qui nous sont arrivées.

D'abord, en venant de Tabriz, nous roulions depuis tôt le matin, et nous commencions à être fatigués. À ce moment-là, nous sommes arrivés à un endroit où il y avait deux routes possibles, avec chacune une pancarte écrite en vermicelles. Nous sommes restés un bon moment au milieu, comme des idiots, sans savoir où aller. Au hasard, Papa a fini par choisir à droite. Et v'lan! cinquante kilomètres en plus : c'était à gauche, comme Maman l'avait dit.

Bien sûr, bonne petite scène de ménage!

Peu de temps après, la route était bloquée par un énorme tas de terre. Et impossible de passer ailleurs.

Cette fois-ci, c'est Maman, qui voulait que nous déplacions le

EN TURQUIE DE L'EST :

15. Immensité de la steppe. **16.** Isabelle : « L'Iran, c'est bien par ici ? »

15

16

EN IRAN :

17

18

17 et **18.** A Ispahan. - **19.** Isabelle et Éric dévorent un « nân ».
En Afghanistan : **20.** Faïzia, petite nomade Pashtoun, venue fêter l'Id à Kaboul.
- **21.** La lessive. - **22.** Abdul. - **23.** Faisons le point.

19

tas à la pelle. Papa, soutenu par Bertrand, disait que Nain-Bus pouvait sûrement passer et que nous n'allions pas commencer à refaire les routes jusqu'en Inde!

Il a pris son élan, et hop! voilà Nain-Bus suspendu au sommet, en équilibre sur le ventre, et avec un gros craquement en dessous. Résultat : une heure de plus pour sortir de là, et le réservoir d'eau fendu.

Pour finir, après douze heures de route dans le désert, nous sommes arrivés à l'entrée de Téhéran.

Depuis longtemps déjà, nous apercevions un gros nuage roux de pollution au-dessus de la ville. Nous ne souhaitions qu'une chose, trouver un petit coin tranquille pour dîner et dormir. Eh bien, pas du tout! Nain-Bus a été coincé dans un bouchon incroyable, sur un chemin pire qu'une piste, avec des trous et des caniveaux partout, pour aller jusqu'au camp.

Maman était si fatiguée qu'elle n'a pas eu le courage de faire cuire le riz. Nous avons pris les restes de « nâns », et nous nous sommes couchés tout de suite après.

Hier, ça n'a pas été mieux.

Pour nous laisser nous reposer, Papa a proposé d'aller seul à Téhéran chercher le courrier. Maman en a profité pour lui coller tout le linge sale de Turquie de l'Est qu'elle a entassé dans leur double sac à viande. Papa est parti avec son énorme baluchon sur l'épaule, en nous disant de l'attendre pour le déjeuner.

Quand il est revenu, le soir, il était furieux.

D'abord, parce qu'il n'avait presque pas de courrier : ils avaient tout renvoyé, à cause de notre retard.

Mais le pire, c'est qu'il rapportait son baluchon de linge sale, qu'il avait traîné toute la journée, le pauvre Papa. Il nous a raconté que Téhéran était une ville dingue et immense, qu'il avait crevé de chaud dans les rues polluées, que les blanchisseurs étaient en grève, qu'on lui avait fait payer plus de soixante-cinq rials pour une malheureuse bière, que personne n'avait voulu l'aider ni le diriger, et qu'il était tombé les pieds dans un égout.

Du coup, depuis ce matin, nous avons passé toute la journée à laver notre linge, et avons décidé de décamper d'ici le plus vite possible, dès que nous aurons pu aller à la banque.

Juste pendant que j'écrivais, Isabelle est arrivée, très excitée, et en pleurant presque :

– Papa! Papa! Ankara!... Ankara est là!

Personne ne voulait la croire, et pourtant nous avons vu un petit chien qui lui ressemblait drôlement et qui sautillait autour d'elle. Il avait la même tache blanche sur l'œil.

Eh bien, elle avait raison : tout de suite après, nous avons vu arriver Brian et Lesley. Ils nous ont raconté qu'ils avaient eu pitié d'Ankara et qu'ils l'avaient emmené avec eux. Il paraît que, pendant toute la route, Ankara avait fait pipi sur leurs affaires et qu'à la frontière il s'était échappé dans la cour de la douane.

Ils se sont installés un peu plus loin et ont commencé à sortir leur bric-à-brac. Jusqu'où vont-ils aller comme ça? Cette fois-ci, comme d'habitude, Lesley refuse de faire un kilomètre de plus. Ils sont vraiment drôles, ceux-là!...

Nord de l'Iran, 10 octobre

MARIE-FRANCE :

Le soleil couchant rougit la steppe et la rend plus immense, plus impressionnante encore. Ballottés par la route et recroquevillés pêle-mêle, les enfants somnolent déjà derrière, pendant que Nain-Bus ronronne et qu'au volant Christian est plongé dans je ne sais quelle méditation.

La journée a été longue. Nous sommes partis avant le jour pour éviter la circulation affolante de Téhéran. Je revois encore le lever de soleil sur ces montagnes de l'Elbourz, spectacle si fabuleux que nous n'avons pu nous empêcher de nous arrêter un moment, tous les six ébahis devant tant de splendeur; et puis, après un col vertigineux, la redescente, et l'excitation des enfants à l'approche de la mer Caspienne.

Après tous ces déserts et ces jours torrides, nous avons plongé comme des fous dans cette mer pourtant un peu triste, au sable grisâtre, et si poisseuse de sel qu'elle nous portait comme des bouchons. Quel bain! Nous avons chahuté pendant des heures dans une eau tiède et sous un soleil d'été en plein mois d'octobre.

Il était déjà tard quand nous avons repris la route vers l'est. J'ai hâte d'arriver à Gorgân, car la nuit tombe vite, et il ne fait pas bon traîner tard sur les routes dans cette région.

– Comment s'appelle ton truc, déjà ?

Je sursaute. J'ai dû piquer du nez. Nain-Bus est arrêté dans une rue sombre.

– C'est Gorgân ?

– Oui. Comment s'appelle l'endroit qu'on t'a indiqué pour camper ?

Je retrouve mon bout de papier dans le coffre à gants.

– Park Jangali Nahar Khoran. Mais il faut d'abord que je trouve du pain et des légumes : je n'ai plus rien.

– Tiens ! Là, il y a des « nâns ».

Christian me montre une petite boutique, mal éclairée par une méchante ampoule au bout d'un fil. À l'étal, pendent sur des crochets ces grandes galettes qui servent ici de pain.

Je m'y précipite avec Bertrand pour en choisir trois encore toutes chaudes.

De l'autre côté de la rue, j'achète encore quelques pommes de terre et des oignons.

Ça ira pour ce soir.

« Park Jangali Nahar Khoran ?... » Christian s'escrime à répéter ce nom sur tous les tons, et avec tous les accents possibles, aux rares passants à l'œil et au poil noir, si peu aimables qu'ils lui répondent à peine. Charmante, ici, la légendaire hospitalité iranienne !

Depuis une heure, nous tournons dans les rues sinistres et désertes de cette ville peu accueillante. Je ne me sens pas tranquille du tout, et ce n'est pas l'allure des derniers passants qui me donne envie de poser Nain-Bus n'importe où.

– Alors, qu'est-ce qu'on fait ? Voilà dix fois qu'on passe à ce carrefour et il est plus de onze heures !

Christian hausse les épaules, agacé :

– Qu'est-ce que tu veux qu'on fasse ? Moi, je m'arrête là, si tu veux !

– Ah non ! Pas question !

Une longue rue toute noire, et au bout, là-bas, un petit groupe qui discute sous une lampe blafarde.

– Park Jangali Nahar ?...

Oui, ils connaissent ! Ouf ! C'est à dix kilomètres, là-haut, dans la montagne.

La route étroite grimpe en lacets à travers la forêt. Qu'allons-nous trouver au bout ?

La nuit est d'encre quand nous arrivons sur une clairière lugubre. Au bout, quelque chose comme un café encore éclairé.

– Tu crois que c'est là ?

– Sûrement! La route s'arrête.

Déception. J'espérais quand même un endroit plus rassurant, plus fermé, un point d'eau, peut-être un peu de lumière.

Christian part aux renseignements et revient du café au bout de quelques minutes :

– Ils sont tous complètement ivres là-dedans et ne comprennent rien à rien!

J'installe rapidement les enfants pour la nuit. Tant pis pour le dîner : ils dorment déjà et sont lourds comme du plomb. Puis j'avale avec Christian un peu de soupe réchauffée en vitesse : nous aussi tombons de sommeil.

Quelqu'un frappe à l'arrière :

– *Police, camping, no!*

Un militaire à l'air abruti, gesticulant, baïonnette au canon, nous fait signe de déguerpir.

– Partir maintenant? À cette heure-ci? Non mais, il est fou, celui-là!

Christian, montrant les enfants endormis, essaie patiemment de lui faire comprendre qu'il est trop tard, que nous sommes tous claqués, et que, de toute façon, nous ne savons pas dans quel autre endroit coucher. Mais rien n'y fait, et le type répète d'un air buté et menaçant :

– *Police, camping, no!*

Et les gosses, alors, il s'en fiche? Je suis hors de moi. Christian aussi s'énerve, élève la voix, demande à parler au chef. L'autre le prend mal et le menace brusquement de sa baïonnette. J'ai peur que la discussion tourne mal... Heureusement, un second militaire arrive, qui comprend un peu mieux l'anglais. Une heure de palabres. Il paraît qu'il y a tout le temps des attaques dans le coin et que les militaires ne veulent plus d'histoires.

– Eh bien, qu'ils nous prennent dans leur poste!

Ils ne veulent pas de nous.

– Si je comprends bien, ils préfèrent qu'on aille se faire égorger n'importe où ailleurs, mais pas sous leur responsabilité. Moi, je refuse de partir d'ici!

Continuer à rouler de nuit dans la steppe où, avec nos phares, on nous voit à cinquante kilomètres, pour aller nous faire prendre dans une embuscade, comme ce couple d'Australiens, la semaine dernière, non merci! Christian leur plante sous le nez tous les papiers d'allure officielle que nous avons, exhibe des en-têtes et des tampons impressionnants et finit par obtenir qu'ils nous ignorent pour cette nuit, mais à nos risques et périls!

Du coup, ils me fichent la trouille. Conciliabule avec Christian. Pendant que les enfants dormiront, nous monterons la garde chacun à notre tour.

Tandis que nos militaires s'éloignent et que le café ferme, Christian recule Nain-Bus contre un arbre : il faut surtout bloquer cette porte arrière qui ferme toujours aussi mal. Puis il libère son siège, laisse les clés sur le contact et range la « bombe » à portée de main :

– Dors, je prends le premier quart.

Sans résister, je m'allonge tout habillée. Mais, bien que claquée, je n'arrive pas à fermer l'œil et finis par me relever sur un coude. Christian a éteint et ouvert les rideaux pour observer : un faible clair de lune nous permet de voir jusqu'au petit pont, là-bas, mais rend les alentours bien sinistres.

J'ai poussé un cri.

Christian saute à l'avant et démarre comme un fou, klaxon à fond. Nain-Bus fait une terrible embardée, évite deux hommes qui sautent en arrière et dévale la pente à une vitesse folle.

– Christian!

Je hurle.

Ma tête a cogné le frigidaire. Je tombe contre la fenêtre. Le virage! Il va le rater!

– Arrête! Tu es fou! L'arbre!

Je ferme les yeux. On va se renverser...

Un terrible coup de frein.

– Descends les enfants de là-haut, et on file!

J'essaie de faire au plus vite, mais j'ai les jambes qui flanchent. Les enfants titubent.

– Qu'est-ce qui se passe?

– Rien! Couchez-vous là, vite!

Sur le qui-vive, Christian surveille l'arrière.

– Tu peux y aller!

J'arrive à rejoindre mon siège et fonds en larmes, la tête contre l'épaule de Christian. C'est comme cela que je décompresse.

– Eh bien, cette fois, nous l'avons échappé belle!

En fait, je n'ai rien vu. J'avais dû finir par m'endormir, et c'est Christian qui m'a réveillée en bondissant au volant.

– Vers deux heures du matin, me raconte-t-il, j'ai aperçu un groupe d'hommes louches qui se formait en avant de Nain-Bus, près du petit pont. Que faisaient-ils là, et surtout à cette heure-ci ? Je les distinguais mal dans le noir et écarquillais les yeux. Puis, tout à coup, plus de doute : ils s'avançaient sur Nain-Bus, couteau à la main. Le reste, tu le connais...

– On a bien fait de laisser la clé sur le contact.

– Oui. Tu te rends compte si Nain-Bus n'avait pas démarré ?

Il est trois heures du matin. L'air frais nous fait du bien. Nous nous arrêtons cinq minutes pour respirer à fond. Nos jambes qui tremblent bêtement nous font éclater de rire : fou rire interminable et un peu nerveux.

Quand nous repartons, les enfants sont déjà rendormis. Il fait toujours nuit, et Nain-Bus éclaire loin devant, cette steppe immense par où déferlaient, il n'y a pas si longtemps, les terribles cavaliers turkmènes. Je les imagine, fonçant sur Gorgân en razzias sanglantes, emportant femmes et jeunes filles accrochées à leurs selles... Je frissonne et je nous sens tout petits.

Cinq heures.

Le jour se lève enfin. Tout devient plus rassurant. Les enfants sont réveillés et chahutent déjà, derrière. On voit qu'ils ont bien dormi, eux !

Après un arrêt petit déjeuner sur le bord de la route, Nain-Bus s'enfonce dans une épaisse forêt où, d'après notre dépliant, « vivent l'ours et le lynx ». Instinctivement, nous scrutons les épais sous-bois encore bien sombres.

– J'en vois un ! glapit tout à coup Isabelle, provoquant instantanément des ricanements sceptiques.

– Si, un ours, là-bas !

J'écarquille vainement les yeux dans la direction indiquée.

– Oui ! Moi aussi, je le vois ! hurle Éric de sa voix perçante.

– Tu parles, se moque Bertrand. Décris-moi ce que tu vois, alors.

– Ah, ça y est, je ne vois plus. Mais je te jure que je l'ai vu.

Connaissant l'imagination débordante d'Isabelle, Christian n'a pas l'air très convaincu :

– Bon. Eh bien, prenez une feuille de papier et dessinez-moi chacun votre fameux animal.

Le résultat provoque l'éclat de rire : Éric exhibe le dessin d'une grosse pierre, derrière laquelle dépassent deux grandes oreilles. Quant à Isabelle, elle a réalisé un superbe portrait de son ours en peluche... Nous ne saurons jamais s'ils ne l'ont pas réellement vu, leur ours.

À la sortie de la forêt, nous retrouvons la steppe. De gros tourbillons de terre ocre se déplacent sur le sol à toute allure, et le soleil commence à taper dur.

Nous allons bientôt longer la Russie.

J'essaie de résister de toutes mes forces au sommeil qui m'envahit, pour tenir la conversation à Christian : il nous reste encore une longue route avant Meched et, avec la nuit que nous avons passée, j'ai peur qu'il ne s'endorme au volant.

Nous sommes seuls dans le paysage nu, désolé, brûlé, de cette steppe turkmène. Je nous sens subitement très loin, un peu perdus dans cette immensité, un peu inquiets aussi, car je sais que, s'il nous arrivait quelque chose par ici, nous ne pourrions compter que sur nous-mêmes.

Meched, Iran, 12 octobre

MARIE-FRANCE :

Meched.

Des arbres, des ruisseaux, de la fraîcheur, des êtres vivants tout d'un coup! Après tous ces kilomètres de sécheresse désespérante, l'oasis! J'imagine la joie profonde des caravanes d'autrefois, à l'arrivée, après des journées sans fin sous le soleil brûlant...

Nous nous arrêtons pour demander notre chemin. Merveilleux : les gens sont aimables ici, et il paraît même qu'il y a un camping. Un grand jeune homme brun propose gentiment de nous aider et monte dans Nain-Bus pour nous accompagner au « camp site ».

Je suis stupéfaite de trouver dans ce bout du monde de belles avenues spacieuses et ombragées, où déambulent tranquillement des femmes au long voile gracieux, contrastant avec des jeunes gens très « mode », en chemisette cintrée et pantalon « pattes d'éléphant ».

Nous braquons à droite dans une petite rue où Akbar nous fait stopper.

– Venez prendre un thé à la maison, je serais ravi de vous recevoir, nous dit-il dans un anglais parfait.

Il est déjà tard, et j'avoue que je serais bien allée directement au « camp site », tellement je suis fatiguée. Mais je n'ose pas refuser cette gentillesse à laquelle les Iraniens nous ont si peu habitués jusqu'ici...

Quand je m'aperçois que toute cette manœuvre avait pour seul but de nous vendre les tapis que deux cousins nous déroulent par dizaines, le verre à peine servi, je suis furieuse. Christian aussi tombe de haut.

– Non, merci, n'insistez pas. Nous avons besoin de nous reposer, et voulons aller nous installer.

Nous nous levons. Mais ils nous barrent le passage et deviennent agressifs :

– Vous avez beaucoup d'argent. Vous pouvez bien nous acheter au moins un tapis!

C'est ça! À ce prix-là, nous n'aurions plus qu'à nous arrêter là! Je réalise tout à coup que nous sommes à leur merci.

Quand nous parvenons enfin à nous libérer et retrouvons Nain-Bus, je suis soulagée mais fermement résolue à ne pas faire de vieux os dans ce pays décidément un peu décevant.

Frontière afghane, 12 octobre

MARIE-FRANCE :

Quelques bâtiments en terre, sans étage : c'est là. On me désigne trois civils mollement affalés par terre à l'ombre d'un petit mur. Se repassant un narguilé, ils n'ont pas du tout l'air intéressés par les papiers que je leur tends.

– Euh... *Control? Here?*

L'un des trois lève alors une paupière vers moi :

– *No gun? No pistol?*

Je prends un air choqué.

– *O.K., you go there, now!*

There, il y a, en plein soleil, une interminable file de paysans enturbannés et chargés de gros baluchons. Je me mets bien sagement à la queue, derrière un vieux barbu qui égrène son chapelet.

L'atmosphère est intenable devant ce mur de torchis qui réverbère la chaleur. J'envie à mes voisins leurs pantalons bouffants et leurs chemises flottantes qui laissent si bien circuler l'air. Pas un pouce d'ombre sur cette frontière afghane, mais des mouches, des mouches par myriades, harcelantes, horripilantes.

J'arrive sur le seuil du petit bâtiment. À l'intérieur, une table branlante, devant laquelle trône un fonctionnaire ventru. Il s'est enfoncé le bec d'une petite théière au fond de la gorge, et aspire à grandes lampées. Un gamin débraillé, qui doit avoir quatorze ans, dirige les opérations, met les gens en rang et semble faire la loi ici. Il arrive sur moi et, sans aucun prétexte, me renvoie dehors, dans la fournaise, à la fin de la queue. Furieuse, je rouspète et, à grands gestes, essaie de lui expliquer que j'ai attendu mon tour, comme tout le monde. Mais rien n'y fait. Je ne peux que me soumettre, en maugréant, et recommence le supplice de la cuisson aux mouches. Je pense à Isabelle, qui ne va pas fort depuis ce matin. Cela m'ennuie de la laisser si longtemps dans Nain-Bus en plein soleil.

Attente interminable. Le soleil tape si fort que j'en ai mal à la tête. Tant pis pour l'élégance, j'installe un mouchoir en protège-nuque sous mon bob.

Enfin, ça va être mon tour. Plus qu'une personne et je serai à l'ombre.

– *Tomorrow!*

Le revoilà, celui-là!

– *No! No! Go! You, tomorrow!*

Tomorrow! Non mais, il se fiche de moi! Cette fois-ci, c'est trop fort! Je fonce vers Nain-Bus :

– Écoute, Christian, débrouille-t'en! Moi, j'y renonce. Il ne veut pas de moi, cette espèce de...

Christian était resté garder Isabelle.

D'habitude, les douanes, c'est moi : nous pensions qu'une femme attendrirait mieux les douaniers. C'est réussi!

– Comment va-t-elle?

Il me passe le carton avec lequel il l'éventait. Elle somnole sur le lit supplémentaire, transpirant à grosses gouttes, pâle et sans réactions, elle d'habitude si vive et dont les joues ont une si bonne couleur.

– Ne t'en fais pas : avec l'Intétrix, ça va se tasser. Bon, j'y vais, je te laisse.

Isabelle essaie de se relever, mais la tête lui tourne. Je lui mets une serviette mouillée sur le front et lui fais boire un demi-verre d'eau à petites gorgées. Hélas, elle est immédiatement secouée par de terribles vomissements. Je commence à m'inquiéter : elle ne garde rien. Ni eau, ni Intétrix, ni même le Primpéran qui permettrait de calmer l'estomac. Et si ça ne se tassait pas?... J'essaie de m'empêcher de penser au danger d'une déshydratation, si loin de tout secours possible. Il faudrait surtout déguerpir au plus vite de cette fichue douane, car Nain-Bus est devenu un véritable four!

Quand Christian revient enfin, l'après-midi est déjà bien avancé. Nous filons vers Hérat, toutes fenêtres ouvertes, et Nain-Bus nous gratifie d'un courant d'air délicieusement rafraîchissant.

Isabelle s'est rendormie.

Hérat, Afghanistan, 13 octobre

MARIE-FRANCE :

Hérat, c'est le choc!

Déambulant bras dessus bras dessous dans les petites rues du bazar, au milieu de cette foule d'hommes aux amples costumes et de femmes voilées des pieds à la tête, nous écarquillons les yeux devant ce Moyen Âge sur grand écran.

C'est l'opération provisions : je n'ai plus rien dans les placards. J'ai déjà trouvé du thé, du sucre et du riz.

Notre malade a retrouvé ses joues rouges, et tout son punch, et nous traîne au pas de course dans toutes les minuscules échoppes de la place, impatiente de dépenser les quinze afghanis qu'elle a gagnés pour sa maladie. Exhibant alors sa fortune, elle demande, les yeux brillants, ce qu'elle pourrait bien avoir pour ce prix-là.

Cette fois-ci, encore, elle a l'air un peu déçue : entre une théière en zinc, une paire de chaussures taillées dans un vieux pneu et un plateau d'épices, elle n'a pas su se décider.

Bertrand ironise :

– Tu ne veux pas ça?

« Ça », c'est un paquet de graisse de mouton étalée sur un journal.

Isabelle hausse les épaules en ressortant et tombe en arrêt devant l'artiste-photographe installé au beau milieu du trottoir, derrière une grosse boîte en bois. Assis en face de lui, raide comme un piquet et digne comme un empereur moghol, un magnifique moustachu trône sur une vieille caisse, devant un décor alibabesque déroulé sur le mur.

– C'est combien ? C'est combien ?

Dix! Ça colle et c'est à son tour.

Hilare et les yeux plissés par le soleil, elle va prendre la place du héros, tandis que notre artiste plonge sous un vaste tissu noir pour regarder à travers sa boîte. Il en ressort bientôt, l'air préoccupé. De toute évidence, Isabelle n'a pas l'attitude que requiert la solennité du moment. Et puis, je crois que la poupée est en trop. En connaisseur, l'homme lui relève le menton, lui tourne l'épaule, enfin lui donne un air si constipé que nous avons du mal à nous empêcher de rire. Puis il redisparaît sous sa toile. L'opération attire vite une foule de gamins espiègles.

Après plusieurs allées et venues, l'artiste resurgit, l'air satisfait, et se plante à côté de sa boîte. On retient son souffle... Dans un geste ample et splendide, il enlève le gros bouchon de liège qui obturait l'avant. J'ai des crampes pour Isabelle, qui reste figée comme une momie. Christian photographie discrètement le photographe...

Ouf! C'est rebouché!

Le reste est un véritable numéro de prestidigitation. L'œil lointain, la mine concentrée, les bras enfilés dans des manchons noirs, il manipule mystérieusement et savamment dans la boîte magique. Ça y est! Il exhibe, triomphant, une photo dégoulinante. Éric pousse un cri :

– C'est Isabelle, ça ?

C'est bien elle, mais en négatif. Il ne reste plus maintenant qu'à recommencer l'opération en photographiant l'épreuve.

Le résultat force notre admiration. Avec nos appareils sophistiqués, et nos millièmes de secondes, nous ne faisons pas beaucoup mieux. Alors, fort de son succès, l'artiste nous achève en arrivant avec sa palette pour nous proposer la couleur!...

Mais le temps passe, et nous n'avons toujours pas de quoi dîner.

Justement, voilà un boulanger. Éric est subjugué : les « nâns » sont faits devant nous, depuis la boule de pâte jusqu'à la galette qui sort brûlante du four creusé dans le sol. Voici déjà les nôtres, toutes dorées. Hélas, celui qui nous les tend n'est pas très propre : juste avant de nous les passer, il crache des bouts de chique verte et se mouche consciencieusement dans ses doigts. Haut-le-cœur familial : nous essaierons de repérer le petit morceau qu'il a touché.

Christian s'escrime maintenant à pousser des meuglements sonores de mammifère devant un commerçant légèrement interloqué : ses mimiques bizarres cherchent désespérément à lui faire comprendre que nous cherchons du beurre, sans autre résultat que de faire pouffer les enfants, et de provoquer un attroupement ravi.

Retour triomphal en fin de journée. J'ai de quoi faire une bonne omelette. Christian exhibe fièrement une cuvette en fer blanc, remplie d'un liquide blanchâtre, et dans lequel flotte un magma crémeux. Caroline, la gourmande, a même réussi à dénicher un morceau de miel avec la cire et les alvéoles, et Isabelle s'est encore acheté des bracelets parce qu'il lui restait de l'argent.

Bref, tout le monde est content, sauf Éric : il grogne, furieux que nous n'ayons pas pu trouver de chocolat pour le petit déjeuner de Monsieur :

– Pour le prochain voyage, eh ben, j'achèterai plein, plein, plein de boîtes de chocolat, et comme ça j'en aurai pour moi tout seul, et pour tous les petits déjeuners!

– Mauvais!... Suivant : mauvais!... Suivant : mauvais!

Les visages s'allongent. Tous les six penchés sur la cuvette, pendant que Caroline passe un à un les œufs à l'épreuve du flottage, nous voyons désespérément notre omelette s'évanouir petit à petit.

– Suivant... mauvais!

D'un coup sec, elle envoie le dernier au fond de l'eau. Mais rien à faire : il remonte, irrésistiblement attiré par la surface, malgré les replongées successives que lui font subir les enfants.

– Mauvais!

Le coup est dur : trois œufs seulement ont consenti à naviguer entre deux eaux.

Éric râle :

– Alors, on mange les corn flakes.

– Ah non!

Les corn flakes et le lait en poudre achetés à Meched, c'est pour les grandes occasions, ou les jours de baroud où nous n'avons vraiment plus rien d'autre. Je refuse tout net :

– Pas question, je vais faire du riz.

Protestation générale :

– Encore!

– De toute façon, pour faire le lait, il n'y a plus d'eau potable dans le jerricane. Tandis que le riz, ça cuit.

Mais Christian s'en mêle aussi :

– Il est trop tard pour le riz. Il n'y a qu'à prendre l'eau du réservoir, pour une fois.

L'eau du réservoir sert pour la vaisselle et la toilette.

– Tu es sûr qu'elle est potable?

– J'y ai mis de l'eau de Javel turque.

– Moi aussi, renchérit Bertrand. Et même un bon paquet.

– Eh bien, tu vois, on ne risque rien.

– Bon, débrouille-toi, fais ce que tu veux. Mais vous ne viendrez pas réclamer si on n'a plus rien, dans le désert, jusqu'à Kaboul...

– Ah non! Pas de chichis! On ne va pas gâcher tout ça, non?

Christian est rouge de colère. Les enfants font la grimace devant leurs bols bourrés de corn flakes. Bertrand a des haut-le-cœur. Je goûte le mien : infect!... Ce n'est pas du lait, c'est de l'eau de Javel! Mais je n'ai pas le temps de prévenir Christian, qui hurle :

– Vous allez me boire ça tout de suite, et sans chichis. Non mais alors! Et gare à celui qui a fini après moi!

Il empoigne son bol, s'arrête à la moitié et me regarde avec une drôle de tête.

– Oui, évidemment... Mais ça se boit.

De toute façon, je sais qu'engagé aussi loin il ne reculera sûrement pas :

– Attention! Je n'en ai plus que la moitié.

Il y a eu des larmes, mais tout le monde a terminé son bol. Christian s'est même cru obligé de faire un sermon sur les pays sous-développés et nous, les Européens gavés. Je n'ai pas très bien vu le rapport, mais ce n'était pas le moment de contester.

Hérat, Afghanistan, 14 octobre

CHRISTIAN :

Ça a commencé à trois heures du matin par de petits gémissements, là-haut, dans la capucine. J'ai d'abord lâchement fait semblant de dormir. D'ailleurs, on appelait « Maman »... Marie-France n'a pas eu tout à fait le temps d'aller chercher la cuvette.

– Bertrand!

Et j'étais en dessous.

Puis il y a eu Éric, une heure après. Quand Isabelle, à l'aube, s'est mise de la partie, j'ai commencé à penser avec remords aux bols de corn flakes à l'eau de Javel. Marie-France, elle, ne se pose pas de questions : j'ai sûrement réussi à empoisonner toute la famille!

Huit heures du matin.

Décidément, ça ne va pas fort. Nous avons passé le reste de la nuit à éponger, rincer, soulager, consoler. Marie-France a tassé les enfants au sec dans ce qu'il nous reste de propre et aspergé l'ensemble de notre réserve d'eau de Cologne. Un peu penaud, je distribue les cuillères de Primpéran en faisant circuler l'unique thermomètre.

Dix heures et demie.

Marie-France vient de se précipiter vers le coin toilette, et j'ai bien vu que ce n'était pas pour aller se maquiller. D'ailleurs, l'épaisseur de la cloison ne permet pas d'avoir de grands secrets. Quant à Caroline, elle a bien essayé de tenir stoïquement jusqu'au cagibi, et même failli gagner les dix afghanis que j'ai promis à ceux qui viseraient la cuvette... Je me ressers encore un petit verre de raki turc pour essayer de faire passer un vague-aux-tripes persistant.

Midi.

J'ai gagné les dix afghanis, ce qui a quand même provoqué quelques pâles sourires. J'avoue que, dans Nain-Bus, qui n'a manifestement pas été prévu pour ce genre de situation, le tableau est pitoyable : ceux qui ne sont pas ratatinés au fond de leur sac font tristement la queue à l'arrière, avec des mines de turbans sales.

Seize heures.

Marie-France broie du noir, et je commence à être ennuyé : les vomissements successifs affaiblissent les enfants, et Bertrand a déjà failli tourner de l'œil. Ici, nous ne pouvons compter que sur nous-mêmes. Alors, si c'était grave...

Neuf heures du soir.

L'après-midi a été long, et ça ne va pas mieux. Je me demande s'il ne faudrait pas essayer de rejoindre Kaboul coûte que coûte. Mais serait-il prudent de faire ces longues étapes à travers le désert avec les enfants dans cet état-là ?

En attendant, il faut réagir et ne pas laisser le moral tomber ! De tout ce qu'il me reste de forces, je pousse un formidable beuglement pâteux et geignard, en réponse à notre muezzin qui s'acharne toujours à vouloir nous réveiller quand, par hasard, l'un d'entre nous avait fini par s'endormir :

– On est malaaaaaaaaaaadeeeeeeu, tous trèèèèès malaaaaa-deeeeeu !

J'obtiens d'abord de timides gloussements et, à tout hasard, repars de plus belle. Cette fois-ci, c'est l'éclat de rire général. À la troisième reprise, se joint à mon récital le chœur vagissant de ma fraîche chorale familiale :

– On est malaaaaaaaadeeeeeu ! Tous trèèèèèès malaaaaaaa-deeeeeu !

Pas intellectuel mais efficace : plus c'est fort, plus c'est faux, plus c'est laid, et plus ça nous fait rire, malgré les protestations de Caroline :

– Mais arrêtez! Je ne peux pas rire! J'ai les boyaux trop près de la bouche.

15 octobre

Nous avons veillé toute la nuit Isabelle et Bertrand qui n'ont plus que de la bile, et dont la faiblesse commence à nous inquiéter sérieusement.

Ce matin, heureusement, Bertrand a enfin gardé le peu d'eau sucrée que je lui ai fait boire et Isabelle dort depuis trois heures. Caroline et moi allons un petit peu mieux et avons entrepris de préparer une grande casserole d'eau de riz.

16 octobre

Soulagement : Isabelle et Bertrand, assis sur leur sac, avalent un grand bol d'eau de riz.

Nous avons dormi comme des plombs pendant plus de deux jours, et Nain-Bus prend, ce matin, un petit air de convalescence. Ouf!...

LETTRE DE CAROLINE

Chère Bonne Maman,

J'espère que tu vas bien et qu'il fait beau en France.

Nous, nous avons été un peu malades à cause de l'eau du réservoir, où Papa et Bertrand avaient mis trop d'eau de Javel. Mais, rassure-toi, nous sommes tous bien guéris.

Nain-Bus est installé dans la cour d'un hôtel, mais nous allons changer, parce qu'ils nous font payer trente afghanis par jour (trois francs) et que les toilettes sont vraiment dégoûtantes.

Nous avons un nouvel ami afghan très gentil. Dans sa famille, il y a neuf filles et deux garçons. Pour le moment, nous ne connaissons qu'Isaak, qui a treize ans et qui tient une minuscule boutique de tout un petit bazar. Mais, demain, nous devons aller déjeuner chez eux. Pourtant, il paraît que c'est très rare d'être invité à l'intérieur des maisons afghanes.

En attendant, Isaak nous a appris un peu le dari, pour que

nous puissions faire nos courses, et il a prêté à Papa un drôle de vélo.

Bon, ma chère petite Bonne Maman, je t'embrasse très fort de la part de toute la famille.

La prochaine fois, écris-nous à :
American Express.
Opposite Indian Embassy.
Shar I Nao.
Kaboul.
Afghanistan.

Caroline.

Hérat, Afghanistan, 18 octobre

CHRISTIAN :

Une pancarte en bois clouée sur un arbre :

SALANG HOTEL
NICE AND NICE
TRANQUIL GARDEN
ALSO HOT SHOWERS

Marie-France bondit d'enthousiasme :

– Des douches chaudes? On y va!

– Attends, ce n'est pas sûr qu'ils acceptent les campeurs. Et pas question de payer une chambre.

Je bloque Nain-Bus devant la barrière.

– Ne bougez pas, je vais voir!

Coup d'œil à l'intérieur : un jardinet un peu sécot et poussiéreux, des touffes de fleurs, et, au fond, un petit bâtiment en terre passé à la chaux.

Tout cela serait bien tristounet sous la pluie. Mais le soleil est là, imperturbable, éclaboussant tout d'une gaieté paisible.

À droite, sous un figuier, une grosse masse molle s'étale à la romaine sur un lit de cordes.

Je m'approche timidement. Turban fatigué, affaissé sur l'œil, le siestard aspire religieusement sur son « shilom ».

– *Where is the manager, please?*

Levant sur moi une paupière visqueuse, il pointe d'un doigt douteux son ventre épanoui sur le *tcharpoy,* et me souffle dans les naseaux une grande bouffée de hachich :

– *I!*

– *Ah! Excuse me! Euh... can we camp here?*

Mais mon pacha boursouflé est déjà reparti dans ses rêveries, et ma question n'a pas dû atteindre les plis de son cervelet. De son double menton tremblotant il me désigne un tabouret bancal.

– *Have a tea!*

Je lui montre Nain-Bus qui bouche l'entrée :

– *My family waiting.*

Ma remarque n'a pas l'air de l'émouvoir, mais plutôt de l'ennuyer, comme la mouche qu'il chasse mollement de son cou replet.

– *Have! Have a tea! Sit down!*

Puis, dans un effort suprême, il crache sa chique qui m'évite de peu et, avant de refermer les yeux, expire en un sourd beuglement :

– Abdul!

Un vieil enturbanné se précipite dans une courbette obséquieuse.

– *Tchaï!*

– !

Pourquoi m'impatienter? Je regarde les taches de soleil qui dansent sur la vieille toile cirée. Le temps n'existe plus. Notre conversation se limite désormais aux quelques rots tonitruants de mon Turc d'opérette qui se gratte le ventre avec application. Mais voilà mon thé.

Maintenant, la mouche se promène impunément sur les poils de sa grosse oreille : il ronfle. Bon! je pose mon verre, et décide de faire sans lui l'inspection des lieux. On peut très bien installer Nain-Bus dans cette petite cour.

Je pousse une porte branlante. Déguisés à l'afghane, une dizaine de hippies bouddhifient au fond d'une piaule sombre et enfumée.

– Salut!

Tiens, on parle français!

Je me sens tout rasé, et l'odeur du hach me soulève les tripes. Une tignasse rousse traîne ses savates vers la sortie. Je l'arrête :

– Les douches chaudes, c'est où?

Mon paquet de poils se secoue dans une crise d'hilarité.

– Si t'as un copain pour te balancer la flotte par le trou là-haut, la maison prête le baquet. Et même le soleil pour la chauffer!

Lui, apparemment, il ne doit pas avoir de copain...

– Ah! Et combien tu paies pour tout ça?

– Nous? Il y a longtemps qu'on ne paie plus : il préfère nous vendre du hach!

Un cagibi à gauche : les toilettes, de toute évidence. C'est marqué à la craie sur la porte, mais ce n'était pas la peine. Oh, délicatesse! Émouvante synthèse de l'art culinaire afghan, et de la sensibilité intestinale européenne, qui me fait néanmoins regretter un appendice nasal moins bouché que les lieux.

Pas très encourageant! Mais nous serons en pleine ville, et le jardinet n'est pas si mal. Je me fais un prix :

– *Ten afghanis, O.K. ?* lancé-je en repassant devant mon bibendum affalé.

– Et alors, qu'est-ce que tu faisais?

– Conférence au sommet avec le patron! Je t'expliquerai!

– Tu as vu les installations? C'est bien?

– Ah! Pour être bien, c'est bien! Sobre, mais bien! Et je vous préviens, les enfants : le premier qui met les pieds aux toilettes, ne les remet plus dans Nain-Bus!

– Mais tu sais bien que chez nous, c'est plein.

– Là-bas aussi!

– Où les vider, alors?

– Ne t'inquiète pas : J'ai mon idée...

L'obscurité est maintenant totale. La porte de Nain-Bus s'entrouvre lentement. Armées de pelles et courbées sous le poids d'un mystérieux coffret, six ombres silencieuses se faufilent dans la nuit jusqu'au fond du jardin.

Hérat, Afghanistan, 19 octobre

CHRISTIAN :

La voix du muezzin enfle, résonne dans le silence, me réveille complètement. Appel qui ne va cesser de retentir et d'annoncer le lever du jour et la grandeur d'Allah sur toute la terre d'Islam. Décidément, j'aime! J'ai sûrement un bout d'âme oriental.

Je m'étire en plein rêve. Est-ce bien moi, le cadre – attaché-case, cravaté, évalué, pointé, managé? Est-ce bien moi qui suis là, en pleine liberté, avec Marie-France, les enfants, si loin, si bien?... Je sais maintenant que j'ai trouvé. Mais quoi, au fait? L'Orient fabuleux dont le gosse rêvait, dans l'obscurité d'un dortoir? La satisfaction de prouver que les Blanquette de Monsieur Seguin peuvent casser leur longe pour courir follement dans la luzerne, et qu'il n'y a pas toujours de loup?

J'enfile mon jean et me glisse hors de Nain-Bus endormi. Divin! Le matin se lève à peine, limpide, léger, déjà doré par le soleil. J'enfourche le grand vélo noir de gentleman 1900 que m'a prêté Isaak. Avec mon guidon à la hauteur du nez, et les rayons pomponnés de rouge, je me sens Alexandre chevauchant Bucéphale.

À la sortie, un petit chemin de terre. Tout est en terre, ici : boue séchée, craquelée par le soleil, et qui sent bon la vie.

Une bouffée de bonheur me submerge. Vague de fond irradiante. Envie de faire des pirouettes. Tu devrais courir dans les matins glacés des tours métalliques, et tu pédales dans le Moyen Âge et dans le soleil, sous un ciel uniformément bleu... Voilà mon hachich à moi : la liberté!

La grand-place, maintenant. Le cordonnier n'a pas encore ouvert son échoppe à découper les pneus, mais déjà la rue fourmille. Je slalome entre les femmes-fantômes, dringdringuant à toute volée pour me joindre à ce concert de lever du jour, à tous ces hommes beaux et dignes qui chevauchent aussi splendidement aujourd'hui leurs grands vélos aux guidons relevés qu'autrefois leurs fulgurantes montures.

Dans la tiédeur de l'air, l'odeur de bois qui brûle se mêle à mille senteurs. Au bout, la Grande Mosquée éclate de tous ses bleus. Le soleil met la citadelle en feu là-haut, et Gengis Khan va surgir avec ses hordes terrifiantes.

Voici le quartier du bazar et ses ruelles étroites, chaudes et mystérieuses, aux murs si bas qu'ils ne cachent jamais le ciel. Ici, la vie palpite à fleur de rue, presque sensuellement. J'y pédale pour m'y fondre : ce matin, Hérat, je ne veux plus être l'étranger, le touriste en mal d'exotisme. Je veux être le barbier qui opère tranquillement, là-bas, au coin de la rue, le fripier qui ouvre déjà sa minuscule boutique à droite, le vieil Hazara qui pousse sa charrette, et que j'évite de justesse; je suis le marchand de fruits assis au milieu de son étal roulant, je suis le gros mollah qui fait scander le Coran à une cinquantaine d'enfants accroupis, je suis... je suis heureux, et Allah est grand, immense, et je lâche le guidon des deux mains en sifflotant. Tiens, j'y arrive encore! À Paris, il faut dire, je n'ai pas tellement l'occasion de m'entraîner...

Un magnifique dérapage contrôlé autour d'un nid-de-poule, et je fonce à toutes pédales vers le grand parc frais et ombragé, où la ville est muette, soudain. Plus personne. Je m'arrête là, dans ce petit coin isolé, pose ma monture contre le tronc d'un eucalyptus et m'assieds sur une souche pour savourer... Hérat envoûtante, ville pauvre qui se paie le luxe de monuments ravissants, de jardins raffinés! Sublime! De quoi vous rendre poète! Il faut que j'immortalise : papier, crayon!

Mais, que viennent-ils faire par ici, ceux-là? Un gaillard, allure louche, et un militaire se dirigent vers moi. Ils discutent entre eux. Je ne comprends rien à ce qu'ils disent.

Oui, c'est bien à moi qu'ils en veulent...

Puis, tout va très vite, soudain. J'ai un poignard sur le ventre... et un doigt pointé sur mon portefeuille qui fait une bosse à la poche de ma chemise. C'est on ne peut plus clair :

– Dollars!

Merde! Marie-France, les enfants, paumés là, au bout du monde, l'échec... C'est trop con! J'arrache de ma poche un tas de papiers et les leur jette par terre. Juste le temps de filer. Ils courent derrière. Vite! Pourvu qu'il y ait des gens!... La forêt se brouille. J'entends leur course, et mon cœur cogne. Miracle! Au bout de l'allée : du monde! Je me retourne : disparus, les cocos! Ouf!...

Hérat, Afghanistan, 20 octobre

MARIE-FRANCE :

Les petits ont choisi le plus beau : la calèche et le cheval disparaissent littéralement sous les pompons rouges et les grelots; le cocher, très digne, est superbement moustachu. Christian a voulu fêter notre première sortie depuis une semaine, assurant que nous avons fait suffisamment d'économies sur les repas ces derniers temps. À la grande joie des enfants, nous allons en « gadi » déjeuner chez Isaak.

Notre attelage trottine maintenant, nous ballottant au rythme des clochettes, dans la foule bariolée d'Hérat. Je me sens bien. Je suis ravie que toute ma petite troupe ait de nouveau bonne mine : ils m'ont fait si peur!

Je crie à la ronde :

– Alors, je vous en supplie, surtout ni eau, ni crudités! Je ne tiens pas à ce que nous retombions malades.

Nous avons même retrouvé l'appétit, et l'odeur des brochettes qui se préparent sur le trottoir nous met l'eau à la bouche.

Voici la demeure d'Isaak, au fond d'une étroite ruelle aux murs de terre.

Nous dégringolons de notre taxi à pompons. Isaak nous attend sur le pas d'une porte basse et nous entraîne dans une petite cour fraîche et ombragée, reposante après le soleil aveuglant du dehors. J'aime l'intimité et le calme de ces patios entourés par les pièces de la maison sans étage.

Plusieurs jeunes filles arrivent, souriantes et timides, ravissantes : les neuf sœurs d'Isaak.

– Je comprends, maintenant, pourquoi on nous les cache sous des voiles, me souffle Christian à l'oreille.

Isaak nous conduit dans une petite pièce carrée aux murs nus et au sol de terre battue, recouvert d'un splendide tapis turkmène sur lequel nous nous retrouvons déchaussés et assis en tailleur. Nous nous sourions gentiment. Comme je regrette, en ce moment, de savoir si peu le dari : j'aurais tellement de questions à poser à nos adorables hôtesses! Heureusement, Isaak a appris un peu l'anglais.

– En parlant avec les touristes, nous précise-t-il.

Isaak a treize ans, des yeux vifs et un beau visage fin. Mais surtout une aisance presque gracieuse dans son costume flottant. Dès le début, nous avons été frappés par sa maturité et son intelligence perçante. C'est manifestement lui qui dirige la maison.

– Et tes parents, Isaak?

– Mon père, le pauvre, est tombé très malade il y a deux ans. Il est parti se faire opérer des poumons à Kaboul. Et, depuis ce temps-là, j'ai la charge de ma mère et de mes neuf sœurs.

Je suis stupéfaite : il y a deux ans, Isaak avait onze ans, l'âge où, chez nous, on joue encore aux billes.

– J'ai commencé par vendre deux chemises au bazar, continue-t-il. Puis j'en ai racheté d'autres. Maintenant j'ai deux boutiques; vous connaissez celle de la place. Ça marche bien, mais je regrette de ne pouvoir aller à l'école.

Faouzia, jolie brune aux allures de Gitane, réapparaît avec un énorme plat de riz couleur safran, parsemé de petits morceaux de carottes et de raisins secs : le fameux « Qabili Palao ». Tandis que le cercle se resserre autour du plat fumant, Isaak nous invite à chercher la viande que l'on a mise en dessous pour la garder bien chaude. Je suis confuse d'entendre parler de viande, quand je sais le prix qu'elle représente ici.

On nous a préparé tout spécialement des cuillères, mais Christian explique que nous tenons beaucoup à manger comme eux, avec les doigts. J'avoue que je préfère, moi aussi : j'y trouve le partage plus émouvant, plus intime. Quant aux enfants, n'en parlons pas : ils ont perdu, depuis la Turquie de l'Est, l'habitude de se servir d'un couvert.

Est-ce parce que nous nous connaissons mieux?... Petit à petit, les langues se délient, et nous nous comprenons presque. Pendant qu'Isaak m'aide à discuter avec Faouzia et que Bertrand tente discrètement de faire disparaître son verre d'eau, j'aperçois Cherouf et Caroline qui pouffent de rire et ont l'air de se raconter des choses très drôles. Elles sont toutes les deux fines et gracieuses, mais Cherouf est aussi brune que Caroline est blonde. Le repas à peine terminé, elles s'éclipsent en courant, bientôt rattrapées par Isabelle et Naët, qui tout à l'heure s'apprenaient mutuellement à compter.

– Elles vont sûrement au métier à tisser, m'explique Isaak. Mes sœurs fabriquent des tapis, l'après-midi. Le matin, elles vont à l'école.

C'est l'heure du thé. Faouzia, après avoir allumé le grand samovar, rince et essuie les verres, puis nous sert, au choix, thé vert ou thé noir.

Nous nous retrouvons bientôt tous dans l'atelier. Un rayon de soleil éclaire le grand métier où un chef-d'œuvre de couleurs et de finesse apparaît déjà.

– Nous avons commencé celui-ci au début de l'hiver.

À côté de leurs « professeurs », Isabelle et Caroline tirent la langue d'application.

Faouzia m'invite à m'asseoir sur le petit banc à côté d'elle et m'apprend à mon tour le secret des petits nœuds. Notre gaucherie amuse beaucoup nos jeunes amies, et leur gaieté fait plaisir à voir.

Christian se penche vers moi :

– Tu ne crois pas, franchement, qu'elles sont mieux ici qu'à l'usine ? Bien sûr, elles travaillent dur toute la journée, mais pour elles, chez elles, et sans contremaître.

Merveilleux après-midi passé au milieu de cette famille ! Ici, il n'y a rien, ou presque, l'avenir est incertain, et, pourtant, quelle joie simple et profonde !

21 octobre

Hier, nous sommes allés dire au revoir à la famille d'Isaak, que nous commencions à bien connaître, et qui nous a fait promettre de repasser les voir à notre retour. Car, demain, nous attaquons le fameux désert de la mort : plus de cinq cents kilomètres d'un désert aride, où souffle un vent terrible. J'avoue que ça m'impressionne un peu...

Nous avons passé la journée à ranger Nain-Bus, remplir le réservoir d'eau, faire quelques provisions, et venons faire le plein maximum d'essence à l'unique station d'Hérat. Christian n'a pas encore coupé le contact que Nain-Bus a déjà le tuyau dans le réservoir. Le militaire de service, planté devant la pompe à main, manifeste à grands gestes son admiration pour la décoration de notre équipage.

– *Very nice!*

– Ah non!

Christian fonce et bouscule le bidasse.

– Trente-huit litres! En une seconde? Ça ne va pas?

Furieux, il arrache de Nain-Bus le bec du tuyau et hurle en pointant le cadran :

– *No!* Zéro! Zéro!

Nos deux pauvres innocents ne comprennent bien sûr ni la colère, ni les gesticulations, ni l'anglais de Christian, qui crie de plus en plus fort et finit par provoquer un attroupement. Un peu gêné, on daigne enfin donner le petit coup de manivelle qui renvoie gentiment le compteur à zéro.

Soixante-cinq litres! Réels, cette fois, oui, mais nouveau problème : la pompe n'indique pas le prix. À nous de nous débrouiller avec le prix de l'essence qui varie d'une ville à l'autre. Notre pompiste, qui est un fort en maths, nous annonce sur-le-champ 420 afghanis. Je suis beaucoup moins douée : non seulement il m'a fallu un papier, un crayon et deux minutes de plus, mais je ne trouve que 370 afghanis.

Tous comptes faits, une légère et bien regrettable confusion s'était produite dans l'esprit de notre enturbanné, mais qui ne doit pas nous empêcher de laisser un backchich. Et puis, s'il vous plaît, suggère le pompiste, pourrait-on ajouter les quatre litres qui ont quand même été versés avant la remise à zéro?...

Vers Kandahar dans le « désert de la mort », Afghanistan, 22 octobre

MARIE-FRANCE :

Il y a presque deux heures que nous roulons dans la nuit. Christian a voulu partir très tôt, ce matin, car l'étape va être longue pour arriver à Kandahar et nous ne voulons pas risquer de rester en rade quelque part dans cette région.

J'ai ouvert ma vitre. L'air est doux. À Paris, les gens se couchent. Il doit faire déjà froid. Je nous revois dans le salon de notre appartement, parlant de ce « désert de la mort ». Le vent y souffle parfois si fort, avions-nous lu, qu'il tue les bœufs les plus résistants. J'ai du mal à croire que nous y roulons tranquillement et essaie d'imaginer le paysage autour de nous.

Depuis quelques instants, j'ai l'impression qu'à l'horizon, le noir du ciel s'éclaircit un peu. L'un après l'autre, les enfants commencent à se réveiller. Nous arrêtons Nain-Bus quelques instants et je fonce à l'arrière relever la table et mettre un peu d'ordre, pendant que les enfants s'habillent.

Christian a déjà redémarré et je fais passer le Thermos de thé et les galettes afghanes.

– Regardez!

Dans cette immensité grandiose que les premiers rayons de soleil découvrent à peine, une caravane s'avance, enveloppée d'un halo de poussière blonde.

Sans trop savoir pourquoi, comme attirés irrésistiblement, nous abandonnons Nain-Bus sur le bord de la route et, tous les six, nous nous dirigeons vers elle. Cent mètres à peine nous séparent

EN AFGHANISTAN :

24. Nos compagnons de jeux.
25. Les regards sont farouches mais les cœurs tendres.
26. Dans un marché de nomades.

de l'avant-garde. Les grands nomades pashtounes! Nous en avions tellement rêvé...

Je distingue déjà les premiers, qui avancent avec une lenteur majestueuse, imperturbables, presque dédaigneux. Tous armés, ils dégagent une impression de virilité farouche, légèrement inquiétante.

– Christian, arrêtons-nous!

J'ai le trac : ils sont magnifiques mais aussi réputés pour leur orgueil très chatouilleux et la rapidité de leur coup de fusil.

Grand gaillard à barbe noire, allure de seigneur, fusil à la bretelle, le chef marche en tête. Christian s'est légèrement incliné, la main sur le cœur :

– *Salam aleikoum!*

Secondes interminables. Ami? Ennemi? Un grand sourire éclaire le visage buriné :

– *Aleikoum salam!*

C'est « ami »! Christian échange bientôt avec notre chef d'amicales bourrades dans le dos et tous deux partent dans de grands éclats de rire, tandis qu'autour de nous, la caravane défile, superbe, soulevant un nuage ocre dans un poudroiement de lumière.

Devant, les hommes conduisent leurs chameaux lourdement chargés de tentes, de tapis, d'ustensiles de cuisine. Nous éclatons de rire en voyant dépasser, tout là-haut, des petites têtes coiffées de bonnets de feutre brodé : les plus jeunes de la troupe. Ils font plaisir à voir, bien calés au milieu des paquets et doucement bercés au rythme des animaux.

J'échange quelques signes avec les femmes qui marchent à côté, pieds nus. De vraies princesses du désert, avec leurs robes rouge et or et les bijoux que font cliqueter leurs pas.

Conduits par d'énormes molosses aux oreilles coupées, les troupeaux de chèvres et de moutons ferment la marche en soulevant une telle poussière que nous restons aveuglés pendant plusieurs minutes.

Le chef a l'air très fier de nous voir si impressionnés par sa caravane et, à grands gestes amicaux, nous invite à le suivre. Nous sommes, un moment, follement tentés. Mais, hélas, il est impossible de laisser Nain-Bus ainsi sur le bord de la route. Et puis, nous avons encore tant de kilomètres à faire aujourd'hui pour arriver à Kandahar avant la nuit!...

Après avoir visité notre « caravane » à nous, le chef nous quitte en ami et s'éloigne pour rejoindre les siens, nous laissant silencieux et fascinés.

Hélas, en reprenant la route, nous nous apercevons vite que les caravanes ne sont pas toutes aussi belles : celle que nous croisons actuellement ne comprend que quelques mulets, quelques ânes, et donne une impression de tragique pauvreté.

L'atmosphère est torride maintenant et le désert devient éblouissant. Plus de caravanes mais, çà et là, de grandes taches noires nous indiquent que les nomades ont fait halte et monté la tente. Moi aussi, je m'arrêterais bien, mais Nain-Bus deviendrait vite un four irrespirable.

Caroline et Bertrand pleurent à chaudes larmes en nous préparant l'éternel sandwich nân-oignons, menu de baroud. Mais, aujourd'hui, il passe moins bien : les gorges sont sèches et les enfants puisent sans arrêt dans notre réserve d'eau qui diminue dangereusement. Nain-Bus n'a pas l'air de mieux apprécier le régime à l'essence russe que nous lui imposons depuis la frontière, et commence à avoir des hoquets inquiétants.

– La mer! Regardez, la mer!

Isabelle est surexcitée.

J'avoue que c'est à s'y méprendre : une grande ligne bleue court là-bas, à l'horizon; l'air brûlant qui danse sur le sol ajoute à l'illusion. Même Bertrand hésite un moment avant de ricaner :

– Ma pauvre fille! La mer! Tu ne vois pas des pédalos, aussi?

Caroline prend sa défense :

– N'empêche que c'est un sacré mirage!

Arrêt-pipi.

– Attention aux scorpions! Ne soulevez pas les pierres!

Les enfants avaient bien besoin de se dégourdir les jambes. Pendant que j'installe Nain-Bus pour la sieste, ils courent comme des petits chiens qu'on lâcherait dans un parc.

Je suis réveillée par un silence. Christian a coupé le contact.

Devant nous, un décor fantastique : le soleil, très bas, semble incendier l'immensité du désert. Un camion, là-bas, est arrêté sur le bord de la route, comme en panne. Tous les passagers l'ont quitté et se sont agenouillés côte à côte sur une dune, un peu plus loin, dans le contre-jour qui colore les turbans et rend le tableau encore plus majestueux : c'est la prière du soir. Ici rien ne distrait de l'infini du ciel et l'on ressent comme l'étrange impression d'une présence de Dieu.

Nous arrivons bien tard à Kandahar. À cette heure-ci, la ville paraît moyenâgeuse et un peu inquiétante, farouche comme la tête des quelques hommes qui discutent encore autour de la lampe à huile des échoppes. Il nous faudrait vite un endroit à l'abri pour passer la nuit.

Nous trouvons bientôt ce qu'ici on appelle pompeusement un hôtel : une belle pancarte et quelques pièces nues et miteuses donnant sur une cour où, pour quelques afghanis, nous avons le droit de nous installer.

Juste le temps de mettre Nain-Bus en position-nuit, et comme saoulés nous nous affalons, écrasés de sommeil.

Sur la route de Kaboul, 23 octobre

MARIE-FRANCE :

Confusément, je sens comme une menace. Le ciel, depuis quelques minutes, s'est obscurci brutalement, et de longues traînées rouges lui donnent des allures effrayantes. Surgis de la terre comme des fantômes, des tourbillons se mettent à courir follement sur cette steppe immense où je nous sens si seuls.

Tout d'un coup, sur notre gauche, un énorme écran noirâtre barre l'horizon et semble foncer sur nous.

J'ai peur. Mais je ne dis rien pour ne pas inquiéter les enfants qui chahutent derrière.

La masse noire est maintenant toute proche. Christian accélère à fond.

– Attention!...

J'ai hurlé dans le fracas. Ce choc formidable sur le côté, ce craquement, comme si Nain-Bus se disloquait, et puis cette terrible embardée. Christian a pilé net.

En masse épaisse, le sable tournoie furieusement autour de Nain-Bus, crépite sur la carrosserie, s'engouffre partout, nous étouffe. Nous ne voyons plus rien. Les mains sur les yeux, je tremble à chaque nouvelle bourrasque, attendant avec terreur celle, plus violente, qui nous retournera ou arrachera l'habitacle du châssis.

Christian a crié aux enfants de fermer la fenêtre et de se caler tous à droite. Donc, lui aussi craint qu'on se retourne?

Combien de temps sommes-nous restés ainsi, impuissants, à nous laisser secouer par ces rafales effrayantes? Pendant quelques instants, je me suis demandé ce que nous faisions là, perdus dans cette tempête. Par quelle folie?...

Et puis, l'espace d'un instant, le vent a enfin balayé une éclaircie de quelques mètres qui nous a laissé voir un bout de route. Christian a redémarré :

– Je vais essayer de continuer. Il faut absolument arriver à Kaboul avant ce soir! Et il nous reste plus de deux cents kilomètres!

Mais un épais tourbillon nous a enveloppés à nouveau et il a fallu encore s'arrêter, attendre.

Jamais je n'oublierai cette étape. Nous avancions au pas, par petits bouts, les yeux écarquillés sur le pare-brise, essayant désespérément de deviner la route devant nous et d'y maintenir Nain-Bus, malgré les énormes coups de vent qui l'envoyaient sans cesse sur la droite.

La nuit est déjà tombée depuis une heure et dans Nain-Bus c'est l'hécatombe : Caroline dort, la tête sur la table; Éric a glissé par terre; Bertrand est recroquevillé sur le coussin; quant à Isabelle, elle va encore se réveiller avec un torticolis.

Brave Nain-Bus! Il a résisté!

Maintenant que la tempête s'est calmée, je me sens plus détendue. Complètement groggy, saoulée de vent et de sable, je pique du nez toutes les cinq minutes. Mais il faut à tout prix que je résiste : j'ai trop peur que Christian ne s'endorme si je ne lui parle plus.

Kaboul! Ouf! Malgré mes efforts désespérés, j'ai dû m'endormir.

Kaboul! Cela fait quelque chose!...

Je ne puis m'empêcher de penser que, maintenant, quoi qu'il arrive, nous serons parvenus jusqu'ici. Notre aventure ne pourra plus être totalement un échec.

Il ne nous reste plus qu'à trouver la cour d'un de ces petits hôtels afghans à hippies pour nous héberger cette nuit.

La matinée est bien avancée quand Nain-Bus commence à ouvrir un œil. Quelle nuit!

Le soleil inonde la « cour-jardin » du Gulzar Hotel, ouverte sur la rue. Tout est calme. L'air est vif, limpide, léger, comme un matin de sports d'hiver. C'est vrai que Kaboul est à mille huit cents mètres! Le ciel est comme je l'aime, si bleu, si pur. Décidément, je ne me lasse pas de ce beau temps. La vie au soleil, quel rêve!

Là-haut, tout là-haut, deux taches rouge et bleu, comme deux énormes papillons, dansent sur l'azur intense : des cerfs-volants. Ils sont si loin que je me demande s'ils sont toujours reliés à leurs mystérieux animateurs. Ce matin, c'est cela, le bonheur : être là, en famille, à contempler les évolutions de deux cerfs-volants dans le ciel de Kaboul... J'imagine tout à coup des cerfs-volants au-dessus des tours de la Défense et tous ces messieurs sérieux lâchant leur « attaché-case » pour tirer sur leur ficelle... L'idée me plaît. Mais..., le ciel est trop petit, là-bas.

Avec son turban et sa barbe noire encadrant un nez d'aigle et des yeux perçants, le vieil Afghan qui arrose consciencieusement quelques rosiers poussiéreux observe Nain-Bus du coin de l'œil. Du coup, il en oublie son jet et la plate-bande, qui devient vite un bourbier.

– Allez, tout le monde debout là-dedans! Et tous les sacs dehors! Ce matin, grand nettoyage!...

Nain-Bus est vite transformé en séchoir : grille avant, fenêtres, rétroviseurs, tout est bon pour y suspendre notre linge.

Christian revient déjà, les bras chargés de galettes brûlantes : le prétexte était bon pour aller faire un petit tour de reconnaissance...

En un clin d'œil, la table est dehors, au milieu de la tache de soleil.

Pendant que Caroline prépare notre eau en écrasant minutieusement les pastilles d'Hydroclonazone, et que les petits se chamaillent pour ne pas mettre le couvert, l'usine à tartines se met en route : Christian les coupe, je les noircis légèrement sur le couvercle retourné de notre grande casserole transformé en grille-pain. En fin de chaîne, Bertrand les tartine de margarine turque et de miel d'Hérat.

La cadence est gargantuesque et nous ne prenons même plus le temps de parler. Ces derniers temps, avec tous nos repas bâclés, nous avions sûrement pris du retard.

Puis la conversation reprend enfin, et nous éclatons de rire en constatant ce qu'il reste du gros tas de pain.

– Et maintenant, vite à l'American Express pour le courrier!...

Dès le premier coup d'œil, Kaboul me charme. On se croirait dans un calme bourg de montagne où les maisons basses accrochées aux collines ne cachent pas le ciel. Dans les rues, moins de voitures que de moutons, de chèvres ou d'oies.

Mais voici la boutique de l'American Express.

C'est fou ce que ça prend de l'importance, le courrier, quand on est loin! À cause de notre retard, nous avons eu très peu de nouvelles à Téhéran : ils avaient déjà presque tout renvoyé à Paris. Et puis, sans trop nous l'avouer, nous attendons avec anxiété le résultat de cet emprunt qui permettra, ou non, de financer le reste du voyage.

Je ressors bientôt, serrant dans mes bras notre trésor que tous essaient de m'arracher, jusqu'à ce qu'Isabelle laisse tomber une enveloppe dans le caniveau.

– Bon, ça suffit, maintenant! On les lira tout haut!

Nous nous enfermons dans Nain-Bus, et je commence la lecture. D'abord les lettres les plus anciennes. Marie-Annick a eu une petite fille; Bonne Maman a été malade, mais sa sixième lettre nous apprend en même temps sa guérison...

Pendant plus d'une heure, nous resterons là, essayant de nous imaginer tout ce qui se passe là-bas, si loin. Dans son coin, Christian relit pour la cinquième fois la lettre-miracle qui nous annonce que l'emprunt a marché. Ouf!

– Je vous emmène au restaurant! dit-il, triomphant.

– Bien sûr, ça m'aurait étonnée!

Mais cela fait un moment que nous sommes au régime de baroud, et les enfants soutiennent lourdement leur père.

– Bon, alors juste cette fois-ci! Mais vous savez que nous n'avons pas encore assez d'argent pour aller jusqu'au bout!

Après un réconfortant « palao », le moral des troupes est au plus haut, et nous partons bras dessus bras dessous vers le bazar.

Le pont traverse la rivière Kaboul, trop petite, en cette saison, dans son grand lit vaseux, où des femmes lavent leur linge en s'interpellant joyeusement. De l'autre côté, c'est le plongeon dans le Moyen Âge. Dédale de ruelles bruyantes, kermesse du commerce, où mille senteurs différentes se chevauchent et se mêlent, épices, parfums, relents d'égouts.

J'aime notre vie de nomades, si libre. À chaque fois que nous nous arrêtons quelque part, j'ai hâte de découvrir ce qui sera notre nouveau décor...

Christian se retourne. Un coup d'œil complice me dit qu'il est heureux. Nous nous bouchons les oreilles pour fuir un tintamarre de coups de marteaux qui transforment miraculeusement de vieilles tôles en ustensiles rutilants.

– C'est chouette, hein?

– Oui! Tu te rends compte si ça n'avait pas marché?

Tout d'un coup, c'est le calme. Le coin des tissus. Des fantômes en « chadris [1] » glissent sans bruit, s'arrêtant pour palper les étoffes chatoyantes suspendues par centaines aux étroites devantures. Perdus au milieu de cette débauche de couleurs, c'est à peine si l'on aperçoit encore, au fond de leurs minuscules échoppes, de vénérables barbus assis en tailleur devant d'antiques machines à coudre qui cliquettent discrètement.

Si ça n'avait pas marché? Nous aurions pu tenir encore deux mois, tout au plus. Après?...

1. Long voile plissé qui recouvre les femmes de la tête aux pieds, ne leur laissant pour voir qu'une petite grille de broderie ajourée.

Kaboul, 6 novembre

MARIE-FRANCE :

Les « Brian »! Pas possible! Cette fois-ci, je n'en reviens pas. Dans un bruit de casseroles, leur vieille voiture de sport fait son entrée dans la cour du Gulzar. Mais jusqu'où iront-ils, ceux-là?...

On se précipite, on s'embrasse. Apparemment, la route a été dure car, pas plus que la voiture, ils n'ont l'air très frais.

Déjà Ankara nous saute dessus et Brian déplie sa grande carcasse. Avec sa décontraction habituelle, il commence à nous raconter son aventure, en riant et en avalant, comme toujours, la moitié de ses mots. Comme il parle anglais, j'en perds encore un bon tiers. J'arrive quand même à deviner qu'ils ont perdu une roue sur la route d'Hérat; qu'une autre fois, malades, ils ont été obligés de coucher dans le désert et que, pendant la nuit, un gars a essayé de les dévaliser; quant à Ankara, il les a encore copieusement arrosés... Le reste de l'épopée se perd entre son bafouillage britannique et mon oreille bourguignonne.

À chaque étape, Lesley voulait abandonner. Brian, lui, hésitait, puis arrivait encore à la convaincre d'aller juste un peu plus loin. Et puis, ils sont là! Quand on pense qu'ils étaient partis pour faire un tour de France... N'ayant rien lu, rien préparé, ils frôlent en permanence des catastrophes, dans des pays dont ils ignorent tout. Quand j'ai dit à Brian qu'il fallait faire attention à l'eau, il m'a regardée d'un œil ahuri.

Il m'est sympathique, ce Brian : un vrai gosse en train de faire une grosse bêtise, et ravi de la faire.

– Installez-vous là, à côté de nous!

Au moment où Lesley ouvre son coffre, nous ne pouvons nous empêcher d'éclater de rire. Le trop-plein de ce marché aux puces indescriptible s'écroule bruyamment sur la cour du Gulzar : aux objets de première nécessité, comme la chaussette trouée et célibataire qu'Ankara s'empresse de trimbaler dans le jardin, ou le paquet de sucre éventré (et dont j'ai reçu la moitié sur le pied), s'ajoutent un narguilé, un gilet brodé, et mille trésors accumulés au fil des bazars. L'odeur qui s'en dégage ajoute à l'exotisme de l'ensemble.

– Dans quelques jours, nous irons peut-être jusqu'au Pakistan, s'esclaffe Brian en allumant son petit réchaud à alcool.

Les jours s'écoulent, heureux. Nous avons décidé de rester à Kaboul pendant plus d'un mois. Nous rattraperons notre retard dans la rédaction du journal de bord : c'est le seul travail par écrit, pour les enfants!

Tout le monde a bien récupéré, et les mines font plaisir à voir.

Nous connaissons bien, maintenant, l'originale patronne de notre Gulzar Hotel. Allemande ayant épousé un Afghan, la soixantaine, de l'énergie à revendre, c'est une vraie grand-mère de choc, qui mène son hôtel tambour battant. Les enfants ont fait sa conquête et, sans attendre de savoir son nom, l'ont baptisée « Tati Martha ».

Depuis qu'elle nous a entendus chanter, Tati Martha s'est déclarée notre imprésario. Et avec quel dynamisme! Elle nous fait une publicité du tonnerre, téléphonant partout :

– J'ai ici une famille charmante qui... Oui, venez avec vos amis... C'est ça, à ce soir!

Son petit restaurant ne désemplit pas et, presque tous les soirs, nous en sommes les vedettes. Nous dînons « à l'œil », vendons nos cartes postales, et Tati Martha « fait des couverts » en plus. Bref, nos petites affaires vont bon train et, en peu de temps, nous devenons la coqueluche de la ville. La semaine prochaine, encore, nous donnons un récital au lycée Istiqlal, le grand lycée de Kaboul offert par la France.

Il y a une dizaine de jours, nous avons eu la bonne surprise de voir arriver Harold et Billie, un vieux couple de retraités, anglais jusqu'au bout des ongles, que nous avons connus à Istamboul.

Les enfants ont tout de suite adopté ces gentils grands-parents nomades qui, malgré leur âge, ont tout vendu, tout quitté pour découvrir le monde, et qui n'ont pas non plus oublié d'emporter avec eux une sérieuse provision de bonbons.

Harold est immédiatement devenu un fervent de nos chants. Il ne rate pas une de nos représentations, et vient tous les soirs y lâcher sa petite larme.

Nous avons aussi un nouvel ami.

Shahwali est un beau Pashtoune de vingt-trois ans. Son visage allongé, sa peau hâlée, son nez droit, fortement dessiné, ses cheveux et ses sourcils très noirs ajoutent encore au caractère déjà si viril de l'Afghan. De discussions en confidences, nous faisons petit à petit connaissance, et peu de jours se passent sans qu'il vienne bavarder un moment dans Nain-Bus. Les enfants l'adorent et l'attendent chaque soir pour de fameux combats de cerfs-volants dont les Afghans raffolent. Alors, son bon rire se mélange aux leurs, et nous nous retrouvons tous le nez en l'air, tirant sur nos ficelles.

Pourquoi sommes-nous si heureux? Six mètres carrés à six, un petit réduit pour se laver, un sac de couchage sur une planche, du pain trempé dans une soupe de légumes... Avons-nous pourtant jamais ressenti un tel bonheur? Est-ce le temps retrouvé pour l'essentiel : un moment passé en famille, le spectacle d'un lever de soleil, une balade pour rien, comme ça, pour flâner, pour nous sentir vivre?...

Claude et Michel!...

Je pressens le drame. Le visage boursouflé et balafré, les lèvres tuméfiées, les yeux rouges et gonflés, Michel est méconnaissable. Claude, elle, est amaigrie, pâle à faire peur.

Nous les avions rencontrés au Forum de l'Aventure, à Paris, puis à l'entrée en Afghanistan, où nous les avions dépannés de cinquante dollars qu'on leur réclamait à la frontière. Ils faisaient un raid rapide jusqu'à Kaboul, et auraient dû être repartis vers la France depuis au moins un mois.

– Mais qu'est-ce qui vous arrive?

– Un accident à Kandahar. Un gosse renversé...

Je me souviens, tout à coup, de ce grave accident dont le consul nous a parlé. Deux jeunes Français à moto.

– C'était donc vous?

Claude a les larmes aux yeux. Moi aussi.

– Venez prendre un bouillon dans Nain-Bus. Ça vous fera du bien, propose Christian.

Retenus en prison à Kandahar depuis vingt jours, ils ont obtenu une permission de quarante-huit heures pour venir au consulat à Kaboul.

Claude nous raconte : après Kandahar, la route déserte; cet enfant qui vient de traverser et qui fait brusquement demi-tour. Le choc affreux. L'enfant projeté, la foule menaçante. Et impossible de s'expliquer. Et puis, ces nuits de cauchemars, enfermés dans une petite pièce sinistre. Les gens en colère qui grondaient autour...

– J'étais sûre qu'on allait nous lyncher : je ne dormais plus, j'étais terrorisée. On aurait voulu vous prévenir...

Enfin, plus tard, l'intervention miraculeuse de ce notable afghan, qui accepte de les aider, et qui prévient le consulat. Le gosse qu'ils vont voir à l'hôpital et auquel ils s'attachent. Sa famille plus préoccupée de monnayer l'affaire que de savoir s'il s'en tirera...

Claude est agitée. Elle nous a tout déballé d'un coup, revivant son drame, à moitié en larmes.

– Pourtant, jusqu'ici, notre aventure avait été si merveilleuse! Et demain il faut retourner dans cette prison!

Je ne sais pas quoi lui dire.

– Nous ferons ici les démarches pour vous. Je suis sûre que ça va s'arranger. En attendant, reposez-vous et, ce soir, on vous emmène au restaurant, ici en dessous.

Par discrétion, Claude refuse.

– Ne t'inquiète pas, on y a nos entrées. Après nos chants, nous avons droit à une bonne soupe et à une omelette aux pommes de terre. Nous partagerons.

Dehors, la nuit tombe. Je sors les costumes de scène et nous commençons à nous changer en grelottant, à la faible lueur de la petite lumière de Nain-Bus. À cause du manque de place, c'est toujours un exploit et une bonne partie de rigolade.

Décidément, ces costumes ne sont pas faits pour la saison.

– Dépêchons-nous de descendre avant d'attraper une pneumonie!

La petite salle de restaurant est déjà presque pleine. L'air ravi, Tati Martha nous présente à la ronde. C'est bon de se retrouver au chaud. Nous installons nos instruments comme nous pouvons dans la minuscule place qui nous est réservée au centre.

Je trouve ça drôle d'être là, à Kaboul, à chanter pour gagner notre soupe!

Mais quand, dans le fond, derrière un poteau, j'aperçois Harold déjà tout attendri, cette jeune femme afghane qui vient pour la troisième fois..., même sans soupe, j'ai envie, ce soir, de chanter pour le plaisir.

Il est minuit. Claude et Michel sont repartis se coucher dans la chambre qu'ils ont louée en ville. Il tombe une neige fondue, glaciale. Avec Caroline, je me précipite dans Nain-Bus, pour installer très vite notre couchage : tout le monde est fatigué et nous frissonnons de froid.

Oh non! Ce n'est pas possible! Le lanterneau!

J'appelle Christian au secours :

– Tout est trempé là-haut, nos sacs de couchage, les matelas, tout!... On ne peut pas dormir comme ça!

Il éclate de rire. Sa réaction me rend folle.

Les enfants l'imitent et ils sont tous là à pouffer comme des idiots. J'ai envie de pleurer. Que va-t-on faire?... Je fouille la literie, pour essayer de trouver quelque chose de sec.

– Vous feriez mieux de m'aider!

Je pique ma colère. Mais plus je m'énerve, plus je déclenche leurs fous rires. Si seulement je pouvais leur claquer la porte et aller dormir ailleurs!

Kaboul, extraits du journal des enfants

7 novembre

BERTRAND :

Ce matin, Claude et Michel sont revenus à Kaboul.

Repartis dans leur prison de Kandahar, ils ont enfin été libérés avec de l'argent prêté par le consulat. Ils veulent rentrer en France en moto, mais c'est très dangereux avec leurs blessures, leur moto abîmée, et surtout en hiver dans les montagnes.

16 novembre

ISABELLE :

Maman prépare des sandwiches, de l'eau potable, les pull-overs, les bobs, la caméra, l'appareil photo, le magnétophone, et du papier de cabinet, pour aller au « bouzkachi ». Chacun porte un truc. On prend un vieux taxi, parce qu'on ne veut pas laisser Nain-Bus tout seul dehors, et on s'installe dans une foule.

Un moment après, on voit des cavaliers arriver. Avec leurs bonnets de fourrure, ils sont tous bien alignés, les chefs devant, les autres derrière. Ceux qui sont chargés de mettre la chèvre sur le terrain la mettent. Elle a la tête coupée, mais elle est morte, avec du sable dedans pour être plus lourde. Et puis tout à coup ça commence.

Alors il y a une sacrée bagarre pour la chèvre. Les chevaux se sautent dessus et se mordent. Les Mongols crient je ne sais quoi en afghan et donnent d'énormes coups de fouet sur les autres. Il y en a qui saignent, des chevaux qui tombent. Papa est furieux parce qu'ils sont tombés pendant qu'il changeait son film.

Il y a des moments où ils font tellement de poussière qu'ils ne voient même plus la chèvre. La pauvre, heureusement qu'elle est morte, parce qu'ils la tirent chacun par une patte, de toutes leurs forces. Ils vont la craquer! Et, en plus, ils continuent à courir en criant et en faisant des équilibres très dangereux sur leurs chevaux. Ceux qui tombent sont écrabouillés par les autres.

Il y en a un qui a réussi à s'échapper avec la chèvre. Les autres n'arrivent pas à le rattraper. Il tourne autour du poteau et arrive à la jeter dans le rond.

Les spectateurs crient : « Ouais! Bravo! Il a gagné! » et tout ça en afghan.

Il est venu se montrer au président, qui lui a donné une récompense. Sa main a plein de sang et aussi sa poitrine à cause des coups de fouet.

C'est encore plus terrible que les combats de chien qu'on a vus hier. N'empêche que Bertrand a bien failli se faire mordre une fesse!

24 novembre

BERTRAND :

Ce matin, Éric a vraiment eu des problèmes.

D'abord, Papa lui a dit d'aller se redoucher : il avait dû sûrement prendre un parapluie parce que, quand il est revenu, il n'avait même pas les cheveux mouillés. Ni son savon, d'ailleurs. Ensuite, au moment où on avait tout bien installé, le petit déjeuner sur le volet en équilibre entre deux glacières, vlan! il se prend les pieds dedans en courant après Isabelle. Tout était mélangé par terre : le miel avec le lait en poudre, le sucre, le thé, l'eau bouillante, et les « nâns » que Maman venait de faire griller. Du coup, Papa a éclaté de rire et a vidé tranquillement par-dessus le bol qu'il avait dans la main. Il a failli recevoir une claque et ça a commencé à barder.

Heureusement, Brian est arrivé nous dire au revoir. Du coup, les Parents ont fait les gentils qui rigolaient. Les Brian sont partis au Pakistan. Peut-être qu'on se reverra en Inde!

Un peu plus tard, Shahwali est venu nous chercher pour faire une promenade. Maman est restée avec Isabelle, qui était un peu fatiguée.

On s'est tous empilés dans un vieux taxi rigolo à moitié en morceaux. Quand on a quitté la route pour aller sur la piste, on se croyait dans une casserole tellement ça faisait de bruit. En bas de la colline, on a pris de l'élan parce que ça montait à pic. On faisait une grosse fumée de poussière, et avec les trous on se cognait la tête partout.

La pauvre voiture avait bien du mal à nous traîner. À un moment même, elle s'est arrêtée et on a eu très peur de repartir en arrière dans le vide. Pendant que le monsieur essayait de passer sa vitesse en faisant de grands cracs, Papa et Shahwali sont vite descendus pour tenir un peu la voiture. Après, ils sont remontés en marche.

Quand on voyait les virages tordus, les pentes à pic, et la piste qui devenait toute petite, Papa a dit à Shahwali qu'on pouvait aussi continuer à pied pour mieux regarder le paysage.

Là-haut on est arrivés à un endroit un peu plat où on apercevait tout Kaboul avec ses maisons en terre et ses petites cours. Pendant que le taxi faisait demi-tour, Shahwali nous a montré le Gulzar, la Mosquée Bleue, la rivière Kaboul, la forteresse de Bala Hissar; enfin, il nous a tout expliqué. Et aussi, de l'autre côté, l'université, les jardins de Babour, le canon qui tire tous les soirs l'heure où on peut commencer à manger pendant le ramadan, et le Bazar que les Anglais avaient complètement démoli autrefois.

Quand on est descendus, on allait de plus en plus vite. Au début, on rigolait et Papa faisait juste de petits signes de temps en temps pour calmer le chauffeur. Mais dans les virages on accélérait encore et on avait les roues tout près du bord. Papa et Shahwali se sont fâchés. L'autre a répondu en afghan, et Shahwali nous a traduit qu'il n'avait presque plus de freins!

On a terminé la descente comme des fous.

En bas, Shahwali et le chauffeur ont dit que c'est grâce à Allah qu'on n'était pas tombés, et que ce taxi était fait pour la ville, pas pour la montagne.

Quand on a raconté ça à Maman, elle était bien contente de ne pas être venue...

Et puis, Shahwali nous a emmenés chez lui.

En rentrant, il nous est arrivé encore une autre histoire, pas drôle pour Isabelle.

Il faisait presque nuit, et Shahwali nous raccompagnait pour qu'on ne se perde pas dans les petites rues. Tout d'un coup, pendant qu'on parlait, on a entendu un grand cri derrière. En se retournant, qu'est-ce qu'on a vu ? La pauvre Isabelle qui était à moitié enfoncée dans une espèce de vase noire. Papa et Shahwali l'ont vite tirée sur le côté, et on a vu qu'elle sortait d'une fosse de cabinets.

C'était vraiment affreux. Isabelle s'était fait mal, et elle en avait une grosse couche sur elle. Elle pleurait en tremblant, et avait à moitié mal au cœur tellement ça sentait mauvais. Shahwali et les Parents s'en mettaient plein les mains pour essayer de lui en enlever, et voir si elle n'était pas blessée. Shahwali l'a prise dans ses bras et on a tous couru chez lui. Ses sœurs se sont vite dépêchées de la déshabiller sur le balcon et de la laver en usant presque toute leur eau. On était un peu gêné parce que le porteur qui passe avec sa peau de vache ne revenait que le lendemain matin. Après, elles ont habillé Isabelle avec les habits de Rorshana, et elle avait vraiment l'air d'une petite fille afghane.

Quand on est rentrés au Gulzar, Maman l'a encore frottée pendant une heure et lui a mis de la pommade partout pour être sûre qu'elle n'attrape pas une maladie très dangereuse.

Maintenant on sait qu'il faut faire attention aux trous qui sont devant les maisons d'Afghanistan...

Kaboul, 28 novembre

MARIE-FRANCE :

Quelqu'un nous attend à la porte de la cour. Un enfant.

En équilibre sur deux béquilles qui lui rentrent trop fort sous les épaules, une bonne tête de gosse, yeux rieurs. À l'âge où le seul plaisir est de courir, c'est à jurer!...

Il me tend une enveloppe.

« Mes enfants vous ont entendus chanter, l'autre jour, au lycée Istiqlal et aimeraient vous avoir à déjeuner samedi. Vous nous feriez plaisir.

Serge de Beaurecueil. »

Les yeux m'interrogent.

– Oui, bien sûr! Merci! *Techekür!*

Je veux le retenir. Il est déjà parti, comme il peut.

J'ai entendu parler de ce dominicain venu étudier ici les soufis, ces mystiques musulmans. Il s'est passionné particulièrement, m'a-t-on dit, pour Ansari, un des plus célèbres soufis, dont il est devenu spécialiste. Puis il a eu le coup de foudre pour l'Afghanistan et s'est consacré à l'enseignement, au lycée Istiqlal. Mais on m'a surtout parlé de sa maison, grande ouverte aux enfants en difficulté.

Nous sommes tous très curieux de le connaître, et ravis à l'idée de ce repas.

2 décembre

Charrettes à bras débordantes de belles chaussettes multicolores tricotées par les paysannes de la montagne, échafaudages de chandails en équilibre sur la tête des petits vendeurs ambulants, expositions, aux coins des rues, de caleçons longs, gants, bonnets de laine, boutiquiers frileusement enfouis sous leur « sandali », Kaboul se prépare pour l'hiver, et il est rude ici.

Je me blottis contre Christian.

Le parc Zaher Shah a perdu toutes ses feuilles. De notre banc, nous assistons à un furieux « bouzkachi », où nos terribles « tchopendoz » se paient de bonnes parties de fous rires. Perchés sur le dos de Caroline et de Bertrand, Éric et Isabelle se disputent une chèvre-bout-de-bois : poursuites, assauts, cavalcades, on s'y croirait. Le public, une douzaine de petits Afghans, est enthousiaste. Christian leur fait un signe; ils n'attendaient que cela : en quelques secondes, le temps de former les équipages, les voici devenus autant de chevaux et de cavaliers fonçant dans la mêlée. La rigolade est générale, surtout quand nos héros et leurs montures se retrouvent en un tas confus et hilare.

Un vent glacial me fait frissonner.

– Il commence vraiment à faire trop froid, tu ne crois pas?

Ce matin, nous nous sommes tous réveillés le nez glacé et les joues en feu. Il faisait moins sept dans Nain-Bus. Toutes les vitres étaient recouvertes d'une épaisse couche de givre sur laquelle, du bout de l'ongle, notre artiste-dessinateur s'est empressé d'exercer ses talents. En sortant, nous avons pu voir que la neige, qui recouvrait depuis quelques jours toutes les collines autour de Kaboul, était maintenant descendue jusqu'aux portes de la ville.

– Oui, tu as raison, il va être temps de filer vers l'Inde. Surtout que nous ne sommes pas du tout équipés pour le froid. Nous irons demander notre visa à l'ambassade demain matin!

Mais déjà le soir tombe, et je récupère ma troupe essoufflée aux joues rouges. Direction le Gulzar, pour se réchauffer.

– Mais, qu'est-ce qu'ils font là?

La voiture des Brian est garée, avec tout son contenu par terre au milieu de la cour! Au fond, contre le mur, Lesley est assise, ébouriffée, hagarde. Brian est allongé, immobile, la tête sur ses genoux. Il semble dormir.

Je me précipite :

– *What happens?*

Elle pose la main sur le front de son ami. Il est livide.

– *Sick... Sick... Badly sick...*

Je la sens à bout. D'une voix lasse, elle me raconte leur calvaire : Brian tombant subitement malade en plein milieu du Pakistan; le petit hôpital miteux où on a commencé à le soigner pour la malaria; et son état qui s'aggravait de jour en jour; leurs nuits d'angoisse; et puis leur brusque décision de fuir avant qu'il ne soit trop tard.

– Je n'ai eu qu'une idée : foncer vers l'Angleterre. Là, au moins, son médecin le connaissait, savait qu'il avait du diabète, et saurait le soigner. J'ai pris le volant, et j'ai conduit jour et nuit, le plus vite que j'ai pu. À partir de là, ce fut le cauchemar : il geignait à côté de moi et devenait de plus en plus faible. Il est même tombé plusieurs fois dans le coma. Ce matin, en arrivant à Kaboul, je me suis précipitée à l'hôpital : cette fois, ils ont diagnostiqué une hépatite virale, aggravée par son diabète.

Elle éclate en sanglots :

– Mais je n'y crois plus. Je ne leur fais plus confiance. Je vais dormir un peu, et on va reprendre la route pour rentrer.

Retraverser l'Afghanistan, l'Iran, la Turquie ? Et avec lui dans cet état-là ? Visiblement, elle ne se rend pas compte.

– Tu n'y penses pas! Il faut prendre l'avion d'urgence!

– Mais on n'a pas l'argent. Et puis, nos affaires, la voiture. De toute façon, ils ne voudront jamais l'embarquer. Il faudrait une autorisation médicale, et, malade comme il est, où trouver un médecin qui accepterait de la signer ?

Brian respire difficilement. Sa pâleur m'affole. Christian lui tâte le pouls, puis se retourne vers moi :

– Il n'est pas question qu'ils reprennent la route. Il faut le remettre de force à l'hôpital de Kaboul, ou le rapatrier immédiatement. En tout cas, il n'y a pas une minute à perdre.

En attendant, il faut les installer pour la nuit.

– Voulez-vous coucher dans Nain-Bus ?

– Non, il ne faut pas. Pour vos enfants. Brian est sans doute contagieux.

– C'est vrai, je n'y avais pas pensé, admet Christian. Bon. Eh bien, demande aux enfants de monter leur tente. Tu leur passeras des couvertures. Mais d'abord réchauffe-leur un peu de soupe. Lesley grelotte, et ils n'ont certainement rien mangé depuis longtemps. Moi, je te laisse. Je file voir quel jour un avion décolle pour l'Europe.

L'installation est vite faite. Bertrand et Isabelle ont dressé la tente contre Nain-Bus et, avec Lesley, nous y allongeons Brian. Le pauvre transpire, malgré le froid. Pendant que j'essaie de le faire boire à la petite cuillère, Lesley avale deux bons bols de soupe, qui ont l'air de lui faire du bien. Plus calme, elle semble prendre conscience de l'absurdité de son projet.

– Mais la douane ne nous laissera jamais sortir du pays sans la voiture. Et tu sais bien qu'ici cela mettrait un temps fou de la faire dédouaner!

Il fait nuit noire quand Christian revient.

– Il y a un avion après-demain, pour Téhéran. Là, vous trouverez un vol pour l'Europe.

« Après-demain. » Instinctivement, je pense : « Pourvu qu'il tienne jusque-là! » Sans compter le nombre de problèmes à résoudre avant demain soir. Nous essayons d'en faire ensemble l'inventaire. Toutes ces démarches... Quand je pense au temps et au nombre de bakchichs qu'il nous a fallu, la semaine dernière, pour simplement dédouaner quelques rouleaux de photos.

– Harold!

Je me souviens tout à coup qu'Harold était médecin.

– Il faut le prévenir. Dès demain matin!

Nuit très mauvaise. Dans une demi-inconscience, Brian n'a cessé de gémir. Avec Christian, j'ai passé mon temps entre la tente et Nain-Bus, essayant de le faire boire, de le soulager, de réconforter Lesley. Mais j'étais de plus en plus inquiète et, surtout, je me sentais si impuissante.

La journée d'hier a été folle. Dès le matin, tout le monde s'y est mis.

Harold est arrivé, a établi le fameux certificat et a passé la matinée à l'ambassade d'Angleterre pour accélérer les formalités. L'après-midi, il est reparti à la douane pour s'occuper de la voiture.

Tati Martha a installé Brian dans une pièce chauffée pendant que Christian et Billie rachetaient à Lesley des objets de toutes sortes, l'assurant qu'ils leur seraient sûrement très utiles.

Il a aussi fallu courir après un client pour la voiture.

De temps en temps, Brian reprenait connaissance, essayant même de blaguer, ce qui me serrait le cœur. Hier soir, il a pris la main de Christian, comme pour une confidence. Je m'en souviendrai toujours. Pour la première fois, il ne blaguait plus. Il parlait difficilement :

– Je suis vraiment très ennuyé pour tout ça..., et puis pour Lesley... Je sais bien que c'était un peu fou... Mais..., une fois dans la vie...

Puis, avec un sourire un peu déçu :

– Ça valait quand même le coup, non ?

Cachant son émotion par une bourrade, Christian lui a donné rendez-vous devant une bonne bière, à Paris ou à Londres.

Ce matin, Lesley a embarqué, avec Brian au plus mal. Pourvu qu'il supporte le voyage !

Je crains surtout cette étape à Téhéran...

En plein quartier populaire, entre deux échoppes de tailleurs, une petite porte donne accès à la maison du père Serge de Beaurecueil. Si discrète, cette porte, que nous sommes passés deux ou trois fois devant sans la voir. Mais, par ici, tout le monde connaît le Padar, et ce sont les gosses du quartier qui nous ont conduits jusque-là.

Derrière la porte, une douzaine d'autres enfants nous accueillent. Petite cour des miracles. Je ne peux m'empêcher de me sentir gênée, au début. Mais, si les corps sont atteints, les yeux pétillent, les visages rient.

Attiré par le bruit, le Père arrive. Grand, racé, avec une barbe de sage, il commence les présentations. Puis il nous fait les honneurs de la maison, suivi de sa troupe, une vingtaine d'enfants de sept à quinze ans. Orphelins, fugueurs, éclopés, estropiés, enfants perdus, ils trouvent ici la chaleur d'un foyer, vont et viennent à leur guise. Certains restent des années, d'autres quelques jours seulement.

– Vous savez, ce sont eux qui vous reçoivent. Je n'ai rien fait, je ne sais même pas ce qu'ils nous ont prévu pour le déjeuner.

Nos jeunes amis nous font signe de nous asseoir en tailleur sur le tapis.

– Du « quabili palao », chouette! s'exclame Isabelle, les yeux brillants.

Quelques coussins dans le dos, on s'installe en cercle autour de plusieurs petites montagnes de riz doré, recouvrant à peine de bons morceaux de mouton. Les mains plongent dans les plats. On pousse vers nous les meilleures parts. Nous voudrions remercier, échanger, nous fondre au milieu d'eux, mais la langue est là, qui nous arrête, malgré les yeux, malgré les sourires.

Après nous avoir demandé de nouvelles chansons, les enfants du Père chantent à leur tour. Comment oublier Mirdad, ou Mômad Khân, ou la voix si claire d'Abdorrahmân, le petit Nouristani aux cheveux blonds? J'ai envie de les embrasser tous! Communion d'un moment, instants merveilleux où on se laisserait aller à pleurer comme un enfant.

Après le repas, tandis que s'organisent de joyeuses sarabandes, nous montons, Christian et moi, avec le Père. En passant, il nous montre la chapelle : une simple chambre, dépouillée, qui sert aussi de mosquée. L'autel et le « mirhab » côte à côte pour une même prière!

Peu à peu, nous découvrons le père Serge, un fou de Dieu, lui aussi, comme ces soufis, comme Ansari. D'ailleurs, peut-on être raisonnablement mystique ?...

Kaboul, 4 décembre

MARIE-FRANCE :

– Non, pas « ramaze la pomme »! Relis!

C'est l'heure d'école.

Juchés sur toutes sortes d'objets hétéroclites, allant de la glacière au volet ou à la cuvette renversée, et servant de siège ou de table, les enfants rédigent leur journal pendant que je découvre avec Éric les aventures de Daniel et Valérie, et de « la-pi-pe-de-pa-pa ».

Au fur et à mesure que le jour baisse, chacun déplace son attirail, à la poursuite des dernières taches de soleil qui tiédissent encore l'air glacial du soir.

J'imagine tout à coup un monsieur tout gris arrivant dans la cour du Gulzar... Ce serait drôle.

– Monsieur l'inspecteur, je vous présente mon école! Le programme?... Découverte du monde!... Et voici les élèves : Caroline, la studieuse, là-bas, à plat ventre. C'est comme cela qu'elle travaille. En train de ne pas faire sa cinquième, et déjà un vrai petit écrivain. Bertrand! Ah, Bertrand, monsieur l'inspecteur! Pour lui, c'est sa sixième. Classe capitale! Intelligent, passionné par tout, mais, si vous lui mettez une feuille blanche sous le nez, il commence à sucer son stylo, à se gratter la tête, en poussant de petits soupirs, et prend l'air le plus idiot de la terre. Isabelle, qui serait en CE 2. L'élève idéale! Veut tout faire, tout savoir, participer à tout. Ses textes nous mettent en joie. Dès qu'elle a terminé une phrase, elle éprouve le besoin de la tonitruer à la ronde, pour en faire profiter toute la famille. Et puis Éric, le poète! Découvre le monde à quatre pattes, en perpétuelle observation d'un univers de petites bestioles du genre fourmis, coccinelles ou autres, qui ont l'air de le fasciner. Très pressé, aussi, d'apprendre à lire et à écrire pour pouvoir rédiger son journal comme les autres...

Des professeurs? Il n'y en a pas, monsieur l'inspecteur! Surtout pas! Mais mon école serait incomplète si je ne vous présentais pas mon passionné de mari. Alors lui!... Il vous donnerait le goût d'étudier au plus cancre des cancres des fonds de classe. Ses deux principes: Un: apprendre est un jeu où l'enfant doit être acteur, et non public. Deux: il n'en faut pas trop. Il a dû les méditer dans les couloirs grisâtres de ces collèges d'après-guerre où il s'était fermement ennuyé. « Les études, c'est comme le chocolat », claironne-t-il dès qu'il en a l'occasion. « Beaucoup d'enfants l'aiment naturellement. Un peu tous les jours, c'est délicieux, mais, matin, midi, et soir, on en est vite écœuré! »

Le soleil a disparu derrière le mur, laissant une cour glaciale. La nuit tombe brusquement, presque sans crépuscule.

– Allez, il est temps de rentrer!

Vite, nous nous engouffrons dans Nain-Bus. Ce soir, pas de spectacle.

Pendant que les enfants se serrent le plus possible les uns contre les autres, en s'asseyant sur leurs pieds glacés pour les réchauffer, j'étale sur la table les légumes à éplucher.

– Profitons-en pour répéter le « Vuprem Oci », propose Christian. On chantait un peu faux, hier soir.

L'épluchage terminé, nous essayons d'écrire encore un peu, mais nous sommes bien trop tassés, l'éclairage est faible, et les doigts sont gourds. Et, surtout, l'attente de cette soupe qui mijote accapare toutes nos pensées et nous fait rêver de bonnes cuillerées fumantes. La cocotte-minute essaie de jouer les calorifères, et la vapeur dégouline sur les vitres de Nain-Bus. La goutte au nez et les joues rouges, les enfants s'amusent à souffler d'éphémères petits nuages de buée.

Quelqu'un frappe à la porte.

– Shahwali!

Il a l'air fatigué, ce soir. Sa barbe de deux jours, son regard brillant, comme fiévreux, derrière ses épais sourcils noirs, ses traits tirés rendent son visage presque plus beau.

Sur la banquette, nous nous tassons un peu plus, pour lui

faire de la place autour de la bougie qui éclaire Nain-Bus. Il dépose sur la table la statuette que j'avais vu trôner chez lui.

– C'est pour vous. Parce que peut-être je ne suis pas là quand vous partez.

Nous nous rendons compte en même temps qu'il est devenu plus qu'un ami, et que l'on devait fatalement se quitter. C'est le revers de notre vie de nomades. Pour nous, les au revoir ressemblent étrangement à des adieux.

– Pourquoi tu pars? proteste Caroline.

– On va aller dans mon village, dans la montagne au-dessus du Penjshir. On ne peut plus vivre à Kaboul.

Il sourit avec une lassitude qui sent le bout du rouleau.

– Ici, le vivre est trop dur.

Personne ne pense plus à rire de ses expressions maladroites.

Nous l'écoutons pendant une heure, découvrant pour la première fois la dure réalité de la vie ici. Il nous parle de son père, qui est mort, de ses quatre sœurs, de sa mère, de leur lutte pour survivre, de l'argent qu'il faut gagner pour payer les livres d'école de ses sœurs, ou le bois qui chauffera la pièce pendant l'hiver, si long ici, des repas qui se limitent le plus souvent à une galette de pain trempée dans un verre de thé... Depuis la mort de son père, Shahwali a vendu petit à petit tout ce qu'il y avait dans la maison. Il s'apprête à vendre maintenant le dernier tapis tissé par sa mère, et qui leur évite de dormir sur la terre battue. Il nous parle aussi de son pays, de la famine des paysans saignés à blanc par les grandes familles honteusement riches, de la cupidité des mollahs, des Russes qui leur volent leur gaz et l'eau de l'Amou-Daria, du président Daoud en qui on avait mis tant d'espoir, de la corruption de tous ses fonctionnaires.

– Mon pauvre pays! Oui, le vivre est trop dur. Mais ce n'est pas grave. Au maximum, on meurt... Et puis, je ne dois pas penser à ça. Au printemps, ça ira. Et, quand vous revenez de l'Inde, au Naurouz, il faut venir dans mon village, là-bas au Penjshir.

La nuit est glaciale, constellée d'étoiles, splendide. Avec Christian, je fais le tour de la cour pour respirer à fond.

Shahwali est parti. Il nous a laissés silencieux, avec une boule sur le cœur.

Les enfants se sont glissés dans leur sac, sans un mot, comme s'il n'y avait plus rien à dire...

Kaboul, 6 décembre

CHRISTIAN :

– Qu'est-ce qui se passe ?

D'un bond, je me retrouve assis. Nain-Bus se réveille en sursaut.

De là-haut, la bille hirsute d'Isabelle me regarde triomphante :

– Nivaquiiiiiiiiine !

Je rebondis.

– Non, mais, ça ne va pas ! ?

Il y a une ambiance de lynche, dans Nain-Bus.

– Ben, c'est toi qui as promis cinq afghanis au premier qui le dirait le matin !

Je me demande si je vais commencer par lui arracher les yeux, ou la passer directement à la moulinette...

Je repense à ce que j'ai dit hier : cela faisait deux jours que nous avions oublié de prendre notre Nivaquine; il fallait trouver un truc.

– Mais pas quand tout le monde dort, bougre de peste !

– Sinon, Bertrand l'aurait dit avant moi.

J'ai le nez gelé, et je ne sens plus mes oreilles. Il a dû faire froid, cette nuit.

Quelle heure est-il ? De toute façon, il est trop tard pour repiquer.

– Bon, bien, distribue-la, ta Nivaquine !

Les joues pivoine d'Isabelle disparaissent dans la capucine. À leur place, j'aperçois deux chaussettes qui tâtonnent dans le vide à la recherche du lit de Caroline, première étape de la descente.

Puis, brusquement, le reste atterrit sur mes tibias en catastrophe aérienne.

– Oh, pardon!

Mes pauvres tibias n'arrêtent pas de pardonner. Vu l'endroit où ils sont placés, ils reçoivent fatalement tout ce qui descend de là-haut.

Le plus traître, c'est la nuit, car je suis en plein sur le trajet des raids-pipi.

Nivaquine avalée, c'est l'avalanche, et la bagarre-chahut pour la meilleure place entre Marie-France et moi. Nain-Bus pique ses cinq minutes de tendresse : un gros câlin familial qui nous tasse à six là où il y a à peine la place pour deux, et qui nous rappelle que nos aventuriers, le pouce dans la bouche, ne sont pas encore très vieux.

– Debout, bande de paresseux! Moi, j'ai la fringale!

Quand tout le monde est levé, c'est l'éclat de rire : hier soir, il faisait si froid, que Marie-France nous a collé tout ce qu'elle pouvait sur le dos, et, boudinés dans nos triples épaisseurs de chaussettes, de collants, de tricots et autres fripes, nous avons tous l'air de cosmonautes de cirque.

Dehors, le jaune du soleil effleure déjà le haut du mur, mais la cour reste encore glaciale.

– Je vais chercher le pain!

– Attends, je viens avec toi!

J'adore ma promenade du matin, et je crois que Bertrand aussi. Il m'y accompagne toujours.

Pour avoir moins froid, nous marchons côté soleil. Il est déjà tiède sur la peau. Je me sens léger, en harmonie avec ce décor, cette terre séchée des murs, cette vie si calme qui s'éveille.

Main sur le cœur, je « salam aleïkoume » le menuisier au turban bleu qui fait chauffer son thé sur un brasero.

Cette odeur du bois qui brûle me fait toujours frissonner. Vieux souvenirs de ces soirées d'enfance à la cheminée?...

Quand nous revenons, c'est l'émeute dans la cour du Gulzar.

– C'est un troupeau qui passait, me crie Marie-France.

Elle brasse l'air en grands moulinets devant la table de Nain-Bus, pour essayer de défendre notre petit déjeuner.

Isabelle et Éric ont abandonné héroïquement leur toilette pour prendre les choses en main et courent dans tous les sens derrière la masse moutonnante et bêlante.

Leur aide efficace réussit à disperser définitivement le troupeau dans tous les coins de la cour, devant le regard désolé du malheureux petit berger.

– Revenez plutôt déjeuner en quatrième vitesse : il se débrouillera mieux sans vous.

J'ai réuni la famille pour le « briefing » traditionnel, et ressorti les cartes.

– Bon! Maintenant, il faut qu'on se décide! Je trouve, comme Maman, qu'il est temps de quitter Kaboul : il commence à faire sérieusement froid, et je propose que l'on parte demain ou après-demain.

– Mais Tati Martha nous invite pour Noël! On pourrait partir juste après, implore Caroline.

Les petits appuient en chœur :

– Oh oui!

Je m'y attendais. Je sais que, depuis quelques jours, elle s'est mis dans la tête de nous faire chanter à son réveillon de Noël :

– Il y a des gens qui viennent de très loin, a-t-elle expliqué à Marie-France, et avec votre spectacle, ce serait merveilleux!

Aussi, tous les moyens sont bons pour nous convaincre de rester jusque-là.

Elle a commencé par nous brosser un horrible tableau de tous les dangers qui nous attendaient là-bas en ce moment : le terrible cyclone qui vient de ravager la région de Madras, l'épidémie de fièvre, dans le Nord de l'Inde, qui a déjà fait des milliers de morts, l'impressionnante Khyber Pass, qui n'est pas sûre, en ce moment.

– Il faisait moins huit, ce matin, dans Nain-Bus, et ça va très vite empirer! Bientôt, tout Kaboul sera recouvert de neige! Et puis...

Là, je prends l'air grave :

– ... dans son discours d'avant-hier, le président a attaqué le Pakistan à propos du Pachtounistan. Les Pakistanais sont furieux, et ils sont capables de fermer leur frontière dans quelques jours, comme ils l'ont déjà fait. Vous imaginez notre voyage arrêté ici?

Je lis la consternation dans l'assemblée.

– Et... et le réveillon? Tati Martha nous a dit qu'il y aurait de la dinde et une bûche, lance timidement Caroline.

– .... Et plein de cadeaux, gémit Éric.

C'était donc ça! Ah, la traîtresse!

– Bon, eh bien, écoutez... Je ne sais pas où on sera le soir de Noël, mais je vous promets qu'on se fera aussi une bonne fête.

– Et avec du chocolat?

– Mais oui, Éric, avec du chocolat!

EN INDE :

27

27. Le fameux Taj Mahal (Agra).
28. Nous avons de la visite (Rajasthan).
29. Infidélité à Nain-Bus (entre Jaïpur et Amber).
30. Méditation.

28

29

30

III

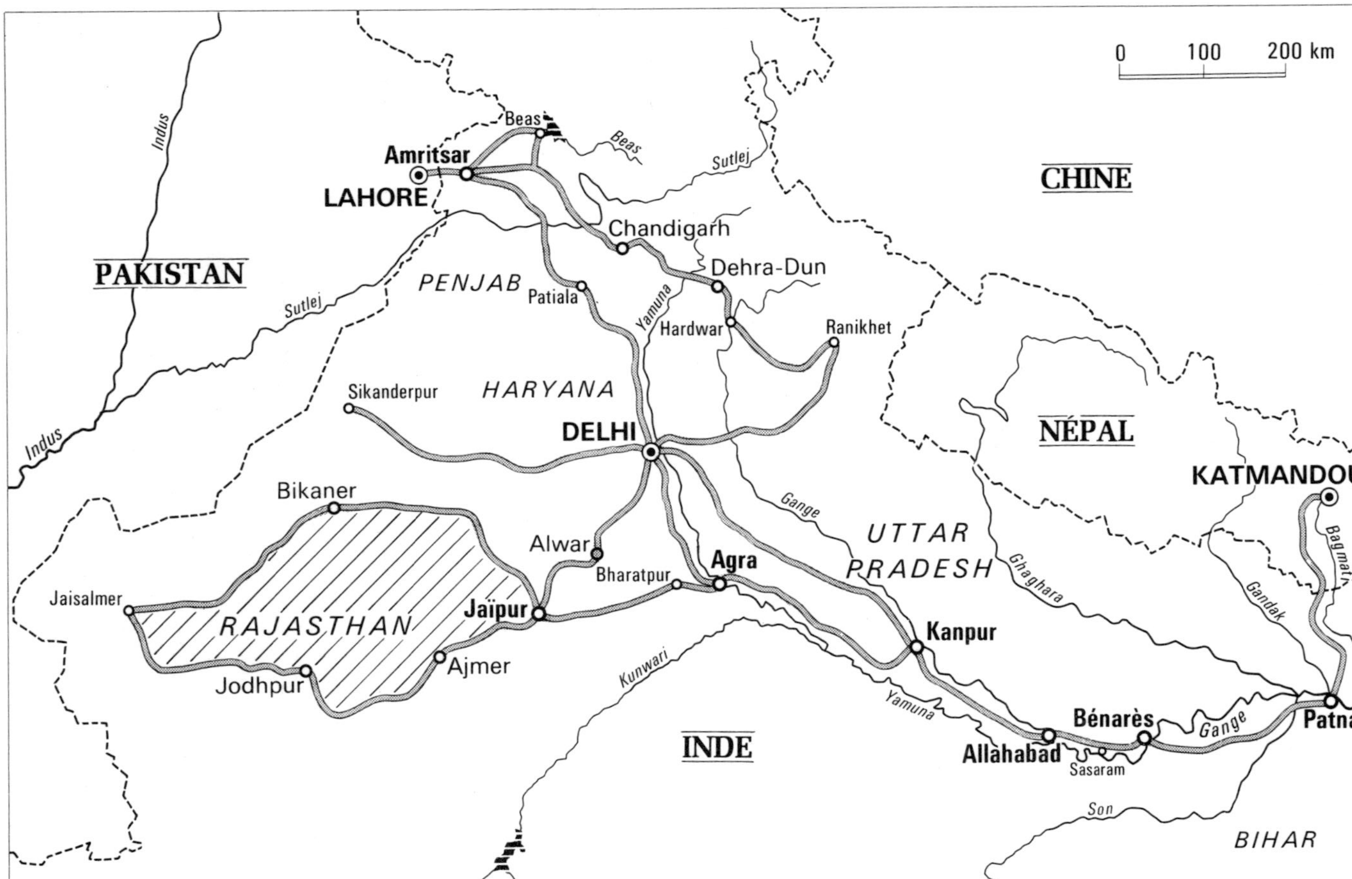

0
100
200 km
CHINE
PAKISTAN
NÉPAL
INDE
KATMANDOU
Amritsar
LAHORE
Beas
Chandigarh
Dehra-Dun
Hardwar
Ranikhet
Patiala
PENJAB
HARYANA
Sikanderpur
DELHI
Bikaner
Alwar
Bharatpur
Agra
Jaisalmer
Jaïpur
RAJASTHAN
Ajmer
Jodhpur
UTTAR
PRADESH
Kanpur
Allahabad
Bénarès
Sasaram
Patna
BIHAR
Indus
Sutlej
Yamuna
Gange
Ghaghara
Gandak
Bagmati
Kunwari
Son

Sur la route de l'Inde, 9 décembre

CHRISTIAN :

Nain-Bus trottine allégrement, tout content d'avoir retrouvé la route. Après ce long bivouac kabouli, il devait commencer à se prendre pour un pavillon de banlieue.

Quant à nous, brusquement repris par cette fièvre de l'inconnu, cette délicieuse angoisse de ne pas savoir ce que serait le lendemain, nous avions ressorti les cartes, embrassé Tati Martha, et largué les amarres. Après avoir frissonné en famille dans les vertigineux à-pics des gorges de la Kaboul, qui nous avaient fait descendre d'un seul coup de plus de mille mètres, nous nous étions retrouvés en bas un peu étourdis, les oreilles bouchées, et transpirant à grosses gouttes dans nos panoplies d'Esquimaux. « Le thermomètre est monté de plus de quinze degrés », avait remarqué Bertrand et j'avais arrêté Nain-Bus au milieu d'un paysage tropical de rizières et de buffles, pour un déshabillage familial.

Trois jours à Djellalabad parmi les palmiers et les orangers, et nous voilà filant vers la frontière et cette fameuse Khyber Pass.

Torkham, dix kilomètres.

Je sens Marie-France de plus en plus nerveuse :

– Et si on se fait piquer ?

– Mais non ! Ils ne vont pas me fouiller, quand même.

– Tiens ! Ce n'est pas dit. Rappelle-toi la frontière iranienne.

Elle va finir par me ficher la trouille avec ses questions.

J'avais pourtant fait une bonne affaire, à Kaboul, en achetant ces deux mille roupies pakistanaises. Là-bas, le trafic est quasi officiel, et le changeur au noir venait nous voir tous les deux jours au Gulzar, avec son costume de fonctionnaire honnête et ses poches bourrées de billets de tous les pays. Les enfants l'avaient surnommé « Change Dollar » car c'étaient à peu près les seuls mots qu'il semblait connaître. Quand il avait su que nous partions vers l'est, il m'avait proposé ces roupies à un taux imbattable : presque moitié prix! Il faut peut-être quand même que je les planque ailleurs.

– Bouge pas, j'ai une idée!

Stop.

– Bon les enfants, est-ce que vous pouvez me mettre une pagaille monstre dans Nain-Bus?

Sourires polis à l'arrière. Éric ne relève même pas le nez de son dessin. Bertrand ramasse instinctivement ses deux avions en papier : il doit flairer le traquenard.

– Ben quoi, allez-y! Ce n'est pas une blague, je vous assure! Il me faut tout l'arrière sens dessus dessous!

Cette fois-ci, tous les quatre me regardent avec stupéfaction. Manifestement, on cherche l'astuce. Je décèle même chez Isabelle une pointe d'inquiétude style « pauvre Papa ». Elle doit se dire que j'ai attrapé un gros coup de soleil. Je suis sûr qu'elle se le dit.

– Alors ça, c'est un peu fort! Pourtant, dans le genre désordre, vous êtes plutôt une bande de spécialistes! Écoutez-moi bien : on arrive près de la frontière, et je ne veux pas qu'un douanier puisse mettre les pieds dans Nain-Bus. Pigé?

– Ah oui! C'est pour la bombe qui est cachée dans tes chemises! claironne Isabelle soudain illuminée.

– Euh... oui, c'est ça. Et puis pour d'autres petits trucs.

Cette fois-ci, je crois qu'on a compris. Mais les débuts sont plutôt modestes : Éric lâche timidement quelques boules de papier autour de lui, en surveillant prudemment les réactions de Marie-France. Il a fallu qu'elle vide elle-même le sac à chaussettes sur la table pour déclencher l'ouragan.

– La seule chose que je vous demande, c'est de ne pas toucher aux coffres.

Nous n'avons jamais tant ri. Les garçons sont montés sur la table pour vider leurs cartables de plus haut. Caroline a sorti toutes ses petites affaires et les a rangées consciencieusement sur le coussin : c'était le maximum de désordre qu'elle pouvait envisager.

– Non, Isabelle, pas la poubelle! Bon, c'est bien maintenant. Je savais que je pouvais vous faire confiance.

Un petit chef-d'œuvre. En artiste, j'envoie ma peau de banane sur le tout : souci du détail.

– Allez, en route!

– Qu'est-ce que tu en as fait? me souffle Marie-France.

– Dans le cartable de Bertrand, en dessous de tout ça. Mais chut! Je préfère qu'ils ne sachent rien, ils seront plus naturels.

Tout s'est passé à merveille.

Je revois la tête de mon douanier, tout à l'heure, quand j'ai ouvert la porte arrière, en l'invitant obséquieusement à l'inspection... J'avais été parfait dans ma colère contre le chantier : avant de battre en retraite, paternel, il a pris la défense des enfants qui pouffaient sous la table.

– *O.K., O.K., children, you know!*

Enfin, ça va y être. Plus qu'un coup d'œil sur le carnet de passage.

– Pardon?

Il me montre mon numéro de moteur et celui de la carrosserie en fronçant les sourcils :

– *Same?*

C'est pourtant vrai : tous les deux pareils. En remplissant les papiers, à Paris, Marie-France a tout confondu. La tuile! Tant pis, je vais jouer l'idiot.

– *Yes, same!*

Quel hasard, n'est-ce pas? Après tout, ils ont bien le droit d'être pareils. Brusquement soupçonneux, il me pointe le capot.

– *Show me!*

Avec un grand sourire niais, je lui montre la plaquette de la carrosserie.

– *No, motor number!*

– Eh bien, c'est pas celui-là?

– *No, no, on the motor!* C'était très grave. Si ce n'était pas le numéro qui était là, il ne pouvait pas nous laisser passer. Il devait prévenir le chef. Nous faisions peut-être de la contrebande.

– Attendez! Vous fâchez pas : je vais regarder.

Je plonge sous Nain-Bus. Allongé sous le moteur, je saisis l'étendue de la catastrophe : s'il trouve le numéro que j'ai sous le nez, le voyage s'arrête là! « Importation frauduleuse » de moteur, l'affaire peut aller loin. On emprisonne pour moins que ça, ici.

– *Do you find it?*

– *Not yet, but I am looking for!*

Il vaut mieux faire semblant de ne rien trouver : comme il n'a pas l'air de vouloir salir son bel uniforme, je m'en sortirai peut-être avec le bénéfice du doute. Je n'ai donc plus qu'à attendre en feignant de chercher, il se fatiguera avant moi.

– Je vais dans mon bureau. Prévenez-moi quand vous aurez trouvé.

Il ne veut pas céder, me voilà bien!

J'aperçois les pieds de Marie-France.

– Qu'est-ce que tu fiches là-dessous? Tu sais l'heure qu'il est? La Khyber Pass ferme dans une heure.

La Khyber Pass... Tous les guides le disent : surveillée par l'armée de jour, elle redevient, dès la tombée de la nuit, la pleine possession des tribus guerrières afridis, et du banditisme. Une folie de s'y promener alors.

– Je sais bien. Qu'est-ce que tu veux que j'y fasse? Je t'annonce qu'on a un sacré problème!

Près de deux heures que j'attends sur une chaise du poste de douane. Être patient. Surtout ne pas le braquer... Plusieurs fois, déjà, je me suis levé timidement pour lui dire que les gosses devaient être fatigués. Mais il fait la sourde oreille.

Un dernier Pashtoune ouvre devant lui une énorme valise gonflée de vêtements neufs. Mon douanier fouille, sort deux belles chemises qu'il agite sous le nez du propriétaire... et les glisse rapidement dans un tiroir de son bureau. Droits de douane personnalisés. On va peut-être pouvoir s'arranger!

Il ne reste plus que moi dans le bureau. Le douanier se retourne.

– Oui, vous savez, c'est très grave, dit-il en se levant.

Il ne va quand même pas m'embarquer!... Je joue mon va-tout, lui tends discrètement la petite enveloppe que j'ai préparée. *« For your children. »* Seconde d'angoisse : cette offre peut aggraver mon cas. Il jette un coup d'œil discret à l'intérieur, et... ouf! voilà mes roupies dans la poche de sa veste.

– *Have you six magazines?*

– *Please?*

– *Six magazines for me?*

Pourquoi veut-il six magazines? Là, je ne comprends plus.

– *If you want magazines, I have plenty of.*

– *No, six! Women!*

Ça y est! J'ai compris. Le geste était éloquent. On m'avait bien dit que les hippies en emportaient souvent un petit paquet avec eux pour arranger leurs problèmes. Il paraît que, dans ces pays-là, ce genre de revue vaut une fortune. J'ai pris un air de bonne sœur :

– *Oh no! Family, children...*

Il se rembrunit, semble réfléchir.

– *O.K., you wait for me and take me to my village, after work,* dit-il en pointant le doigt vers la montagne.

C'est gagné! Après tout, je m'en tire bien.

Quand j'arrive avec lui à Nain-Bus, il fait presque nuit et les barrières sont fermées depuis longtemps. Je m'adresse en français à Marie-France :

– Il faut qu'on le raccompagne dans son village.

Elle explose :

– Tu es fou? On ne va quand même pas prendre la Khyber à cette heure-ci?

– Parce que tu as l'intention de passer la nuit dans ce coin paumé? Je te signale qu'il n'y a plus personne à la douane.

Elle est au bord de la crise :

– Et puis toi, tu nous ramènes quatre-vingts kilos en plus, alors qu'on n'est même pas sûrs que Nain-Bus arrivera à monter!

– Ne crie pas si fort! L'histoire du numéro, c'est quand même de ta faute, non? Dépêchons-nous, je n'ai pas envie qu'il remette tout en question.

– Fiche-le au moins à l'avant, qu'il ne soit pas tenté de nous piquer quelque chose! Où est-ce qu'il habite, ce corniaud?

– Landi Kotal, c'est sur le chemin.

J'installe le « corniaud » sur le siège de Marie-France, qui va s'asseoir avec les enfants. Il se retourne vers eux :

– *Nice children!*

– J't'en fichrai, moi, imbécile!

– Marie-France, ça suffit! Il ne parle peut-être pas le français, mais il n'est pas complètement idiot. *Yes, very nice!*

Je démarre dans un silence orageux. Premiers lacets. Je fais ronfler le moteur. Seconde. Première... Pour le moment, ça va, Nain-Bus monte.

Un camion en face.

– Mais, bon sang, qu'est-ce qu'il fiche?

Hurlements à l'arrière :

– À gauche, Papa! À gauche! À GAUCHE!

Ouf!... Il s'en est fallu d'un millimètre! Je bloque Nain-Bus pour respirer un coup, la tête sur le volant. Mais Marie-France s'est levée brutalement :

– Bon! Maintenant ça suffit, moi je descends!

Ça a claqué comme un coup de fouet. Toute la nervosité de la journée s'est déversée en torrent dans un éclat de rire sans fin. On l'imaginait tous tellement descendant ici, seule dans la nuit...

Mon voisin commence à être inquiet. Tant mieux.

C'est vrai, j'avais complètement oublié : pour tout arranger, à partir de maintenant, il faut rouler à gauche. Andouilles d'Anglais!

Landi Kotal. Ruelles sinistres avec plein de moustaches terribles armées jusqu'aux dents. Brrr! ils ne doivent pas aller souvent à confesse par là. On dit qu'ils sont chatouilleux du fusil. Même Marie-France ne demande pas à rester dormir ici.

Il a eu l'air ravi de nous quitter. Pas autant que nous. N'empêche qu'à cause de lui, nous voilà en pleine nuit dans la Khyber.

J'ai la trouille. Une vilaine petite trouille qui part de là, au creux de l'estomac, et qui remonte jusqu'à la gorge. Mais je dois la garder pour moi : bien sûr, je suis le héros, moi; le papa, le mari..., le héros, quoi. Décoré en Kabylie par-dessus le marché. N'empêche que j'ai la trouille. Marie-France, elle, elle peut le dire. D'ailleurs, elle ne s'en prive pas :

– Christian, j'ai peur. Qu'est-ce que c'est encore que ces gars-là armés, dans nos phares?

C'est vrai, qu'est-ce qu'ils foutent là?

– C'est des gars, t'inquiète pas!

Ça me démange d'ajouter : « C'est normal, les bandits, faut que ça se promène, quoi! » Je fais le black-out. Je préfère ne pas voir et, comme ça, ils ne me verront pas. Tant pis si j'en écrase!

– Papa, pourquoi t'éteins les phares?

– Pour mieux voir le paysage. Regardez ces gorges extraordinaires et ces montagnes qui se découpent sous le clair de lune!

– Il paraît que c'est dans ce coin-là que des milliers d'Anglais se sont fait massacrer.

– Ah, c'est malin! Dis donc, Bertrand, tu n'as rien d'autre à nous raconter?

– Ben quoi, on n'est pas anglais!

Nous sommes arrivés. Un siècle après. Je dois avoir les cheveux tout blancs. Enfin, ceux qui restent.

Nous avons réveillé le garde du poste. Il soulève la barrière d'un air ahuri.

Peshawar, quarante kilomètres!

Amritsar, Inde, 13 décembre

MARIE-FRANCE :

Nous en avions tellement parlé, tellement rêvé. Un dernier coup de tampon aplati par un gros barbu à turban pointu, et elle était là...

... L'Inde, tu te rends compte?

Ma gorge s'est nouée. J'ai senti Christian ému, lui aussi : sur son visage flottait un je-ne-sais-quoi d'imperceptible que j'avais appris à déchiffrer. En Inde... J'étais donc là, en Inde, avec Christian et les enfants. Il fallait que je me le répète. Tous ces kilomètres, tous ces dangers, et nous étions arrivés.

Avant de démarrer, nous sommes restés un long moment silencieux, comme lorsqu'il y a trop à dire, un peu intimidés aussi, craignant secrètement de confronter cette Inde si proche à celle que chacun d'entre nous avait construite au fond de lui-même.

– Moi, je l'imagine avec plein de jungle, des tigres et des éléphants, a murmuré Bertrand.

– Et aussi des tas de fakirs couchés sur des clous, a ajouté Éric, ou de lamas, tu te rappelles, comme dans *Tintin*.

L'Inde s'offrait à moi comme un mélange confus de mystères de merveilleux et de catastrophes, mais aussi, instinctivement, des tas de questions moins poétiques qui m'assaillaient, comme à chaque nouvelle étape : qu'allions-nous trouver, ce soir, pour dîner et pour nous installer la nuit?

Puis, le nez collé aux vitres de Nain-Bus, nous avons avancé doucement, subjugués par les premières images que la route nous dévoilait. Les enfants s'étaient mis debout et criaient. Il fallait tout voir à la fois : les gros chars préhistoriques tirés par des buffles somnolents, les cyclistes aux chemises flottantes et aux turbans roses, rouges, orange, l'enfant tirant la queue d'un zébu aux cornes peinturlurées et biscornues, la longue file de femmes portant gracieusement sur leur tête des monceaux de linge aux couleurs vives, l'homme aux mollets maigrichons, arc-bouté pieds nus sur ses pédales pour tirer trois gros barbus affalés dans une charrette peinturlurée, la famille de cinq personnes agrippées en pyramide sur un scooter rutilant...

Je me suis tout de suite sentie bien. J'ai pris la main de Christian. Il faisait merveilleusement bon, et j'étais heureuse. Les gens avaient l'air gentil et doux, les hommes moins virils, peut-être, mais moins inquiétants que les Afghans.

Amritsar... Une foule grouillante et multicolore nous engloutit dans un tintamarre de pétarades et de sonnettes, dans un délire de couleurs et d'odeurs. Des myriades de beaux visages aux cheveux de jais, de regards noirs, profonds, fascinants, et l'impression de n'avoir connu, jusqu'ici, que des déserts.

Entraînés par le flot humain au milieu d'encombrements inextricables, nous nous retrouvons, un peu abasourdis, sur une grande place inondée de soleil. Au fond, un dôme blanc de style moghol domine les arcades d'un immense portail rose.

– C'est sûrement l'entrée du fameux temple des Sikhs!

« À ne pas manquer », nous avait dit Tati Martha.

Aussitôt garé, Nain-Bus est assailli par une nuée de gamins qui collent leurs grands yeux derrière les vitres. Dehors, le soleil est éblouissant. Nous sommes en plein été, au milieu de décembre! J'enfonce les bobs sur les têtes et exige que les petits prennent leurs précautions qu'ils en aient envie ou non.

Quand nous sortons, notre public s'est épaissi. On se pousse sur quatre rangées. Échange de sourires.

– *What is your name?*

– Marie-France!

Répété à l'indienne, mon nom prend une drôle d'allure qui fait rire toute l'assemblée.

– Mais enfin, les petits, ça ne va pas?

Éric et Isabelle sont tous les deux plantés, immobiles, bouche bée, devant deux grands vieillards dont la barbe blanche tombe jusqu'au nombril et qui portent le plus naturellement du monde une tunique de berger du Moyen Âge, un haut turban violet et une grande lance de hallebardier. Caroline se penche vers moi :

– Et c'est nous qu'on regarde! Ben, on doit être vraiment extraordinaires »!

Nous arrivons au grand portail, accompagnés de notre escorte. Un enfant aux yeux immenses me désigne l'entrée :

– *Golden Temple!*

Nous pouvons visiter, mais il faut nous couvrir la tête, nous déchausser et nous laver les pieds dans ce petit carré d'eau. Les petits pataugent déjà, ravis.

– Mais, Éric, pas avec tes chaussettes, corniflard! Enlève-moi ça!

On me fait signe de laisser nos chaussures ici, avec les autres.

Dès l'entrée, le spectacle est féerique : dans les eaux calmes d'un grand bassin, miroitent les mille reflets des costumes multicolores et de l'or du temple. Préciosité toute de finesse et d'équilibre. Les enfants sont émerveillés. Chez nous, on trouverait la décoration trop riche. Il nous faut du sobre, du sévère. Mais, pour moi, c'est ravissant. Je dois avoir l'âme orientale ou garder quelque chose de l'enfance.

Mon voisin, chemise rose, turban écarlate et poignard à la ceinture, se prosterne et baise la dalle de marbre, à la musulmane. Nous suivons la foule recueillie vers une jolie passerelle de marbre blanc qui enjambe le bassin pour mener au temple. Je regarde les pèlerins à la dérobée. Tous me paraissent tellement extraordinaires que j'ai peur d'avoir l'air de les dévisager. Éric, qui ne partage pas mes scrupules, marche le nez en l'air, subjugué, et vient d'entrer tête la première dans un groupe de femmes voilées de rouge.

À l'intérieur, l'atmosphère est irréelle. Dans un fabuleux décor de marbre blanc incrusté de pierres précieuses, un vieillard splendide psalmodie les versets d'un énorme livre qu'un autre évente solennellement à l'aide d'un long plumeau blanc. Nous nous faufilons pour aller nous accroupir dans un coin, au milieu des pèlerins. L'odeur d'encens, la musique envoûtante, la foi qui transpire... Je me surprends à prier avec mes voisins.

Dehors, le soleil jaunit déjà. Un vieil homme au regard doux nous fait signe de tendre le creux de la main. Il y dépose un petit monticule qui ressemble à du gâteau de semoule. Je jette un coup d'œil alentour : les pèlerins mangent respectueusement.

J'en goûte une pincée : douceâtre et un peu trop sucré à mon goût. Mais on nous regarde.

– Il faut le manger, les enfants, ce n'est pas si mauvais.

Au bout de la passerelle, une voix douce nous interpelle. Je me retourne. Une jeune femme en tunique et pantalon flottants, les cheveux tressés en une longue natte noire, est agenouillée sur la dalle. Elle ramasse consciencieusement un petit tas de semoule et s'adresse à Éric gentiment :

– *It is prasad! Holy food! If you don't like it, you must throw it in holy water!*

Notre petit Poucet pique un fard et reprend cette nourriture sacrée, qu'il avale avec un sourire un peu crispé.

– *Is it good? Do you like it?*

– *Yes, yes, good! But it is tombed,* bafouille-t-il en mimant la maladresse.

Attendrie, elle lui en redonne une part supplémentaire. Christian et les autres s'étranglent de rire, tandis qu'elle caresse la joue d'Éric, avant de s'éloigner en souriant.

Dans la rue, nous nous mêlons de nouveau à la vie fourmillante, chaude, sensuelle.

– Vous savez l'heure qu'il est ? Il faudrait peut-être trouver un endroit pour nous installer !

– Maintenant, ça suffit! Arrêtons-nous! Il est presque onze heures, et tu vois bien que les petits sont claqués!

Moi aussi, d'ailleurs. Cela fait deux heures que nous tournons en rond dans le coin, et au moins trois fois que je vois ce passage à niveau. Mais, quand Christian a quelque chose dans la tête!... Tout ça parce qu'un jeune Sikh lui a indiqué une petite auberge sur la route de Simla, où nous pourrions dîner pour pas cher. J'ai bien un reste de soupe dans Nain-Bus mais, ce soir, Monsieur fait le difficile :

– Ta bouillie, ça fait trois jours que tu nous la ressers midi et soir, alors, ras le bol! Moi, je mangerais bien un petit curry!

– Nous aussi! approuve, bien sûr, Bertrand.

C'est le silence qui m'a réveillée : Christian venait de couper le contact.

L'endroit est sombre et désert, peu rassurant.

– C'est là que tu t'arrêtes?

Il me montre une lueur au bout d'une allée bordée de grands arbres.

– Allons voir, c'est peut-être ici.

Pendant que les enfants sortent en titubant, je ferme consciencieusement Nain-Bus : je suis un peu inquiète de le laisser par ici.

Plus nous avançons, plus le décor nous paraît étrange : là-bas, au milieu d'une haute muraille qui se découpe sur le ciel, une lanterne rouge éclaire faiblement une porte monumentale, la rendant plus irréelle encore. Et, de chaque côté, nous distinguons maintenant deux gardes figés dans leur uniforme blanc au turban impeccable. Christian s'adresse déjà à l'un d'eux. A-t-il compris ce que nous cherchions? Pour toute réponse, ils s'arc-boutent sur la lourde masse qui pivote lentement, et nous font signe d'entrer. Personne. Là, sous le clair de lune, les mille scintillements d'un bassin, un jardin féerique... et surtout, un parfum merveilleux, indéfinissable, envoûtant.

Un choc sourd. Je sursaute : derrière nous, l'énorme porte vient de se refermer.

– Prisonniers! murmure Christian qui, avec les grands, joue à nous faire peur.

Les petits se serrent contre moi et j'avoue que je ne suis pas tellement plus rassurée qu'eux. Et puis, je pense à Nain-Bus, resté dehors tout seul, à la merci de n'importe qui.

– Dis donc, on ferait mieux de retourner là-bas : ce n'est sûrement pas ton auberge.

– Avançons toujours un peu, on va voir.

Sur la pointe des pieds, nous descendons de larges escaliers de marbre qui longent le bassin. Seul le chuchotement de l'eau vient troubler le silence. Nous arrivons au bout.

– Papa! Regarde!

Bertrand a presque crié : après un ravissant porche moghol, un nouveau jardin et un autre bassin dans lequel le premier s'écoule lentement. Et toujours ce parfum... Bertrand court maintenant. Notre étonnement fait place à la stupéfaction : un troisième, puis un quatrième... Devant nous, en paliers successifs, une suite sans fin de bassins magiques, de jardins mystérieux.

Christian joue l'angoissé et se retourne vers nous trois :

– Nous sommes prisonniers d'un maharadjah, nous souffle-t-il, il veut repeupler son harem, et les parfums, c'est pour nous endormir.

– Idiot!

Effectivement, c'est sûrement un palais de maharadjah. Mais je me demande pourquoi on nous a ouvert.

Caroline a aperçu de la lumière : au fond, sur notre droite, les fenêtres d'un délicat pavillon blanc sont éclairées. Christian et les grands s'y dirigent déjà à pas de loup.

– Écoutez, c'est sûrement privé. Retournons à Nain-Bus. Les gardiens ont dû nous prendre pour d'autres personnes.

C'est une grande et étrange salle à manger. Vide, si ce n'est quelques hommes en turban qui discutent dans un coin à voix basse. À notre arrivée, trois serviteurs magnifiques se prosternent, mains jointes sur la poitrine et, sans un mot, nous désignent une table. Vaisselle fine, verres de cristal. Isabelle me pousse du coude et me pointe du menton le fond de la salle :

– Regarde les gars, là-bas : ils parlent tout bas en nous observant.

– Le poison peut être dans le verre, murmure Christian d'un air de conspirateur, en faisant disparaître le sien sous la table pour l'essuyer avec un coin de nappe. Caroline se penche vers lui :

– Ou dans la nourriture. Il faut tirer au sort celui qui goûtera le premier.

– Il est peut-être là-haut, à nous regarder par un trou, ajoute Isabelle, qui commence à faire une drôle de tête. J'entends des pas dans le plafond.

– Arrêtez de faire de l'humour noir. Vous n'êtes pas drôles du tout avec vos bêtises. Et, si vous continuez, les deux petits vont encore faire des cauchemars cette nuit.

– Tu parles des petits, mais avoue que c'est toi qui as peur, se moque Christian.

– Peur ? Non. Mais je trouve tout ça bizarre, quand même. Tu es sûr qu'on ne craint rien ?

On nous a apporté une carte, servi des curries succulents qui nous ont laissé la bouche en feu, présenté une addition bien réelle, mais nous sommes quand même remontés d'un pas rapide. Isabelle s'essoufflait à raconter son aventure :

– ... Et, quand je suis allée faire pipi, j'ai entendu des gens rire derrière moi d'un air bizarre.

– Ben moi, j'ai eu un petit goût de poison dans mon curry, a prétendu Éric.

J'avais hâte de revoir la tête rassurante de Nain-Bus. J'ai envoyé Christian et Bertrand en éclaireurs pour vérifier que personne n'était en train de le cambrioler. Quand je suis arrivée avec les autres, soulagée de voir que l'énorme porte s'était ouverte, Bertrand nous a affirmé avoir entendu un son étrange, comme une flûte, dans le bosquet d'arbres juste devant. Christian et les enfants se sont engouffrés dans Nain-Bus en poussant des cris lugubres.

– On reste coucher ici ? a proposé Christian.

Il y a eu un petit silence, puis on a entendu la voix d'Isabelle :

– Ben... c'est-à-dire qu'il n'y a pas beaucoup de lumière.

– Et peut-être pas d'eau pour se laver, s'est inquiété Éric.

Nous avons tous éclaté de rire avant d'aller quand même dormir ailleurs.

Sur la route de Delhi, Inde, 14 décembre

CHRISTIAN :

Nain-Bus slalome dans un torrent de véhicules à pédales, à ânes, à zébus, à buffles, à moteur même.

– Arrête-moi là, il y a un marché.

Au milieu d'un magma grouillant de vélos, de cyclo-pousses, de piétons en pyjama ou en sari, on aperçoit à peine les marchands accroupis à même le sol devant leurs tas de légumes.

– Tiens, des papayes! Ça nous changera un peu.

Marie-France désigne le tas et commence une discussion gesticulante, à la muette. Derrière, les garçons s'étranglent de rire, me poussent du coude.

– On lui dit, ou pas?

Là, dans son dos, un squelette de vache s'attaque tranquillement à la botte de poireaux qui dépasse de son panier. Un coup de langue trop audacieux a dû donner l'alerte : Marie-France pivote d'un bond, arrache son sac et lève une main menaçante.

– Ah non! Sale bête!

Des passants se retournent. Il y a du sacrilège dans l'air... J'attrape Marie-France par le bras, souris obséquieusement au mammifère et lui tends le reste du poireau.

– Enfin, voyons, c'est ton offrande!

La sainte bête s'en va déjà broutailler plus loin et... repasse devant nous en fusée, poursuivie par une vieille édentée, qui lui tape sur les os à grands coups de tabouret.

– Si j'avais su!

Un quart d'heure plus tard, nous revenons avec d'énormes cabas de légumes : près de cinq jours de soupe pour à peine quelques roupies. Les garçons traînent derrière, croulant sous le régime de bananes qu'Éric s'est offert avec ses économies.

– Moi, je veux vivre tout le temps en Inde, s'exclame-t-il, ravi. Il n'y a peut-être pas de Banania, mais t'as vu tout ce qu'on peut avoir de bananes pour une roupie ? Il y en a au moins soixante.

– Christian ! Nain-Bus !

Sur la petite place où je l'ai laissé il y a vingt minutes, il émerge à peine de la marée compacte de turbans qui l'encercle. Panique. Je me précipite. C'est bien à lui qu'ils en veulent : j'ai dû écraser quelqu'un en m'arrêtant !

– *Please... Please... Please...*

La dernière rangée... Je plonge sous les roues. Ouf ! Pas de « saddhou » coincé en dessous, pas même la moindre vachette sacrée. Eh bien alors, qu'est-ce qui leur prend ? Je me redresse. Je me sens tout bizarre : je suis sûrement tout vert et caoutchouteux, avec des petites antennes qui se tortillent sur mon crâne. Marie-France apparaît, haletante :

– Alors ?

– Ils doivent nous prendre pour des Martiens.

– *Excuse me, Sir.*

Un grand dadais, qui a noué son drap en couche et s'en est mis un autre sur la tête, s'avance vers nous. Il parle anglais à l'indienne : débit haché, en crottes de bique, accent irréprochable, comme le mien. Il n'y aurait qu'un Anglais pour ne pas nous comprendre. D'un geste circulaire, il montre la foule ébahie :

– Nous n'avons jamais vu un véhicule pareil : pourriez-vous nous le faire visiter ?

C'est gentiment demandé mais j'évalue le public : si je les prends par paquets de cinq à l'intérieur, j'en ai pour huit jours. J'opte pour la conférence de presse. Majestueusement, j'ouvre la porte arrière et me hausse sur le marchepied. Pas de sono, il va falloir crier.

– *Ladies and gentlemen...*

Je marque un silence, pour le suspense. Mon homme vient se placer à côté de moi, sans doute pour jouer les interprètes.

– *It's a camping-car, and we all live in it. Two children sleep up there...*

La traduction est ponctuée de murmures et de hochements de turbans admiratifs. J'en rajoute, mime en gesticulant les « do-do », les « miam-miam », les « po-po ». Un succès! C'est la maison Sodis qui serait fière de moi! Mon public a fait des petits : on ne voit même plus le marchand de bétel au fond de la place. Tout à l'heure, ils seront six cents millions! Et maintenant le bouquet : je soulève lentement le couvercle de l'évier, appuie sur le bouton rouge qui s'allume. Un petit pissou maigrichon coule du robinet.

– *Running water!*

Des premiers rangs, l'annonce du prodige se répand jusqu'au fond. Bertrand proteste :

– *Running water!* l'eau courante!... Bien sûr, tu ne leur dis pas que c'est moi qui cours tous les matins pour remplir ton réservoir.

– Bon, maintenant, les enfants, remontez. J'en vois d'autres qui arrivent : il faut qu'on file avant la deuxième tournée.

Nain-Bus fend la foule qui s'écarte respectueusement. Un petit maigre se dresse sur la pointe des pieds :

– *Where do you come frrrrrrom?*

J'ai envie de pointer le ciel.

– *From France!*

– *From France...*, répètent-ils, rêveurs.

Ça n'a pas l'air de leur dire grand-chose, mais je ne tiens pas à leur expliquer que c'est à côté de l'Angleterre : ici, ce ne serait peut-être pas de la pub...

Pour la nuit, nous nous sommes installés près d'un Circuit House. Nous avons étalé sur la table la grande carte de l'Inde et, pendant que la soupe cuit, nous faisons le point, comme de vieux navigateurs. Et puis, comme tous les jours, nous parlerons de la prochaine étape.

Extraits du journal des enfants

Delhi, 15 décembre

CAROLINE :

Ici, nous voyons des choses extraordinaires, et les gens sont vraiment gentils.

Les routes sont très drôles, pleines de chars à buffles, de cyclo-pousses, de vaches, de milliers de vélos et de piétons. Tout le monde est bien installé au milieu, et souvent un petit peu endormi.

Hier, Nain-Bus a mis plus de sept heures pour faire deux cents kilomètres. Le pauvre Papa klaxonnait tant qu'il pouvait, mais ça ne faisait pas grand-chose. Vers midi, nous nous sommes arrêtés à l'ombre d'un arbre pour pique-niquer. Mais, en sortant, nous avons tous failli vomir : juste derrière l'arbre, il y avait un cadavre de buffle pourri, et une bande de vautours ignobles qui fouillaient dedans en enfonçant leur long cou gluant, et en poussant des cris affreux. Tout ça au milieu d'un nuage de grosses mouches bleues, et surtout d'une odeur... beurk! Nous sommes rentrés à toute vitesse en nous bouchant le nez, et avons attendu un bon moment avant d'avoir envie de manger.

Nous sommes arrivés à Delhi bien tard, et nous avons eu de la chance de trouver un camping. Il est plein de hippies qui écoutent de la musique indienne toute la journée, et qui sentent fort le hachich quand on s'approche de leurs tentes. Il y en a un très grand qui nous a fait bien peur : il a couru vers Papa avec des yeux de fou, et l'a secoué par les épaules en criant « *Have you got acid?* » Il était sûr que Papa avait de la drogue, et ne voulait plus le lâcher. Après, sa crise s'est un peu passée, et ses copains sont venus le chercher.

Le coin n'est pas très joli, mais nous devons rester ici encore quelques jours, car nous n'avons presque plus d'argent pour faire les courses, et il faut que la banque de Meudon nous en envoie.

Ensuite nous continuerons notre tour de l'Inde.

J'arrête ici, car les Parents reviennent de l'American Express avec tout le courrier.

20 décembre

Dans les rues autour du camping, il y a beaucoup de gens qui couchent dehors, alignés sur le trottoir, sans rien, sans maison. Ils n'ont qu'une espèce de drap sale pour s'enrouler la nuit, et ne pas avoir trop de rats.

Juste à la sortie, une maman vraiment très jeune est installée contre un arbre avec ses deux bébés. Hier, je l'ai vue leur distribuer quelques miettes qu'elle avait dans le creux de la main. Sa jambe gauche est entourée de chiffons et l'empêche de marcher. Ils n'ont même pas d'eau pour boire ou se laver. Pourtant, elle sourit tout le temps, et ne mendie même pas.

C'est vraiment triste, et nous ne savons pas quoi faire. Nous en avons discuté pendant longtemps, ce matin, dans Nain-Bus. Comme elle a à peu près mon âge, c'est moi qui irai lui porter tous les soirs une enveloppe préparée par les Parents. Mais seulement quand il commencera à faire nuit, pour ne pas lui faire honte.

Et dire qu'au moment où, ici, tous ces enfants sont dans la rue, les petits Français vont recevoir des millions de jouets très chers! Le plus décourageant, c'est qu'on en parle, on en parle, mais ça reste toujours pareil...

22 décembre

Ce matin, comme tous les matins depuis huit jours, nous avons passé la matinée à la banque.

Ce n'est pas très drôle : nous restons assis sur des chaises, contre un mur plein de crachats rouges de bétel, pendant que Papa discute avec un Indien qui fouille dans un énorme livre. Et, ce matin encore, il n'y avait rien pour nous. Papa est furieux : il est sûr qu'ils ont reçu quelque chose, car notre banque nous l'a dit par télégramme.

Au retour, il nous a demandé de lui prêter notre argent de poche, et nous avons fait les comptes : il nous reste exactement onze roupies, c'est-à-dire cinq francs cinquante. Pourtant, depuis plusieurs jours, nous ne mangeons plus que de la soupe et du pain.

Cette fois-ci, les Parents ont décidé d'aller demain après-midi demander un petit secours à l'ambassade de France.

23 décembre

Cet après-midi, nous sommes allés tous les six à l'ambassade, de l'autre côté de Delhi, dans le quartier chic. Là-bas, il y a des pelouses, de grandes avenues, et de belles villas anglaises.

Dans l'avenue Jan Path, Isabelle commençait à être fatiguée.

– Puisqu'on va avoir de l'argent tout à l'heure, on peut bien prendre un taxi-moto, a proposé Papa.

C'est une grosse moto qui a l'arrière transformé en charrette et un petit toit à franges comme les voitures des marchands de glaces.

Nous avons arrêté un magnifique chauffeur. Digne comme un maharadjah, avec son beau turban violet, de grosses moustaches grises et une barbe majestueuse, il se faufilait dans la circulation, en faisant de grands bruits de pétarades. Nous étions assourdis et complètement échevelés mais c'était génial de circuler comme ça en plein air.

À l'arrivée, très mauvaise surprise : l'ambassade venait de fermer jusqu'au 27, pour les fêtes de Noël. Nous avons fait une drôle de tête.

Il nous a fallu presque une heure et demie pour revenir à pied jusqu'au camping. Des petits mendiants et des lépreux couraient après nous, mais nous n'avions plus rien à leur donner. Il ne nous reste maintenant que sept roupies. Après tout, pour Noël, dans ce pays, c'est peut-être mieux comme ça.

24 décembre

Nous avons fait nos courses dans un petit marché très pauvre, où les marchands n'avaient que quelques légumes étalés par terre dans la poussière. Les Parents étaient bien ennuyés de discuter les prix, mais il ne fallait pas gâcher nos dernières roupies. Nous sommes revenus avec du pain, et un sac de *lady-fingers,* une espèce de légumes que Maman va essayer pour Noël.

En attendant, c'est le régime sandwiches à l'oignon, comme pendant les jours de piste.

25 décembre

Noël! C'est drôle... Je n'arrive pas à y croire. En ce moment, à Paris, c'est l'arbre de Noël chez Papi et Mamie, avec tous les cousins. Il y a peut-être de la neige. Mais là, sous mon arbre, il fait une chaleur d'été.

À côté des tentes, un vieux bonhomme extraordinaire a l'air de faire un sermon à un groupe de hippies recueillis, assis autour de lui. Il a un chignon sur le haut de la tête, des gros traits de peinture blanche sur le front, et il secoue sans arrêt une petite fourche décorée de guirlandes.

À propos de hippies, il y en a un qui est venu nous parler l'autre jour. Il nous a raconté qu'avant il se droguait beaucoup et qu'il avait voulu se tuer. C'est les « Enfants de Dieu » qui l'avaient sauvé : ils lui avaient donné à manger et parlé de Jésus et, depuis, il y croyait beaucoup. Les « Enfants de Dieu » sont aussi des hippies. Ils aident les autres et vont visiter ceux qui sont en prison. Il y en a quelques-uns au camping, installés dans une grande tente pas très loin de Nain-Bus. Papa en connaît un, que nous avions déjà rencontré à Kaboul, et ils discutent souvent ensemble. Il nous a dit que, le matin, ils ne savaient jamais s'ils auraient à manger le soir, et qu'il y avait tous les jours un miracle.

Hier soir, nous avons fait une petite veillée de Noël à la bougie. Maman nous avait préparé une casserole de chocolat chaud avec du lait en poudre et du cacao de Kaboul qu'elle avait bien cachés pour les garder jusqu'à Noël. (Dans Nain-Bus, il y a quelquefois de petites disparitions.) Avec Isabelle, j'ai demandé si nous pouvions en porter à Kamali et à ses bébés avec du pain.

Papa nous a accompagnées dans la rue mal éclairée. Kamali était toujours appuyée à son arbre, et ne dormait pas. Il y avait maintenant une autre femme et des petits enfants un peu plus loin. Elles nous ont invités à nous asseoir avec elles, et j'ai un peu hésité, au début, à cause des ordures du trottoir. Nous sommes restés un long moment à discuter comme nous pouvions. Papa et Isabelle ont joué avec les enfants, qui avaient de beaux yeux noirs, mais qui étaient maigres et recouverts de croûtes. Kamali riait tout le temps.

J'étais contente d'être là, mais j'avais honte d'être dégoûtée par cette saleté. J'avais honte, aussi, de tout ce que nous avions, et un peu envie de pleurer.

ISABELLE :

... Maman me fait mes nattes pour la messe de Noël qui est très loin à pied parce que les autres, c'est des temples.

On a mis des beaux habits. On marche, et qu'est-ce qu'on voit? Plein de marchands de ballons de toutes les couleurs devant l'église. Bizarre!... Noël avec des ballons! On entre dedans. C'est plein d'Indiens, et on regarde la crèche. Jésus et ses Parents ont le cou enroulé avec des guirlandes de fleurs, mais surtout la vache, parce qu'elle est sacrée. Rien pour l'âne!

Ils chantent des chansons qu'on ne comprend pas. Alors, je fais ma première communion avec une prière tout bas.

Dommage que les magasins ne sont pas décorés. Mais eux, leur Jésus, c'est Krishna, et il est pas né le même jour.

BERTRAND :

... On est vite revenus au camping pour le repas de Noël avec les nouveaux légumes. Mais, quand Maman a mis le plat de *lady-fingers* sur la table et qu'on a commencé à goûter, beurk! c'était tout gluant. Vraiment visqueux comme du blanc d'œuf pas cuit. Maman était vexée parce que Papa se moquait de sa soupe en faisant de la bave d'escargot sur la table avec sa cuillère.

On a un peu pensé à Tati Martha et on se disait, en rigolant, tout ce qu'on aurait eu si on était restés à Kaboul.

Après, on est allés les relaver, et on les a quand même mangés, avec le pain qui nous restait...

Delhi, 27 décembre

CHRISTIAN :

Aurangzeb Road.

Le portier indien nous conduit vers l'antichambre dont les fauteuils et les tapis sont déjà peuplés d'une colonie de hippies défraîchis disparaissant sous leurs poils. Il y a longtemps que ce n'est plus la mode en France mais, ici, les nouvelles n'arrivent pas vite. Plus de places assises. Nous restons bêtement debout, alignés contre le mur.

Quand je pense que chez nous nous passons pour des saltimbanques, un peu *cools* et tout! Cette fois-ci, avec nos jeans pourtant effrangés et délavés, j'ai bien peur que nous fassions légèrement bon chic bon genre!

En face de nous, un hurluberlu aux yeux fiévreux et habillé à l'indienne est assis en tailleur, pieds nus et crasseux, sur un fauteuil Louis XV. Il s'adresse à son jeune voisin, condescendant. Sûrement un ancien!

– Ce que tu peux faire, aussi, c'est vendre ton passeport au noir et venir leur dire que tu l'as perdu. Ils sont obligés de te le refaire. Ici, ils commencent à gueuler : ça fait trois fois que je leur fais le coup.

Un grand chevelu décharné, qui était accroupi dans le fond, se lève comme un ressort :

– On va rester encore longtemps dans cette piaule à la con? Je vais commencer à manquer, moi!

À sa droite, une petite vieille de vingt ans aux grands yeux pâles et cernés lui adresse un regard de mépris :

– À dix heures du matin! T'es complètement ravagé, pauvre mec!

Il se retourne vers elle comme s'il allait l'étrangler et hurle :

– Toi, la pute à Indiens, si j'en suis là, c'est à cause de toi!

La réponse n'a pas l'air de l'émouvoir.

– Ça, mon vieux, c'est ton « karma »!

Doux échanges qui se poursuivent dans l'indifférence générale. Il y avait si longtemps que je n'avais entendu parler français : quel délice!

Notre vis-à-vis prend l'air inspiré d'un vieux « sadhou », et hoche la tête doucement :

– C'est vrai, je me ferais bien un petit joint d'afghan.

– L'afghan, on n'en trouve plus à Goa, rétorque un rouquin squelettique avachi à la romaine. Y a plus que du népalais.

– L'import est trop dangereux.

– Tu sais que Louis s'est fait piquer avec trois kilos? Il est en tôle à Bombay.

– Oui, ben ça, je l'avais prévenu. Il payait pas assez les flics!

Chacun prend part à la conversation, donne son avis, ses tuyaux. Je fais des complexes. Déjà je n'ai pas le cheveu longuet ni fourni, alors, si on me questionne, je n'oserai jamais avouer que nous ne nous shootons pas joyeusement en famille toutes les deux heures.

– Bordel, il va se magner, ce consul de mes fesses, oui? s'impatiente le rouquin derrière sa tignasse.

– ... Et ils n'ont, soi-disant, toujours rien pour moi à la banque.

Bel homme, la quarantaine distinguée, et tiré à quatre épingles, le consul fait très gravure de mode.

– Bon, je vais m'en occuper. Dès que votre famille sera passée au Quai d'Orsay et que j'aurai reçu le télex de confirmation, vous pourrez avoir votre argent. Je fais souvent cette opération avec les hippies, du moins quand leur famille répond, soupire-t-il en levant les yeux au ciel. J'ai beaucoup de problèmes avec eux. Vous avez dû en voir dans le vestibule. Je serais curieux de savoir ce qu'ils disent de moi.

Je repense aux fesses du rouquin et réponds au plus vite, pour devancer les enfants :

– Non, nous n'avons rien entendu de spécial.

– Vous voyez, ce qui m'énerve chez eux, c'est qu'ils ne prévoient jamais rien. Et, quand ils viennent pleurer ici, c'est toujours urgent. Vous ne pouvez pas savoir ce que ça fait plaisir, de temps en temps, de retrouver des gens équilibrés comme vous. Pour en revenir à votre argent, aucun problème. Passez à la fin de la semaine.

La fin de la semaine... À six avec vingt-cinq centimes. Bonne fête de l'An! Héroïques, les enfants n'ont pas bronché. Pourtant, nous avions prévu de dîner ce soir. J'ai dû faire une sale tête de carême.

– Ça vous ira?

– Eh bien, euh...

– Combien vous reste-t-il, exactement?

– Cinquante-deux paisas, avoue Marie-France.

– Je vois!

Il voit! Nos estomacs reprennent espoir.

– Je vais vous dépanner jusque-là avec ma caisse personnelle. Ne bougez pas, je reviens.

Marie-France se penche vers moi :

– Tu crois qu'on peut lui parler de nos problèmes de papier?

– Non mais, ça ne va pas? C'est quand même le consul de France!

– Et alors? Il y va bien aussi, lui!

– Attention, le voilà!

Il me tend une liasse de roupies.

– Pour le moment, je peux vous prêter ça. Vous n'avez qu'à signer là. Je vous fais confiance, mais c'est pour les comptes.

– Merci infiniment!

– Il n'y a pas de quoi. À part cela, comment se passe votre séjour ici?

– Très bien!... Mais il y a juste encore un petit problème dont je voulais vous parler : savez-vous où nous pourrions trouver du... comment dire?... du papier-toilette?

– Mais non, enfin, voyons, Marie-France! Ce n'est pas vraiment... enfin... je veux dire...

– Si, justement, vous tombez à pic : je viens de refuser six douzaines de rouleaux qu'un ami me proposait. Vous avez eu raison de m'en parler : ici personne n'utilise ce produit et c'est tout un problème pour nous, Européens. Vous permettez que je passe un coup de téléphone? Je vais essayer de les rattraper.

Marie-France me pousse du coude :

– Alors, tu as vu ? souffle-t-elle, triomphante.
Le consul raccroche.
– C'est d'accord, on nous les apporte. Le coursier sera là dans un instant.

Une demi-heure plus tard, nous quittons fièrement l'ambassade avec un paquet de roupies dans les poches, de sérieuses envies de gueuleton, nos soixante-douze rouleaux sous les bras et un nouvel ami. Quand il a su que nous chantions, il a bondi sur l'occasion :
– Mais c'est extraordinaire ! Il faut absolument organiser un concert à Delhi ! Je vais en parler dès ce soir au directeur de l'Alliance française.
Marie-France panique déjà :
– Un concert à Delhi ! Vous vous rendez compte ?
Retour ventre à terre. Empire Store. Nous refaisons le plein comme pour un siège. Surtout du riz : ça bourre bien. À la caisse, nous avons déjà mangé la moitié du pain de conserve.
– Allons vite tout mettre dans Nain-Bus et filons au restaurant.
Il fait déjà nuit, quand nous ressortons du camping. Nous enfilons la petite rue à gauche. C'est le chemin qu'on nous a indiqué pour le restaurant.
– Attention, tu marches sur quelqu'un !
Là, partout, en rangs serrés, des gens s'installent pour la nuit. Des familles, des vieux, des gosses. De petites lampes à huile éclairent des tableaux désolants, insoutenables. Ici, on se partage des miettes, et nous allons au restaurant ! Et ils nous dévisagent, ces grands yeux d'enfants misérables, sans bouger, sans mendier. J'ai le trac. Je me sens riche et gras. Je lève les pieds, évite, tâtonne, contourne. De loin, de pays à pays, c'est facile de leur marcher dessus, de les écraser pour nos gueuletons et nos gadgets; mais quand on les voit...
– Christian, je fais demi-tour.
Nous avons tourné les talons comme un seul homme. Dans l'autre sens, nous nous sommes sentis mieux. Isabelle voulait distribuer tout ce que nous avions acheté. Toujours fous, ces enfants...

1er janvier

– Bonne année!

Nain-Bus s'embrasse. 26°. Petit déjeuner au soleil, au milieu des écureuils et des oiseaux. Bertrand, le chef du jour, a distribué les corvées. J'ai la plonge et la poubelle. Caroline fait le tour de la famille avec des petits comprimés blancs dans le creux de la main. Renversant la tête, Éric ferme les yeux, ouvre la bouche en four, tire une langue de dix mètres, enfonce une main dans le fond de la gorge et, de l'autre, s'envoie d'un coup sec un bon demi-verre d'eau. La famille retient son souffle.

– Alors?

Il se fouille la bouche de la langue, prend un air écœuré :

– Je l'ai toujours!

– Bon, eh bien, écrase-la, ta Nivaquine!

– Oui, mais ça va être encore plus dégueulasse!

– Alors dém... brouille-toi? Tout le monde t'attend pour la répétition de chant!

– Christiane!

Celui-là, c'est sûrement un étranger! Ils m'appellent tous comme ça : fâchés avec les « an ». Devant moi, un barbu, les traits tirés comme s'il débarquait de la retraite de Russie, me regarde d'un air ahuri :

– Vous êtes là?

J'écarquille les yeux. Non, décidément, je ne le remets pas.

– Je suis José! La *espedición* espagnole!

– Ah oui!

Ça me revient... Istamboul! L'équipe de baroudeurs super-équipés qui rigolaient en regardant Nain-Bus!

– Vous arrivez? Comment ça s'est passé?

– Terrible!

– Ah bon? C'est-à-dire?

– Un camion en panne. L'autre attaqué en Turquie. Nous avons perdu du matériel et nos papiers. Il a fallu un mois pour les refaire. Et puis la neige est venue : la montagne, très difficile à passer. Déjà trois gars étaient malades et sont repartis en Espagne. Après, d'autres problèmes avec le camion et, à Téhéran, on nous a volé une moto dans la ville. En Afghanistan, cela a été dur : *poco a poco,* les autres ont abandonné. Il n'y a plus qu'Antonio et moi.

– Sur douze! Et vous allez continuer tous les deux?

– Antonio est tombé malade il y a deux semaines. Il a perdu presque quinze kilos. Il est là-bas, appuyé contre la tente, et part en avion demain.

Je revois leur super-camion, l'équipe de choc, le mécanicien, le médecin, rien que des spécialistes... Ça sent le Waterloo.

Il me regarde, étonné :

– Et vous?

– Pas de problème! On est là depuis presque un mois.

– Avec tous les enfants?

– Ben oui! Ce sont eux qui chantent. Nous donnons un concert bientôt. Comme tu peux l'entendre, ils ne se portent pas trop mal.

José regarde Nain-Bus avec des yeux comme des soucoupes.

– Et ça a marché, ça?

Comment : « ça »? Il ne va pas recommencer, non? Je prends un petit air modeste.

– Sans histoire!

7 janvier

ISABELLE :

On met nos habits de spectacle pour le spectacle, et on y va avec Nain-Bus sans bouger pour pas se salir. On s'installe derrière le rideau, et on s'entraîne un peu quand les gens sont pas là. J'entends du bruit, et je regarde par le trou. Il y a plein d'Indiens super bien habillés de toutes les couleurs et surtout des turbans. Peut-être qu'ils vont pas comprendre tout ce qu'on dit, parce qu'on chante dans vachement de langues.

Un monsieur ouvre le rideau, alors tout le monde applaudit, et on est quand même un peu timides.

On chante *holdiadihaiho, holdiridi, horch was kommt, Nun ade,* et encore d'autres en yougoslave, en russe, en roumain, etc. Chacun sa voix. C'est Bertrand qui fait le soprano. Moi, j'ai le xylophone et, pour le *Guten Abend,* j'ouvre seulement la bouche parce qu'ils veulent pas que je chante en vrai, pourtant je le connais.

Les Indiens sont très contents. On fait notre polka et c'est fini. Tout le monde vient nous parler, et des journalistes courent après Papa avec des petits carnets et des turbans sikhs. Ça nous fait rire. Ils nous suivent dans Nain-Bus et ils arrêtent pas de poser des questions en anglais.

Après, on va au restaurant, c'est Papa qui a eu l'idée pour nous récompenser. Maman veut bien si c'est pas cher.

On en trouve un petit à deux roupies mais il est un peu dégueulasse. Le monsieur a un chiffon sale sur la tête, c'est son turban, et qu'est-ce qu'il nous apporte ? Du riz tout froid, trempé dans l'eau pas propre, et la sauce qui pique tellement fort qu'on peut pas en prendre et qu'on est tout rouges, la bouche ouverte avec la langue dehors et des larmes qui nous coulent. Ça c'est sûr : celui-là, on recommencera plus.

Après, on revient à Nain-Bus. Il fait tout nuit. Alors là, on a un grand malheur. C'est Bertrand qui va devant pour ouvrir, et tout d'un coup il crie qu'il y a du verre sur le siège. Bizarre! On arrive tous et je vois un carreau cassé et la porte un peu ouverte. Maman passe la tête en criant :

– Ça y est, on a été cambriolés!

On se méfie qu'ils soient pas dedans, et Papa rentre vite pour voir tout ce qu'ils nous ont piqué. Ah, les cochons! Le magnétophone avec tous nos souvenirs de voyage sur la bande pour le film, et le gros sac de Maman où il y avait nos partitions. On est vraiment furieux, et Maman engueule même un pauvre mendiant qui vient juste à ce moment-là.

Papa part chercher la police dans une petite rue toute noire pour qu'à la douane ils croient pas qu'on les a vendus. On attend pendant une heure et on a peur que des bandits l'attaquent. Après, il revient avec un policier qui s'en fiche de nous et qui voulait caresser Maman. On fait les papiers et on s'en va vachement énervés.

On est presque sûrs que c'est des hippies parce qu'on était à côté d'un petit hôtel où il y en avait plein, et les Indiens qui passaient pouvaient croire que Nain-Bus était à eux.

EN INDE :

32

31. Éric, petit prince d'un soir perdu dans ses rêves, au mariage de Bharati.
32. La mariée et son petit page.
33. Uncle Grewal.
34. Ashoo et Shalini.

33

34

35

35. Éric participe à l'irrigation avec Thambi.
36. Chez le chef du village.

36

8 janvier

On est dans tous les journaux indiens! Le *Time of India,* le *Patriot* et puis d'autres que j'ai oubliés. C'est écrit en anglais et ça nous fait marrer parce qu'ils ont écrit même des trucs qu'on n'avait pas dits.

Le chef du camping nous a vus et il était vachement fier. Il nous montrait à tout le monde dans le *Time of India* et dans un journal en indien, mais pas dans le *Patriot* parce qu'il dit que c'est communiste.

Papa est parti avec Nain-Bus pour réparer le carreau et mettre des verrous. Caroline fait la vaisselle et les garçons lavent le linge avec les pieds en sautant dans la cuvette. Ça fait de la mousse partout.

Demain, c'est génial, on va partir dans la jungle!

9 janvier

Aujourd'hui, on a vu un bonhomme tout nu sur la route. C'est Bertrand qui l'a vu. Il était tout gris avec de la cendre et ça nous faisait rire parce qu'il avait même pas de culotte.

Dans la jungle, contreforts indiens de l'Himalaya, 10 janvier

ISABELLE :

Ma chère Bonne Maman,

Tu ne vas pas me croire! On est dans une vraie jungle, et on a vu un tigre immense et tout près de nous. Il était immense et il a rugi de toutes ses forces en nous regardant d'un air courroucé avec une grimace terrible qui nous a fait vraiment peur. Je vais te raconter comment ça s'est passé.

D'abord on nous a amené un éléphant avec un petit lit à l'envers sur le dos. Il était tellement gros qu'on ne savait même pas comment monter dessus. Le cornac lui a dit de se mettre accroupi, et nous a aidés à monter. Quand il s'est relevé, Caroline a failli tomber : elle était restée suspendue par les mains, et Maman ne voulait plus qu'on parte si on ne s'accrochait pas bien.

Le cornac s'est assis entre les deux oreilles et l'éléphant est parti dans la jungle en se gambadant par-ci par-là et en nous fouettant les jambes avec sa queue. Ça nous faisait rire tellement on était secoués. Avec ses oreilles, il nous envoyait des petits courants d'air qui nous faisaient du bien parce qu'il faisait vachement chaud. Il fonçait dans les broussailles et on en recevait plein la figure, sauf les grosses branches qu'il cassait avec sa trompe.

Au bout d'un moment, le cornac nous a dit « chut » avec son doigt pour pas faire peur aux animaux. Alors on a commencé à en voir partout. Des éléphants qui étaient sauvages, des cerfs, des Bambi, des nilgaïs et des porcs-épics. Et les garçons ont dit qu'ils avaient vu un très gros serpent qui nous regardait dans un arbre au-dessus de nous.

Après, on est descendus dans un étang à pic et il fallait se tenir très fort pour ne pas glisser en avant. L'éléphant s'est enfoncé de plus en plus et il s'est rempli d'eau avec sa trompe. Le cornac nous a dit qu'il y avait plein de crocodiles qu'on a un peu vus mais on n'est pas sûrs.

À un moment, c'était le soir, on ne faisait plus de bruit du tout, sauf l'éléphant qui faisait un peu craquer les branches et tout à coup, on est arrivés devant un... devine quoi ?... Un énorme tigre. Un vrai ! Notre éléphant a poussé un grand cri terrible avec sa trompe, en se mettant presque debout. Il tremblait de toutes ses forces, en nous faisant des petites secousses. Nous, on n'osait même plus bouger. Alors le tigre s'est rapproché de nous et a poussé un cri comme je t'ai dit au début de la lettre. Il avait l'air très affamé et ça m'a fait peur qu'il ait envie de nous manger parce qu'il me regardait. Il est parti, mécontent. Ouf! On a eu chaud!

Après, on revenait et j'ai eu très très envie de faire pipi. Quand j'ai dit ça, Maman n'était pas contente parce qu'il fallait descendre dans la jungle. Moi aussi, j'avais peur à cause du tigre qui était peut-être resté caché dans un petit coin. Mais je ne pouvais vraiment plus me retenir, et pourtant j'y avais été avant. On a expliqué au cornac, et Papa est descendu avec moi. On est restés tout près de l'éléphant, tant pis, et je me suis dépêchée à toute vitesse en regardant autour et puis on est remontés.

En revenant, on se méfiait parce qu'il faisait un peu nuit avec des bruits bizarres.

C'est dommage que Papa avait déjà rangé son appareil car tu aurais vu le tigre sur une photo.

On va s'installer dans la jungle pour plusieurs jours mais on n'a pas encore trouvé l'endroit.

Ma chère petite Bonne Maman, je t'embrasse très fort.

Isabelle

MARIE-FRANCE :

Un vieil homme à la peau cuivrée et aux jambes arquées nous conduit en haut d'une colline couverte d'arbres immenses.

– Installez-vous là, vous pourrez apercevoir beaucoup d'animaux : en fin de journée, ils viennent boire au lac qui est là-bas à droite.

Le site est splendide : nous dominons une grande clairière au milieu de la jungle.

Je descends pour aider Christian à trouver un terrain plat, mais de gros trous fraîchement creusés dans la terre rendent la manœuvre difficile.

– Ce sont encore les éléphants! dit le vieil homme d'un air résigné.

– Les éléphants?

– Oui, les éléphants sauvages. L'un de leurs troupeaux est de nouveau venu ici la nuit dernière. Regardez! Ce sont eux qui ont complètement déchiré cette tente.

– Ah! Nous pourrions peut-être nous installer ailleurs, vous ne croyez pas?

Cela n'a pas l'air de le troubler outre mesure :

– Oh, vous savez, un jour ils vont ici, l'autre là. On ne peut jamais prévoir.

Eh bien moi, j'aimerais mieux quand même ne pas rester là.

– En tout cas, n'oubliez pas de nourriture dehors.

Il s'éloigne déjà. Christian arrête Nain-Bus contre un arbre.

– Tu es sûr qu'on ne risque rien? Il paraît que ces dégâts sont faits par des éléphants sauvages.

Christian se frotte les mains :

– Ah oui? Au poil! la vraie jungle! Ne t'inquiète pas, Nain-Bus est costaud!

Les enfants sont ravis :

– On pourra en adopter un petit?

– Six petits, un pour chacun!

– Un gros pour Papa, alors?

– Au lieu de faire les idiots, préparons vite le dîner! Je n'ai pas envie d'attirer toute la jungle par nos odeurs de cuisine.

Le soir tombe quand nous finissons notre platée de riz aux oignons. Bertrand s'est levé d'un coup, le bras tendu, en criant presque :

– Regardez!

Au fond, là-bas, un, deux, puis des dizaines de cerfs magnifiques apparaissent à la lisière de la forêt et s'avancent, hésitants, vers la clairière, suivis bientôt d'une file interminable de faons et de biches en rangs serrés.

– C'est incroyable, il y en a des milliers! s'écrie Caroline, enthousiasmée. On peut aller les voir de plus près?

Christian se lève à son tour :

– D'accord, suivez-moi sans bruit.

– Tu es sûr que c'est très prudent? Rappelle-toi qu'il y a des tigres par ici.

– Jusqu'aux buissons, là-bas, ce n'est quand même pas bien loin.

Nous descendons comme des Sioux. Avec les deux petits, je reste un peu en arrière et scrute les ombres, méfiante. Il fait déjà sombre et la jungle s'emplit de cris étranges. Nous arrivons à découvert. Le troupeau s'est arrêté net. Les bois se dressent, les têtes se lèvent, aux aguets. N'osant plus faire un geste, nous restons comme des statues. Tranquillisé, le cortège reprend sa marche, tout proche de nous maintenant. Spectacle fabuleux!

Que s'est-il passé?... Brusquement, ils se sont mis à détaler vers nous. J'ai traîné les petits sur deux cents mètres, pulvérisant tous mes records. Nous arrivons en haut à bout de souffle. L'émotion passée, nous éclatons de rire.

– Pour qu'ils aient eu plus peur de lui que de nous, ce devait être au moins un tigre! s'exclame Bertrand.

– En attendant, tigre ou pas tigre, vous continuez vos petites balades si ça vous amuse, moi je me couche!

J'ai à peine fini ma phrase qu'un cri horrible, comme un hurlement d'enfant égorgé, me glace le sang. Nous restons pétrifiés.

– C'était là, tout près. Je crois que j'ai vu une bête, murmure Caroline.

Cela a calmé tout le monde. Nous sommes vite remontés vers Nain-Bus. Notre vieil homme était là :

– C'est une hyène. Mais il ne faut pas sortir si loin, nous a-t-il reproché. Il y a un tigre mangeur d'hommes tout près d'ici.

À Doggada, il a déjà mangé dix-sept personnes cette année!

Il ne manquait plus que cela! Pendant que Christian continuait à discuter avec lui, j'ai ordonné aux enfants de rentrer immédiatement dans Nain-Bus et j'ai refermé consciencieusement la porte sur nous. Avant de me coucher, j'ai abaissé les lanterneaux et bouché le trou de l'évier : il paraît que le coin foisonne de serpents.

Éric s'enfonce jusqu'au nez dans ses draps :

– Il nous protège bien, ce p'tit Nain-Bus!

– En tout cas, cette nuit, pas de pipis dehors!

Ils se sont tous endormis comme des masses. Je suis morte de fatigue, moi aussi, mais je ne peux m'empêcher de tendre l'oreille : un troupeau d'éléphants, ça doit quand même faire du bruit... Pendant longtemps encore, j'ai écouté, un peu inquiète, les mille rumeurs de la jungle. Puis j'ai entendu comme un grondement lointain. De l'orage? Non, le ciel était si clair...

Un bruit formidable m'a réveillée en sursaut. Christian s'est relevé d'un bond. Depuis, c'est le silence, et j'ai le cœur qui cogne dans la poitrine. Soudain, un éclair aveuglant... Plus de doute :

– C'est l'orage!

Le claquement qui suit est si fort que Nain-Bus en tremble. Les enfants se sont tous levés et descendent se tasser sur notre lit. Tremblante, je veux quand même les rassurer :

– Ne vous inquiétez pas, avec cette force-là ça ne peut pas durer longtemps.

Un fracas épouvantable nous fait tous sursauter. Puis, brusquement, une très violente rafale de vent prend Nain-Bus sur le côté et le secoue terriblement. L'espace d'une seconde, je pense avec frayeur à ces grands arbres qui nous entourent, à leurs branches énormes dont une seule écraserait le camping-car, à la foudre, aux déchaînements de la nature, si courants ici, comme ce cyclone, dernièrement encore, qui a fait trois mille morts dans l'Est... Et Nain-Bus si vulnérable...

Les claques de vent redoublent de force. Christian soulève le rideau, inquiet : il fait jour d'une lumière crue, effrayante.

– Je n'ai jamais vu cela, murmure-t-il.

J'ai peur. Le ciel est maintenant totalement embrasé. Un

grondement énorme, continu, s'enfle, comme pour annoncer l'imminence d'un danger. Puis une nouvelle bourrasque, d'une violence inouïe, et un choc terrible contre Nain-Bus. Christian bondit vers l'avant, éjecte Bertrand du lit-cabine, arrache la couchette pour sauter au volant :

– Les clés! hurle-t-il.

Paniquée, je tremble tellement, que je n'arrive pas à trouver la poche de son pantalon.

– Ah si!... Tiens!

– Attention, on y va!

Nous démarrons en trombe, dévalons la colline comme des fous, secoués par des cahots à tout casser. À la sortie du bois, une nouvelle rafale arrête presque Nain-Bus. Christian fonce se plaquer contre un mur de pierre qu'il vient d'apercevoir.

– Il était temps. J'ai bien cru qu'on allait se retourner.

Alors, au-dessus du vacarme assourdissant de la tempête, il semble tout d'un coup que des milliers de pierres se déversent sur Nain-Bus dont la caisse fait résonance. D'énormes grêlons rebondissent comme des balles sur la carrosserie. Instinctivement, nous nous rassemblons tous dans la cabine : au-dessus, c'est plus solide, avec les deux toits. Combien de temps sommes-nous restés là, saoulés de bruit, abrutis de peur et de fatigue?...

La grêle s'est calmée; il pleut inlassablement, et le sol n'est plus qu'une mare qui grossit à vue d'œil. Les enfants et Christian se sont rendormis, pêle-mêle. De toutes mes forces, j'essaie de résister au sommeil qui m'envahit, pour surveiller l'eau qui monte tout autour.

11 janvier

Ce matin, le ciel est très bleu, et l'air limpide, purifié. L'orage a lavé les feuilles de leur poussière et tout semble plus vert. Du côté du bois, les dégâts sont considérables : arbres déracinés, branches énormes traînant dans une boue épaisse. Apparemment nous avons bien fait de descendre.

Après le petit déjeuner, la réunion se prolonge : il s'agit de décider où aller après notre séjour ici. Nous avons près de cinq mois à passer en Inde et sommes tous d'accord pour ne pas les gâcher à faire trop de kilomètres en tourisme stérile. Nous allons donc essayer de rester dans une seule région pour en connaître les habitants et nous y faire des amis. Depuis plusieurs jours, chacun est plongé dans les livres et les guides que nous avons à bord, et maintenant c'est l'heure du vote.

– Je ne veux pas vous influencer, mais n'oubliez pas que le Rajasthan est un pays fabuleux, l'Orient dans toute sa splendeur, avec ses palais, ses couleurs, sa population magnifique...

– Dis, Papa, la campagne est close!

– Bon, d'accord! Éric, tu choisis quoi?

– Euh... Orissa quand même, parce qu'il y a encore d'autres jungles, et même des lions.

– Bien! Isabelle?

– Orissa aussi.

– Bertrand?

– Rajasthan.

– Caro?

– Moi, c'est le Kérala, avec les belles plages et les cocotiers.

– Marie-France?

– À vrai dire, je ne sais pas. Ce que vous voudrez.

– Donc, c'est clair, nous partons lundi pour le Rajasthan!

Caroline persifle:

– T'as du culot!

– Ben quoi?

– Tu n'as que deux voix, comme l'Orissa!

Christian se lève en riant et clôt la séance:

– Plus celle de Maman! Tu sais bien qu'une femme doit suivre son mari, c'est dans notre contrat de mariage. Allez! Maintenant dépêchez-vous, le cornac doit nous attendre.

Rajasthan, Inde, 13 janvier

MARIE-FRANCE :

Premières images du Rajasthan. Insensiblement, le paysage devient plus désert, plus beau aussi. Terre ocre des champs, éclairée des couleurs vives des costumes rajpoutes. J'aime cette heure. Le soleil couchant dore de calmes tableaux de campagne biblique : chameaux tournant inlassablement autour d'une noria; lents convois de chars millénaires débordant de cannes à sucre; gracieux déhanchement des paysannes aux allures de princesses sous leur voile brodé, leurs lourds bijoux d'argent et leur jarre de cuivre étincelante sur la tête.

Dans Nain-Bus, c'est l'émerveillement. Les enfants, tout excités, poussent des cris de joie à la vue des animaux extraordinaires que nous dérangeons : vols d'oiseaux bleu turquoise, de perroquets verts, de paons splendides, bandes de petits singes espiègles.

Alwar. Une foule énorme dans les rues bordées de minuscules échoppes en bois de cette ville basse sans étages.

Je sors avec Christian pour faire les courses. Aussitôt la population de la ville se sépare en deux : il y a ceux qui entourent Nain-Bus et dévisagent les enfants, et les autres, qui se concentrent autour de la boutique du marchand de légumes où nous nous sommes arrêtés. Mes spectateurs rient de bon cœur quand j'essaie de me faire comprendre.

Le retour à Nain-Bus se fait sous une haie d'honneur. Personnellement, je me passerais bien de cette célébrité. Il faudra prendre le temps de trouver un coin où l'on s'habitue à nous!

Le Circuit House est un vaste bungalow à l'abandon dans son parc broussailleux. Un vieux gardien solitaire a eu l'air ravi de nous accueillir et nous a autorisés à garer Nain-Bus juste en face. Et, comme si cela lui faisait plaisir de faire revivre un passé qui avait dû être somptueux, mais qui, vu l'état des murs, paraissait bien lointain, il nous a même ouvert une salle d'eau avec un grand baquet de zinc en guise de tub.

Toute la famille y a plongé dans un joyeux chahut.

J'ai préparé une bonne soupe de légumes épaissie au riz, et nous avons dîné au milieu des paons qui foisonnent ici comme les pigeons à Paris.

Tandis que les enfants allaient courir dans le parc, Christian a trouvé et nettoyé deux vieux fauteuils en rotin, et nous nous sommes installés sous la véranda à colonnade pour profiter des dernières heures de la journée. Il fait calme, et si doux! Le jardin exhale ce lourd parfum du jasmin et de la « reine de la nuit ». Je regarde les murs décrépis, moisis, le vert écaillé des portes. Du temps des Anglais, ces Circuit Houses étaient les mess-résidences des officiers et fonctionnaires en déplacement. De vieilles images de films ou de romans me reviennent et j'imagine autour de nous la véranda qui s'anime soudain d'une foule brillante d'uniformes blancs et de robes à crinolines. Légèrement guindés et souriants, les officiers aux fines moustaches ont posé sur la table leur *topee,* ce casque colonial qui leur va si bien. Le brouhaha des conversations emplit la véranda où se faufilent, pieds nus, des *saïs* empressés qui apportent les drinks dans de grands verres de cristal, tandis qu'une armée de jardiniers n'en finit pas d'arroser les gazons. J'ai mis, ce soir, ma robe de taffetas rose et m'évente nonchalamment, tandis que, stick sous le bras et sanglé dans son uniforme impeccable, Christian me fait la cour et que le major, grisonnant, me raconte sa dernière chasse au tigre avec le maharadjah de Kapurtala, une embuscade chez les rebelles pashtounes, ou la partie de polo de l'après-midi. Au printemps, quand il commencera à faire trop chaud, je partirai, avec les enfants et leur gouvernante, *in the hills,* à Simla ou ailleurs, comme toutes les autres *memsahibs.*

Cela m'aurait peut-être amusée, un soir, mais je n'aurais jamais pu vivre dans cette petite société renfermée sur elle-même, ses mondanités et ses mépris.

Je rapproche mon siège de celui de Christian, appuie ma tête sur son épaule :

– J'étais en train d'imaginer le Circuit House au temps des Anglais. Ils s'étaient vraiment coupés de la population, dans leurs cantonnements.

Isabelle et Bertrand reviennent en criant d'excitation et nous brandissent sous le nez des espèces de lanières grisâtres, très fines, qu'ils disposent sur ma jupe.

– Regardez! On a trouvé des peaux de serpents!

Je me recule d'un bond :

– Ah non! Enlevez-moi ça tout de suite!

– C'est l'époque de la mue, ajoute Christian en riant.

J'ai un frisson : s'il y a toutes ces peaux, il doit y avoir au moins autant de serpents. Pendant que Christian engageait la conversation avec notre gardien, j'ai envoyé tout le monde au lit, en refusant catégoriquement dans Nain-Bus les trophées de la soirée, sauf le joli bouquet que Caroline avait fait avec des plumes de paons.

Jaïpur, Rajasthan, 15 janvier

Jaïpur est une ville extraordinaire, avec ses monuments roses, ses palais, sa foule colorée et racée, ses rues joyeuses où rien n'étonne plus, ni les singes sur les toits, ni les attelages de chameaux ou les files d'éléphants, ni même la couleur et la taille des turbans. La vie y est partout, grouillante : dans cette circulation hétéroclite et bruyante, sur les trottoirs autour des paysannes qui ont étalé leurs marchandises à même le sol, ou le long de ces minuscules boutiques surmontées de leurs enseignes naïves peintes sur des planches de bois, sur les terrasses enfin, où, au milieu du linge qui sèche, du bain des enfants et du dîner qui se prépare, l'intimité familiale ne se cache à personne.

Nous sommes arrivés avant-hier et avons encore eu la chance de trouver, pour nous garer, le jardin d'une sorte d'auberge de jeunesse à trois roupies par jour. Pour nous, c'est une aubaine, car Nain-Bus a tant de succès en ville qu'il fait bon être un peu au calme le soir. Plus tard, dans les petits villages, il faudra nous débrouiller autrement. Le problème sera surtout de trouver un point d'eau.

Le ciel est merveilleusement bleu et le soleil déjà chaud. Quand je pense que nous sommes en janvier!

Nous avons installé le petit déjeuner sur la pelouse au milieu des haies de bougainvillées et d'hibiscus. J'ai trouvé hier une boîte de marmelade, et les enfants se régalent.

– Ma tartine! crie soudain Isabelle, qui reste comiquement la main en l'air, bouche bée. Ma tartine! répète-t-elle, les yeux ronds.

Nous éclatons de rire en regardant la fameuse tartine s'envoler dans le bec d'un de ces petits corbeaux très vifs que nous voyons partout ici. Un Indien d'une cinquantaine d'années, qui discutait un peu plus loin avec un groupe d'hommes, et qui a vu la scène, s'approche de nous, amusé :

– Méfiez-vous-en, ils sont très voleurs!

Puis il se tourne vers la carte de Nain-Bus :

– Vous avez fait tout ça avec vos enfants?

La conversation s'engage. Narain (c'est son prénom) prépare le mariage de sa fille Bharati, qui aura lieu ici, à la date fixée par l'astrologue.

– Est-ce que vous serez là, la semaine prochaine? Dans ce cas, vous êtes mes invités. Faites-moi le plaisir de venir, ce sera une très belle fête pour les enfants.

Ces derniers le remercient déjà en sautant de joie avant que nous n'ayons eu le temps d'accepter. Ravi, il nous entraîne vers les autres, en prenant les petits par la main.

– Je vous présente mes nouveaux amis!

Jaïpur, Rajasthan, 23 janvier

MARIE-FRANCE :

J'ouvre la porte de Nain-Bus sur une cour en fête. Chacun s'affaire aux derniers préparatifs, des enfants courent en riant, les saris, colorés et gracieux, glissent dans le soleil du matin. Nain-Bus trône entre la grande tente rayée, déjà pleine, et le dais de fleurs sous lequel aura lieu la cérémonie religieuse. Narain tenait absolument à ce que nous nous installions là.

Depuis ce matin, les petits sont survoltés. Ils seraient bien sortis en pyjama.

– Oui, mais on est invités au petit déjeuner. Il faut qu'on se grouille!

Ils ont filé comme des flèches, et sont revenus presque aussitôt.

– Dépêchez-vous, on vous attend! Il y a plein de curries et des pommes de terre sautées!

– Des curries et des pommes de terre? Vous êtes sûrs? Pour le petit déjeuner?

– Oui, oui! C'est drôlement bon!

– Bien sûr, c'est bon, mais à cette heure-ci...

– Allez, vite! C'est Uncle qui m'a dit d'aller vous chercher!

– J'aurais préféré un bon petit thé, gémit Christian. Bon, d'accord, on arrive!

Et moi, j'aurais bien aimé pouvoir me préparer tranquillement...

– *Namaste!*

Mains jointes sur la poitrine, nous saluons à la ronde. Nous connaissons presque tout le monde maintenant, depuis trois jours que la fête a commencé. Mais Isabelle, la bouche pleine, nous entraîne déjà vers la table :

– Alors, tu vois, tu prends une petite assiette; tu te sers un peu de tous les curries, celui-là est vachement bon, tu prends un « chapati » tout chaud, tu en déchires un bout, et tu manges avec; c'est comme ça qu'ils font.

– Oui, mais eux ne s'en mettent peut-être pas jusqu'au coude! Essuie-moi ça!

Isabelle baisse le ton :

– Je te préviens, celui-là est dégueulasse, il est plein de cardamone. Et puis, dans le yaourt, il y a des légumes. Je ne sais pas si c'est fait exprès, mais...

Voilà Bertrand et Caroline. Ils ont passé la nuit avec les autres invités de la noce, dans une des pièces-dortoirs, et ont l'air ravis :

– Tu aurais vu les Sikhs, quand ils enlèvent leur turban! me chuchote Caroline à l'oreille. Ils sont marrants avec leur petit chignon tout rond comme une balle sur le haut du crâne!

– Et t'as vu leur barbe? ajoute Bertrand. Ils la roulent dans un mouchoir qu'ils nouent au-dessus, comme s'ils avaient une rage de dents!

D'autres invités, ceux qui n'ont pas pu coucher sur place, arrivent maintenant. Les musiciens ont déjà repris leur poste sur la pelouse et soufflent dans leurs instruments à s'en faire éclater les joues.

Pendant que les petits se mêlent aux joyeuses sarabandes des enfants, je pars avec Caroline rejoindre les femmes dans la cuisine, pour aider à l'épluchage des légumes. Je commence à m'y retrouver dans cette grande famille : Reva Gandhi, une des belles-sœurs, belle femme distinguée et racée; Ashu et Shalini, deux ravissantes cousines de Bharati, qui ont à peu près l'âge de Caroline; Suman, jeune et jolie belle-sœur avec qui je sympathise plus particulièrement; en elle, tout est grâce et sourire.

– Il faudrait absolument que vous chantiez tout à l'heure, me dit-elle. Nos invités y tiennent beaucoup.

Quand nous revenons vers la pelouse, Bharati est là, assise, entourée de jeunes femmes qui s'affairent autour d'elle. Gracieusement agenouillées sur l'herbe, elles trempent des bâtonnets dans une pâte verdâtre et, avec la précision de miniaturistes, lui peignent les mains et les pieds de fins dessins de dentelle.

Isabelle me rejoint, les mains en l'air, en sautant d'excitation :

– C'est du « mendi »! On prépare Bharati pour ce soir, quand son fiancé viendra. Regarde, j'en ai demandé aussi! Quand c'est sec, ça peut rester plusieurs jours. Et vous avez vu? Elle a trente bracelets à chaque bras! Elle est jolie, hein?

Isabelle est subjuguée par « sa » mariée, qui l'a adoptée et installée gentiment à côté d'elle. Elles ne se quittent plus et bavardent en riant.

– Uncle m'a dit qu'il me mariera comme ça. Et toi aussi, Caro, si tu veux! C'est vachement chouette!

Ce que je trouve chouette, moi, c'est mon Isabelle, avec sa manière de s'enthousiasmer, et de tout vivre si intensément...

– Sais-tu où sont les garçons?

– Oui, derrière la maison. Je crois qu'ils font des « chapatis » pour le déjeuner.

J'imagine les garçons dans la farine. Il faut que j'aille voir cela de près : j'ai un peu peur pour leurs costumes de gala.

Derrière la cuisine, le tableau est impressionnant. Un vrai travail à la chaîne. C'est vrai qu'avec tout ce monde, il va en falloir, des « chapatis »!

Éric m'interpelle, ravi :

– Regarde! Nous, on fait des boulettes avec la pâte, et on les passe à la dame, pour qu'elle les aplatisse en galettes. Après, elle les cuit sur la plaque!

Pour ce qui est des costumes, j'arrive trop tard. Tout à l'heure j'essaierai un coup de brosse.

Le repas était succulent, mais vite expédié : en Inde, on ne s'installe pas à table; on mange debout, rapidement, comme pour une tâche nécessaire.

Après-midi de jeux, de danses et de chants. Les nôtres ont été redemandés deux fois.

Le jour baisse maintenant.

Nain-Bus attise toujours autant la curiosité. Christian s'y est réfugié avec les enfants pour faire reposer tout le monde. La journée est loin d'être terminée, et il exige une petite sieste. J'ai pris sa relève dehors, comme déléguée aux relations publiques.

Un homme très élégant arrive et s'incline devant moi puis, me montrant la carte de Nain-Bus :

– Vous avez visité tous ces pays?

Comme si c'était la première fois, j'explique encore notre trajet, tout en observant mon interlocuteur. L'impeccable turban sikh, noir comme le gilet de satin, la magnifique barbe blanche assortie à la longue chemise indienne et au pantalon « jodhpur », tout dans sa tenue et dans son allure dénote la classe et le raffinement. Les traits sont volontaires, mais les yeux expriment la bonté.

– Je vous admire beaucoup pour ce que vous avez entrepris là. C'est vraiment une expérience admirable, et je suis certain que vos enfants apprennent infiniment plus qu'à l'école. J'aimerais vous connaître mieux : accepteriez-vous de venir passer quelques jours chez moi, dans l'Haryana ? Ce serait pour moi un très grand plaisir.

Sans être pédant, son anglais est bien tourné.

– Vous êtes très gentil, et je vous remercie beaucoup. Je vais en parler à mon mari.

Il me tend sa carte :

– Prévenez-moi à cette adresse. Je compte bien sur vous. Vous serez les bienvenus.

Il s'éloigne. D'autres personnes arrivent déjà. Une grande femme, dont le troisième œil est assorti à son sari bleu, m'adresse un sourire éclatant :

– Vous avez des enfants merveilleux. On sent une entente entre vous...

J'allais répondre par un *« really ? »* modeste quand Nain-Bus a explosé : une volée de jurons, suivie d'une claque sonore. Des pleurs, des cris. La charmante famille s'étripait pour une histoire de poupée, d'après les bribes de phrases qui me parvenaient. Mon admiratrice a pris un air étonné et j'ai senti, tout d'un coup, le ridicule de la situation. J'ai bredouillé :

– Euh... eh bien...

À vrai dire, il était difficile de faire croire qu'on s'embrassait là-dedans. J'essaye désespérément de tousser pour couvrir la bagarre, mais devant l'ampleur que prend l'orage et l'apparition brutale de la tête d'Isabelle écarlate, hoquetante et la morve au nez, elle bat doucement en retraite.

Je fonce à l'intérieur :

– Non mais ça ne va pas, vous ? Vous m'avez mise dans de beaux draps !... Bon, allez, remettez vos costumes de scène, coiffez-vous, il paraît que la fête va bientôt recommencer !

Quelqu'un frappe à la porte : Narain.

– Vos chants étaient merveilleux tout à l'heure. Nos invités étaient très émus. Je vous remercie infiniment... Est-ce qu'Éric peut venir ? J'ai besoin de lui.

– Oui, bien sûr.

Il l'a pris dans ses bras pour lui chuchoter quelque chose à l'oreille, et ils sont partis tous les deux d'un air mystérieux.

Dehors, la nuit tombe déjà. Des myriades de petites lumières bleues accrochées dans les arbres donnent au jardin un aspect féerique qui laisse les enfants bouche bée.

Nous nous mêlons à la foule des invités qui se dirigent vers l'entrée en bavardant et se pressent de chaque côté d'un ravissant arc de fleurs. Tous les regards sont tournés vers la droite, d'où nous parvient une musique lointaine.

Caroline et Bertrand escaladent le mur pour dominer les têtes.

Soudain, le brouhaha des conversations se fait murmure. Là-bas, au fond, une, deux, dix, cent! d'innombrables petites flammes illuminent l'horizon d'un halo magique. Chacun se tait, retient son souffle. Tel le sillage étincelant d'une comète, l'étrange apparition s'étire, puis se rapproche tout doucement, comme pour garder plus longtemps son mystère. La musique s'enfle, se précise, laisse peu à peu deviner tambours, cymbales et trompettes, tandis que les flammes grandissent, flottent dans la nuit, mystérieusement animées.

Alors, comme sorti d'un songe d'enfant, un cortège irréel se dessine : mille torches éclairent une foule joyeuse, faisant briller bijoux et regards. En cercle bruyant autour de danseurs déchaînés, des musiciens au turban rouge précèdent les rangs serrés des invités en tenue de fête. Derrière, venus des mille et une nuits, des éléphants caparaçonnés de soie et d'argent portent magnifiquement leurs personnages de contes de fées : en tête, le marié, superbe maharadjah d'un soir, avec sa redingote tissée d'or et son turban à aigrette dont les diamants scintillent de mille feux; puis, balancés sur leur palanquin d'argent, deux petits pages de rêve, aux yeux brillants et au sourire d'un autre monde; sur le troisième, tout droit sortie de sa planète lointaine, la fragile silhouette d'un petit prince ébloui, le regard perdu dans ses rêves.

Je sens la main de Caroline serrer la mienne :

– Éric!

Un cornac en costume blanc et turban rouge le tient délicatement par la taille, sur la nuque de son éléphant.

Dans un grandiose face-à-face, les deux familles s'ignorent encore. Aidé de quelques hommes, le marié descend majestueusement, quittant son éléphant pour un cheval blanc. La musique s'accélère, une ronde se forme, des danseurs tournoient, miment un enlèvement. Soudain, derrière nous, un brouhaha. Bharati apparaît sur le perron, les yeux baissés, resplendissante. Pour la première fois depuis quatre jours, elle a revêtu le sari rouge brodé d'or de la mariée. Rivière de pierreries sur la ligne qui partage ses cheveux de jais, pendentif sur le front, anneau d'or à l'aile du nez, boucles d'oreilles, colliers, bracelets, un ruissellement de bijoux scintillant sous les lumières, qui donne encore plus d'éclat à sa beauté presque gitane.

Suivi de son cortège fabuleux, le fiancé s'avance lentement au milieu de la foule qui s'écarte. Les musiciens se sont tus. Rohit a mis pied à terre. Maintenant, les fiancés se font face. Alors, dans un joli geste d'accueil un peu timide, Bharati lui passe autour du cou une longue guirlande de fleurs. Puis c'est au tour de Rohit, qui ajoute à la sienne un baiser apparemment hors protocole sur le front. C'est le signal : les deux familles se mélangent, échangeant, elles aussi, embrassades et guirlandes. Les fiancés se dirigent ensuite vers le dais de fleurs et s'asseyent en tailleur devant le feu nuptial où les attend le brahmane. Derrière, les éléphants de la suite s'avancent encore puis, sur un ordre sec des cornacs, s'agenouillent lentement.

Pendant que Narain descend Éric de sa monture fabuleuse et l'installe avec les petits pages à côté des fiancés, Isabelle, hypnotisée, se faufile derrière Bharati qui l'accueille d'un sourire. Nous faisons cercle autour d'eux, et la cérémonie commence dans une odeur d'encens.

Le brahmane attache un bout du voile de la fiancée à la tunique de Rohit. Prenant Dieu à témoin, il psalmodie alors d'étranges litanies, auxquelles les fiancés répondent de temps à autre, tout en s'appliquant à de mystérieux mélanges dans les coupelles placées devant eux. Du bout des doigts, ils en jettent parfois une pincée dans les flammes qui crépitent. Lentement, le prêtre saisit la main droite de Bharati et la main gauche de Rohit, y dépose de la terre et du riz, avant de les lier avec un foulard jaune. Ainsi unis l'un à l'autre, nos mariés se lèvent et font plusieurs fois le tour du feu.

Il fait doux. Je regarde cette fête extraordinaire, le ciel étoilé, les enfants. Leurs yeux qui brillent me disent qu'ils vivent ce soir leur rêve secret de l'Orient merveilleux.

La nuit est bien avancée quand nous revenons à Nain-Bus. Narain porte dans ses bras notre petit page endormi. Encore éblouis et titubant de fatigue, les enfants se déshabillent en silence. Avant de partir, Narain les embrasse. Je lui tends la carte que m'a remise ce monsieur si élégant :

– Il nous a invités à venir chez lui. Vous le connaissez ?

Narain prend un air étonné :

– Maharadji Captain Grewal ? Il vous a invités ? Eh bien, vous avez de la veine, bien peu de gens ont cet honneur. En tout cas, ne ratez pas cette occasion, vous serez reçus comme des princes. Là-bas, c'est presque un maharadjah.

Les enfants ont bondi sur leurs couchettes. Isabelle secoue Éric comme un prunier :

– Un maharadjah ! Tu te rends compte ? Oh ! Réveille-toi ! On est invité chez un maharadjah !

27 janvier

MARIE-FRANCE :

Bientôt deux semaines que nous sommes ici. La famille Gorwaney nous a adoptés et nous ne nous quittons plus. Ils ont été réfugiés de Lahore dans des conditions terribles au moment de la partition entre l'Inde et le Pakistan. Maintenant, Narain est fonctionnaire au ministère des Réfugiés. Et, devant son bureau, toute la rue est occupée par de misérables Bengalis qui campent là dans l'attente d'une difficile réintégration. Il est complètement gâteux devant les enfants qui l'adorent, et l'appellent « Uncle ». C'est la coutume ici, quand on est intime.

– Si nous nous aimons tant, répète-t-il souvent, c'est que nous avons sûrement déjà vécu d'autres vies ensemble !

Janak, sa femme, et moi sommes devenues de grandes amies. Nous papotons de longues heures, et elle m'a déjà appris à faire plusieurs curries, surtout le « Matar Panir » dont nous raffolons. Christian a sympathisé avec Vipin, un jeune neveu au beau visage et aux yeux fiévreux, légèrement révolutionnaire, amoureux de son pays et souffrant beaucoup de la misère qu'il y voit. Ensemble ils passent des journées à visiter les bidonvilles et les manufactures où l'on emploie des enfants. Leurs discussions sont passionnées et se terminent tard dans la nuit.

Voilà d'ailleurs Vipin qui arrive pour nous emmener dîner. Christian et Caroline m'ont aidée à mettre le sari rouge et blanc que Suman m'a offert. J'ai un peu triché et consolidé l'installation avec des épingles de nourrice, car j'ai toujours peur que tout s'écroule quand je marche. Je boucle Nain-Bus avec le gros cadenas que nous avons fait installer depuis le cambriolage. Dans la rue, Vipin hèle deux rickshaws. Christian s'étonne :

– Tu roules là-dedans ? Ça ne te gêne pas qu'un homme se crève à te tirer en vélo ?

Depuis que nous sommes ici, nous n'avons jamais voulu utiliser de rickshaw, et avons toujours pris des taxis à moto ou à vespa.

Vipin hausse les épaules :

– J'ai pensé comme toi, au début. À seize ans, j'avais fait une pétition et plusieurs articles dans les journaux pour la suppression de ce moyen de transport que je trouvais humiliant. Résultat : j'ai eu tous leurs syndicats sur le dos. Ils m'ont demandé si j'avais une autre solution à leur proposer pour qu'ils puissent gagner leur vie. Depuis, je me suis dit que ce n'était pas en les boudant que je les aiderais, et je les paie un peu plus.

Nous avons donc fait le trajet en rickshaw. Je suis montée avec les trois grands. Éric était dans l'autre, avec Vipin et Christian.

Je ne me sentais pas du tout à l'aise et ne goûtais même plus le spectacle si coloré des rues de Jaïpur. Dans les côtes, nous descendions tous avec soulagement pour marcher à côté. Quand nous arrivons enfin, je suis plus fatiguée que si j'avais fait tout le trajet au pas de course, tant j'ai eu mal au ventre de le voir debout sur ses pédales.

Nos amis n'en reviennent pas : il paraît qu'avec mon sari et ma raie au milieu j'ai tout à fait l'air d'une Indienne. Du coup, Shalini s'applique à me dessiner un petit point rouge sur le front.

Soirée simple et familiale. Je m'aperçois que nous nous assimilons peu à peu à l'Inde : ce qui m'étonnait au début m'est devenu familier. Je me sens si bien ici, où tout est gentillesse.

Nous dînons rapidement de délicieux curries. Ashu, elle, est restée dans sa chambre : elle jeûne aujourd'hui pour que Vipin, son frère, réussisse l'examen qu'il prépare. Bertrand est stupéfait :

– J'imagine Isabelle en train de jeûner pour moi! Faudrait vraiment qu'elle soit malade!

Après le repas, Janak nous supplie de leur chanter quelque chose pour ses cousins qui n'étaient pas là au mariage :

– Nous leur avons tellement parlé de vos merveilleux chants, insiste-t-elle, qu'ils veulent absolument vous entendre. Mais avant, voulez-vous du bétel? C'est très bon pour la digestion.

C'est vrai, jusqu'ici je n'avais pas osé l'essayer. Celui qu'on vend dans les rues ne m'inspirait pas confiance.

– Oui, merci, pourquoi pas?

Narain prend deux feuilles bien vertes et, avec l'application d'un alchimiste, y dépose des poudres et des crèmes mystérieuses. Puis il les roule délicatement, y pique un clou de girofle pour les fermer, et nous les tend.

Au premier coup de dents, j'ai un haut-le-cœur.

Christian, lui, reste hébété, la bouche ouverte, n'osant plus mâcher. Narain nous regarde d'un air attendri :

– Alors?

– *Oh, not cho bad! But now we'll ching!*

Bonne idée! Je recrache discrètement mon bétel sur la petite assiette, puis nous rassemblons les enfants, en espérant que les chants feront oublier les chiques.

Nous avons repris deux rickshaws dans la nuit. Il fait frais et, dans ce sens-là, je souffre moins : les descentes sont plus nombreuses. Caroline me raconte sa discussion avec Ashu tout à l'heure :

– Tu sais qu'elle se marie l'année prochaine?

– Je ne savais pas. Elle est fiancée?

– Non, mais c'est son père qui va lui choisir un jeune homme.

– Ah bon, elle te l'a dit?

– Oui, et je lui ai même demandé si ça ne la gênait pas. Tu sais ce qu'elle m'a répondu? « Mais non, pourquoi? J'aime bien mon père; mon père m'aime bien, et je suis sûre qu'il me trouvera un bon mari! »

Je repense à Ashu, distinguée, ravissante, mais sans avoir l'air de le savoir. Elle ne connaîtra pas cette lutte pour plaire à tout prix, et qui laisse sur le terrain, blessées à jamais, les moins belles, les timides. Elle ne connaîtra pas non plus ce coup de foudre qui fait si délicieusement perdre la tête. Mais qui l'empêchera d'aimer passionnément son mari, d'être heureuse à ses côtés, comme semblent l'être toutes celles que nous connaissons ici ? Et, de toute façon, dans ces grandes familles communautaires, il ne représentera qu'une partie de son univers.

Nos deux rickshaws s'amusent à faire la course en riant. Le ciel ruisselle d'étoiles. Les rues sont calmes et l'on aperçoit encore quelques chiens errants, et des ombres qui se profilent au fond des échoppes éclairées de leur lampe à huile. L'air doux nous caresse le visage et nous apporte les parfums de la nuit.

Sikanderpur, Inde, 30 janvier

MARIE-FRANCE :

– Tu es sûre qu'il habite par là, ton maharadjah ?

Je me replonge dans mes cartes :

– Eh bien, euh... je ne sais plus. Je ne comprends pas. On devrait avoir passé le chemin depuis longtemps. Tiens, regarde.

Là-bas, au carrefour, un bonhomme tout en blanc nous fait de grands signes avec sa torche. Christian s'arrête à sa hauteur :

– Maharadji Captain Grewal ?

C'est bien par là. On l'a chargé de nous attendre ici pour nous montrer le chemin. Le pauvre, depuis le temps... Il enfourche un haut vélo noir et nous fait signe de le suivre sur une allée bordée d'arbres.

Un porche de pierre, puis une cour immense. Nous restons un moment en silence, ébahis : les phares de Nain-Bus éclairent une grande bâtisse rose à colonnades et aux toitures mogholes. Aussitôt une nuée de vénérables moustachus, beaux comme des Pères Noël en tenue blanche, se précipite sur nous. Les mains jointes devant le turban, ils s'inclinent en une profonde courbette comme si Nain-Bus était le bon Dieu. Nous descendons, les paumes serrées et la tête baissée, dans un salut à l'indienne. Un homme à lunettes s'adresse à nous en anglais :

– *You're welcome!* Je suis le premier secrétaire du Maharadji Captain Grewal, qui m'a chargé de vous recevoir. Il est retenu chez le gouverneur et sera bientôt là. En attendant, ces messieurs vont vous conduire à vos chambres.

Je sursaute : nos chambres ? Certainement pas ! Depuis des mois, nous n'avons pas été infidèles à Nain-Bus une seule nuit. Et puis, avec tout ce qu'il y a dedans, ce serait de la folie! Le cambriolage à Delhi m'a suffi, et j'avoue que, ce soir, je ne me sens pas le courage de tout déménager. Je fais un grand sourire :

– Merci beaucoup, monsieur, mais ce n'est vraiment pas la peine : nous sommes habitués à dormir dans le camion, et... Si, si, je vous assure, c'est tellement plus simple!

Mais, visiblement, Nain-Bus ne doit pas lui paraître à la hauteur de l'importance qu'il a l'air décidé à nous donner. Il le regarde d'un air triste :

– Ce n'est pas possible que vous dormiez là-dedans. Les chambres ont été préparées tout spécialement pour vous, le Maharadji y tenait beaucoup.

Et puis, comme s'il devinait mes préoccupations, il se retourne vers son groupe de serviteurs dignes et barbus, et leur fait signe de s'aligner derrière Nain-Bus :

– Ces messieurs vont vous porter vos affaires.

Apparemment, il est inutile d'insister. Nos affaires! S'ils s'attendent à de belles valises bien nettes, ils ne vont pas être déçus!

Christian monte sur le marchepied et ouvre dignement la porte sur l'habituel fatras accumulé par les enfants pendant la route, et recouvert des découpages d'Éric. Nous nous installons en chaîne à l'intérieur, et commence le glorieux déménagement. Nous ne pouvons nous empêcher de pouffer discrètement devant le tableau : ils arrivent chacun à leur tour avec une courbette, tendent les mains, et mettent tellement de respect à porter nos chaussettes, culottes, pyjamas, savonnettes et brosses à dents, déversés en vrac dans leurs bras, que nous avons l'impression de distribuer la communion.

Mais voici nos appartements. Devant chaque chambre, un splendide majordome aux moustaches impressionnantes garde l'entrée, bras croisés sur la poitrine. Recourbettes.

– Ils sont à votre disposition pour tout ce dont vous pourrez avoir besoin.

– Ah? Mais non... ils ne sont pas forcés de rester là. Je vous assure que tout ira très bien, et que nous n'aurons besoin de rien.

– Mais c'est le Maharadji qui...

– Ah bon!

Les pièces sont immenses, et toutes les chambres communiquent par la véranda. Les enfants courent partout, explorant notre domaine. Caroline me tire par la manche :

– Viens voir notre salle de bains!

Des lavabos, des baignoires, l'eau courante, quel luxe!

Le premier secrétaire prend congé respectueusement :

– Je vous quitte. Dès que vous êtes prêts, vous êtes attendus au salon. Le Maharadji Captain sera sûrement rentré.

Je n'ai pas le temps de remercier qu'un hurlement se fait entendre à côté. Je fonce : ça vient de l'armoire. Les garçons sont assis sur leur lit avec des airs faussement innocents.

– Ouvrez-moi ça tout de suite!

Pendant que Bertrand libère une Isabelle hoquetant de sanglots, je gronde :

– Vous feriez mieux de vous calmer et de vous préparer pour le dîner. Lavez-vous les mains et coiffez-vous. Éric, tu tâcheras d'aller aux toilettes avant. Isabelle, gare aux yeux plus gros que le ventre! Et, bien sûr, personne n'a soif, ni envie de crudités.

Propres comme des sous neufs, nous nous dirigeons vers le salon, accueillis à grandes courbettes-mains-jointes par le personnel. En chœur, nous plongeons à notre tour. Ni le Maharadji ni le premier secrétaire ne sont là, et c'est en silence et sur la pointe des fesses que nous nous asseyons dans les vastes fauteuils du salon, un peu honteux de nos blue-jeans délavés : bien que l'ameublement ne soit pas tout à fait à mon goût, les grands candélabres éclairent un ensemble somptueux, imposant. Un homme, planté sur le seuil, et blanc de la barbe aux pieds dans son costume bouffant, attend manifestement, lui aussi, notre bon vouloir. Nous échangeons sourires et petits saluts. Mais le silence se prolonge, et nous nous mordons les lèvres pour ne pas éclater de rire. Il faut faire quelque chose!

Christian se lève d'un air pompeux et, les mains derrière le dos, commence le tour des ancêtres dont les énormes tableaux couvrent les murs. Comme un seul homme, et feignant le même sérieux, les enfants se lèvent à leur tour et lui emboîtent le pas en ligne, sous le regard respectueux du majordome. L'effet est tellement comique que je pleure de comprimer mon fou rire et me tourne vers la cheminée pour qu'on ne me voie pas.

Je suis sauvée par l'arrivée de notre *head secretary* qui se précipite vers Christian pour commenter sa visite :

– Le père du Maharadji. Ici, c'est son grand-père, *the Big Master,* dit-il avec vénération. Et voici son frère, le maître spirituel actuel, celui qui habite à Béas.

Il pointe de l'index le portrait d'une ravissante jeune femme en sari.

– La femme du Maharadji. *She's gone.*

Morte ou partie ailleurs? Par discrétion, personne n'ose poser la question et nous n'en saurons jamais plus.

Un homme à grand turban nous apporte l'apéritif sur un plateau d'argent : thé au lait, amuse-gueules indiens pimentés, *sweets.* Soucoupe et tasse à thé d'une main, assiette de *sweets* et petite cuillère dans l'autre, les enfants font des efforts surhumains pour maintenir de dangereux équilibres. Mais Christian, bien décidé à faire le pitre, prend des mines de lady anglaise et sirote précieusement, petit doigt en l'air. Isabelle pouffe dans sa tasse. Et voilà tout notre prestige par terre, coulant du plateau sur le tapis avec son thé au lait gluant de sucre. Furieuse, je reprends le français pour sermonner discrètement :

– Ah bravo! Félicitations! Une roupie d'amende!

Déjà un serviteur se précipite avec une serviette pour réparer les dégâts. Avant qu'il ait eu le temps de réagir, Isabelle, en larmes, la lui prend des mains en reniflant :

– Non, laissez, je vais le faire.

Éberlué, le pauvre homme reste les bras ballants, manifestement embarrassé.

– Bon, ça va, Isabelle. Il vaut mieux que tu laisses faire le monsieur, je crois qu'il préfère.

Mais voilà le Captain Maharadji, bras ouverts, toujours aussi élégant et souriant. Aujourd'hui, il porte un turban et un gilet beiges.

– Soyez les bienvenus! Je suis ravi de vous voir, et désolé de ce retard. Avez-vous tout ce qu'il vous faut? Il y a bien longtemps qu'il n'y a pas eu de famille ici, et je crains de ne pas être à la hauteur.

Puis, se tournant vers les enfants :

– Ils doivent être affamés et fatigués. Si vous le voulez bien, nous allons tout de suite passer à table.

La porte de l'antichambre s'ouvre sur une imposante salle à manger tout en longueur. Là-bas, au fond, nos couverts n'occupent qu'une toute petite partie de l'immense table. Notre hôte s'installe en bout, et nous désigne nos places. Une vieille dame, fort digne, vient s'asseoir à côté de lui. Elle est vêtue de la tenue classique des femmes du Pendjab : longue tunique, pantalon bouffant resserré aux chevilles, voile aux larges pans tombant gracieusement sur les épaules.

– Ma mère ! Elle a déjà dîné, mais elle vient surveiller la bonne marche du service.

Nous nous relevons tous et nous inclinons en joignant les mains sur la poitrine :

– *Radha Soami !*

La vaisselle est fine et brille à la lueur des lustres. Est-ce le décor, ou les serviteurs qui sont plantés derrière eux, guettant leurs moindres besoins ? Les enfants ont l'air très impressionnés et se tiennent raides comme des piquets, mains sur la table, pouces en l'air. Pendant que la conversation s'engage entre Christian et le Maharadji, on me présente un plateau garni d'innombrables petits plats de ces curries que je commence à bien connaître. Dès les premières bouchées, je m'extasie :

– C'est délicieux ! Jamais, jusqu'ici, nous n'avons mangé de cuisine aussi succulente !

Il a l'air ravi que nous apprécions.

– Ici, vous avez du « palak panir ». Savez-vous qu'au moins quinze condiments entrent dans la composition de chacun de ces plats ?

Il se retourne vers les enfants :

– *Take more, there's plenty of !*

Ceux-ci ne se font pas prier et, vu la vitesse à laquelle disparaissent les « chapatis », le moins qu'on puisse dire est qu'ils font honneur au repas.

Je remarque qu'il n'y a pas du tout de viande dans tout cela.

– Vous êtes végétarien ?

Il prend un air un peu solennel :

– Cette maison est très ancienne et, de mémoire d'homme, pas un gramme de viande, d'œuf, ni d'alcool n'est entré sous son toit. Tant que je serai vivant, il en sera toujours ainsi !

Je panique tout d'un coup à la pensée de cette bouteille d'alcool de menthe que Christian a posée sur sa table de nuit, en prévision de digestions difficiles, détruisant d'un seul coup l'effort de tant de générations. Son pied sous la table me dit qu'il mesure, lui aussi, l'étendue de la catastrophe. Il faut agir tout de suite, car il est fort probable que le Captain nous accompagnera à nos chambres après le dîner. J'attrape la main d'Éric ahuri et, avant qu'un serviteur ne se propose de le faire, je le tire vers la sortie.

– Je vous demande pardon, il faut que je l'accompagne aux toilettes!

Avant de refermer la porte, j'entends encore Christian soupirer à l'intention de notre hôte :

– Ils sont terribles, ils ne prennent jamais leurs précautions!

Je rassure Éric, fonce vers la chambre et fais disparaître sous l'oreiller le flacon sacrilège, puis nous revenons à table, sous l'œil attendri et paternel du Maharadji.

Le dîner se termine. Les enfants ont abandonné par K.O. et piquent du nez dans leur assiette. Notre hôte remarque soudain les grands verres d'eau qui sont restés pleins devant eux :

– Vous ne buvez pas?

Évidemment, ce n'est pas discret! Et pourtant, comment lui avouer, sans le vexer, que nous ne faisons pas confiance à la pureté de son eau? C'est alors que Christian s'embarque dans un bredouillage de sa spécialité où il est question d'aérophagie, de docteur qui..., de pas tellement soif en fait..., et dont le résultat en anglais est, ma foi, assez cocasse, bien que peu convaincant, car je le vois piquer un fard quand le Maharadji lui répond avec un sourire :

– Mais, vous savez, je filtre mon eau.

Puis il appelle un majordome qui nous dépose l'appareil sur la table.

– Je l'ai rapporté d'Amérique. Avec ça, vous ne craignez rien.

– Mais oui..., mais non..., enfin, ce n'était pas pour..., bafouille encore Christian.

Puis, rouge comme une pivoine, il se retourne vers nous :

– Bon, d'accord, vous pouvez boire!

Les enfants se précipitent aussitôt sur leurs verres qu'ils descendent comme des éponges, et reposent avec un soupir d'intense satisfaction. Derrière eux, les serviteurs, visiblement étonnés, s'empressent de les resservir. Au troisième verre, la soif se calme. Notre Maharadji se lève, amusé :

– Je crois qu'il serait temps d'aller les coucher, car demain nous avons un programme chargé : je vous attends à neuf heures pour le tour de la propriété, puis nous visiterons notre fabrique de sucre de canne. L'après-midi, après la sieste, je vous montrerai une usine de textiles. Si les enfants veulent faire une promenade dans la journée, leur Ayah attellera un buggy.

Leur Ayah? Je suppose que c'est le beau vieillard qui est planté devant leur chambre depuis notre arrivée. En tout cas, nous ne risquons pas de nous ennuyer demain.

– Bonsoir! J'espère que vous dormirez bien. Le *breakfast* sera servi à huit heures et demie. À quelle heure voulez-vous avoir votre *bed-tea?*

– Je vous remercie, à sept heures et demie, ça ira très bien.

– En attendant, voulez-vous de l'eau pour la nuit? Je crois qu'il en reste encore.

Il soulève le couvercle du fameux appareil et grommelle :

– Oh, l'étourdi! Il a encore oublié de remettre la bougie filtrante.

Christian l'a entendu aussi et me fait un signe : ce soir, se sera le régime Intétrix!

Les enfants embrassent notre hôte comme du bon pain. Isabelle, la charmeuse, ne sort plus de sa barbe :

– Bonsoir, maharadjah!

Notre ami éclate d'un rire sonore et pince affectueusement la joue d'Isabelle :

– Appelez-moi « Uncle »!

Puis, se tournant vers nous :

– Mon prénom est Shoti.

Je couche les enfants, qui sont installés comme des princes, chacun dans un coin de l'énorme chambre, et rejoins Christian qui est déjà au lit : après cette longue journée, la nuit ne sera pas du luxe.

– Christian, tu as entendu?

– Oui. J'ai même l'impression que ça vient d'à côté, chez les enfants

– Je vais voir.

Je sors sous la véranda et pousse doucement la porte : les meubles remuent dans le noir, j'entends des grincements et des chuchotements. Oui, c'est bien ici que ça se passe. J'allume la lumière : tous les quatre sont debout, en train de tirer un lit.

– Eh bien, qu'est-ce qui vous prend?

– Ben, c'était parce que... on voulait rapprocher les lits, les petits avaient peur.

– Tu avais peur, Isabelle?

– Un petit peu quand même. Je voyais des trucs... enfin... dans Nain-Bus, on était bien serrés. Un palais de maharadjah, c'est vachement chouette le jour mais, la nuit, c'est quand même un peu grand.

3 février

Mam chérie.

Merci de votre intervention auprès de notre banque. Stéphane a-t-il pu vendre quelques photos ou articles?

Ici, tout va toujours très bien. Après notre merveilleux tour du Rajasthan par Ajmer, Jodhpur, Jaisalmer, nous passons plusieurs jours dans une propriété de l'Haryana, chez un landlord sikh que nous avons connu au mariage. Ancien officier de l'armée des Indes, il est le frère d'un grand maître spirituel, aussi est-il vénéré ici comme un véritable maharadjah. Il dirige une importante exploitation de coton et de canne à sucre qui emploie plus de trois cents personnes, et qui fonctionne presque en autarcie, fabriquant elle-même son propre gaz et son électricité (à partir de la bouse de vache!). Rassemblés autour d'une cour, on y trouve tous les corps de métiers : le charretier, le forgeron, le mécanicien, le maréchal-ferrant, etc.

Le Captain nous reçoit comme des princes, et nous sommes un peu gênés de la manière dont les gens se prosternent à notre passage.

Hier, comme tous les vendredis, a eu lieu le dîner du personnel. Hommes et femmes se sont alignés dans la grande cour et, pendant qu'un paysan chantait des mélopées du pays avec une voix extraordinaire, le Captain est passé dans les rangs pour servir les louches de « dâl » et les « chapatis ». Tous ces gens, nourris et logés avec leur famille dans l'enceinte de la ferme, sont, en fait, entièrement dépendants du Captain et de son intendant. Malgré la sympathie que nous avons pour notre hôte, nous aimerions bien savoir ce qu'ils pensent, eux, de tout cela.

Mais nous avons peu de contacts avec eux et avons décidé de partir vers les fins fonds du Rajasthan pour séjourner dans les petits villages.

Nous vous embrassons tous bien fort.

Marie-France.

P.S. : Soyez gentille de bien vouloir transmettre les nouvelles au reste de la famille.

Pushkar, Rajasthan, 6 février

MARIE-FRANCE :

Le soleil tape fort sur les ruelles poussiéreuses de Pushkar. Si étroites, ces ruelles, que Nain-Bus frôle dangereusement les marchandises suspendues aux étals des minuscules échoppes. Peu de gens dans les rues, c'est l'heure de la sieste. Nous avançons au pas d'un tailleur ambulant qui, devant nous, pousse sur une charrette son antique machine à coudre et d'une vache si peu effrayée qu'elle est presque assise sur le capot de Nain-Bus. Inutile de chercher à les dépasser. D'ailleurs, pourquoi dépasser? Je m'aperçois qu'inconsciemment nous nous laissons pénétrer par le rythme du pays.

Précédés de notre escorte, nous débouchons sur une petite place calme, comme endormie. Nonchalamment vautrés, les clients de quelques gargottes aux marmites fumantes somnolent sur des chaises bancales et disparates. Parmi eux, trois jeunes Européens à la robe safran et au crâne rasé. Christian s'arrête :

– Ils doivent parler anglais.

Je me penche à la portière :

– Pour aller au lac, s'il vous plaît?

C'est un Indien en « dhoti » qui se lève et vient vers Nain-Bus. Avec un sourire tout rouge du bétel qu'il mâchonne, et en tripotant son cordon de brahmane sur son torse nu, il part dans une explication à grand renfort de gestes, se ravise puis, de la main, me fait signe de me pousser :

– *I'll show you!*

Je n'ai pas le temps de répondre qu'il ouvre ma porte et saute sur mon siège où je me retrouve en équilibre sur une demi-fesse.

Petit brun rondouillard aux cheveux luisants d'huile, il doit avoir une trentaine d'années. Pendant que Christian redémarre, il entreprend de nous raconter toute la mythologie du lac de Pushkar et, en me postillonnant allégrement dans la figure, nous débite, sans reprendre son souffle, une histoire très compliquée où il est question du dieu Brahma qui faisait du feu, de sa femme Savriti qui était en retard, et d'une jeune fille qui se trouvait là et qui, du coup, l'a remplacée... Mais au bout de cinq minutes, Nain-Bus se retient désespérément d'exploser de rire : notre brahmane a certainement quelques problèmes d'estomac car il entrecoupe toutes ses phrases d'énormes rots sonores. Christian se mord les joues et de grosses larmes lui coulent le long du nez. Je me retourne vers l'arrière avec des yeux terribles pour calmer les gloussades qui s'amplifient. Mais de les voir tous les quatre écarlates, la main plaquée en bâillon devant la bouche, je sens venir, moi aussi, un fou rire irrésistible.

– ... Alors le lord Brahma a laissé tomber du ciel un pétale de lotus et, à cet endroit, le lac sacré a jailli...

Et, à ce moment, le rot final est si tonitruant, que, dans Nain-Bus, ce n'est pas un lac sacré, mais un sacré fou rire qui jaillit, déborde, et n'en finit plus. Je suis morte de confusion, mais Christian a le réflexe rapide : il attrape Coralie qui traînait derrière son siège, l'exhibe au brahmane en pointant le bras manquant :

– *The children! They laugh for that! Funny, isn't it?*

– *Isn't it?* répète-t-il, secoué de hoquets.

J'ai vu notre passager regarder la poupée d'un air un peu interloqué, puis se mettre à rire, lui aussi, en pinçant affectueusement la joue d'Isabelle :

– *Yes, very funny!*

Mais voici le fameux lac dont la présence, au milieu de ces collines pelées, semble effectivement miraculeuse.

– Arrêtez-vous là.

Il était temps, d'ailleurs, car, depuis quelques instants, de bruyants raclements de gorge, un gonflement de la joue gauche et un léger zozotement me faisaient craindre le pire pour la bonne fin de tout cet effort.

Avec la marche, le calme revient et, détendus, nous nous appliquons à écouter notre compagnon avec respect et attention.

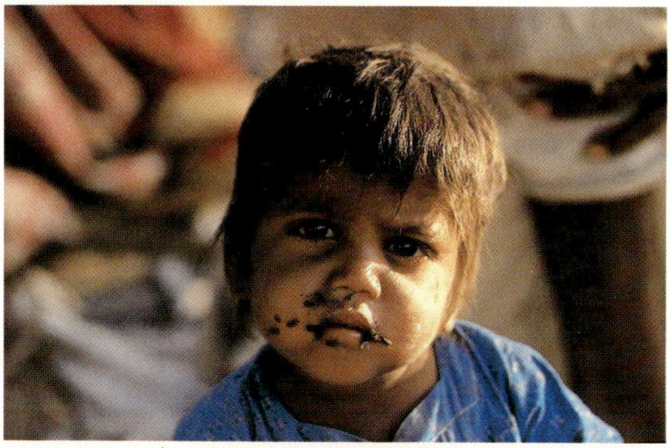

37

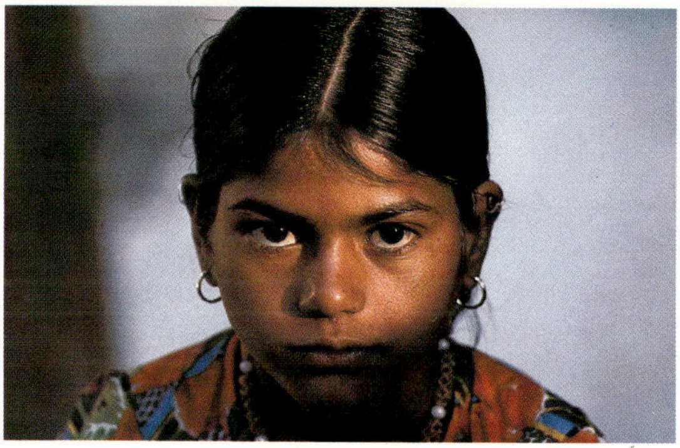

38

39

37. Diya. - **38.** Sanandra. - **39.** Durga et sa cruche de cuivre. - **40.** Kali et Sangeeta dans leur champ de canne à sucre.

40

EN INDE :

41

41. Caroline sur la voie de la sagesse.
42. Quand la route s'arrête...
43. Avant de s'enfoncer dans la jungle.

42

43

Il nous explique tout : les temples, les « ghats », les ablutions dans l'eau purificatrice...

– C'est un peu comme Bénarès, nous dit-il. Depuis plus de quatre mille ans, on vient ici en pèlerinage. Mais il faut que vous assistiez à la grande fête, en novembre : *thousand, thousand people, and camels, and so on...*

En fait, il est très gentil et nous nous habituons peu à peu à ses démonstrations sonores. Il nous propose de nous faire visiter le temple qu'on aperçoit là-haut. Et nous voilà partis au pas de course pour l'ascension de la colline. Mais le soleil cogne dur, et je ne pensais pas que le chemin était si long. Avec Christian qui transpire à grosses gouttes, je traîne un peu en arrière, tandis que les enfants et le brahmane grimpent comme des cabris. Nous arrivons sur les genoux. Un vieil homme garde l'entrée, accroupi contre le mur, derrière la lignée des chaussures des enfants. Nous lui tendons nos deux paires en nous dirigeant vers la porte. Mais il pointe mon sac à main afghan et fait « non » de la tête. À ses mimiques, je comprends vite qu'il serait sacrilège d'entrer dans l'enceinte du temple avec cet objet manifestement taillé dans le cuir d'une vache. Je me tourne vers Christian :

– Je ne vais quand même pas le laisser là, avec tout ce que j'ai dedans! Les papiers, l'argent...

– Oh, ici, à mon avis, tu peux faire confiance.

À contrecœur, je tends mon sac au gardien. J'ai l'habitude de me fier au flair de Christian qui se trompe rarement sur les bonshommes. Mais là...

Nous pénétrons à l'intérieur sur la pointe des chaussettes, prêts au recueillement. Mais c'est une joyeuse ménagerie qui nous accueille dans la cour du temple : des singes qui font les pitres sur les murs, une vache, des oiseaux, quelques chiens. Ici Dieu aime les animaux qui le lui rendent bien. Pendant qu'un vieux brahmane nous passe autour du cou une guirlande d'œillets d'Inde dégoulinante, qu'il gardait au frais dans une cuvette d'eau noirâtre, j'aperçois les enfants qui courent derrière le temple à la poursuite d'un paon. Instinctivement, je regarde le sol et hurle :

– Montrez-moi vos chaussettes!

Tous les quatre reviennent vers nous et m'exhibent, un peu gênés, des semelles noires d'une épaisse couche de crotte.

Je pique ma rogne :

– Vous ne pouvez pas regarder où vous mettez les pieds? Pas

question de vous rechausser comme ça! Vous vous mettrez pieds nus dans vos chaussures!

En fait, le gymkhana n'était pas si évident et j'ai passé ma visite à regarder par terre. Une demi-heure plus tard, nous redescendons tous les six les chaussettes à la main, sous le regard amusé de notre ami Narayan qui avait déjà essuyé ses pieds nus sur les pierres.

Nous n'étions pas au bout de nos peines : quand Narayan nous a proposé de visiter les autres temples de la région, nous ne savions pas encore qu'il en existait des milliers. Nous avons ainsi passé le reste de la journée en déchaussages, barbotages dans les crottes de singes au milieu des vaches et des chiens galeux, courant presque derrière notre guide décidément increvable et intarissable. Du creux de la main, il s'abreuvait respectueusement à toutes les eaux sacrées stagnantes et verdâtres qui avoisinent les temples, en écartant consciencieusement les lentilles. À chaque fois il nous invitait à l'imiter, et à chaque fois nous aurions bien voulu, mais nous n'avions vraiment pas soif. Pas soif, nous ? J'avais la langue collée au palais et ça commençait à gémir du côté des enfants. Quant à Christian, il pestait et jurait qu'il donnerait bien un million de roupies pour un verre de bière : « Un bon gros demi avec de la buée autour », ajoutait-il d'un air désespéré.

À la tombée de la nuit, Narayan nous a abandonnés, écroulés tous les six près de Nain-Bus, ivres de soleil et de fatigue, saoulés de mythologie, de dieux à huit bras, à trompe d'éléphant, à tête de singe, et crottés jusqu'au cou. De nos monceaux de guirlandes coulait un jus jaunâtre de fleurs fanées, qui se mêlait à notre transpiration, et le troisième œil pieusement appliqué sur notre front nous dégoulinait le long du nez.

Quand, en guise d'adieu, il a lancé, avec un sourire gentil : *« Tomorrow, other temples! »*, nous nous sommes regardés en silence et n'avons même plus eu la force d'éclater de rire devant la tête d'Éric, qui en disait long. Puis Christian, très diplomate, l'a beaucoup remercié, avant de commencer une de ses grandes phrases un peu emmêlées dont il a le secret, et où il expliquait que les temples étaient très intéressants et vraiment très beaux, que nous avions bien compris les dieux et que nous les aimions bien, mais qu'il nous plairait beaucoup, plutôt que de visiter comme des étrangers, de vivre tout simplement et tranquillement, très tranquillement, la vie des gens ici, pour mieux les connaître.

Le visage de Narayan s'est éclairé d'un grand sourire incrédule :

– Vous aimez vraiment les Indiens avec leur vie pauvre et pas moderne comme chez vous? Alors, si vous voulez, demain, je vous emmène dans mon village!

Badi Basti, Rajasthan, 20 février

Voici déjà près de quinze jours que je n'ai pas ouvert mon carnet de bord. Au début, Nain-Bus a eu un tel succès que je n'avais même plus le temps d'écrire. Et pourtant, malgré Narayan, nous avions tenu à le garer un peu à l'écart, pour ne pas gêner le village. Pas trop loin quand même, depuis qu'on nous avait parlé des « dacoïts », ces bandits de grand chemin qui déferlent en bandes et terrorisent les campagnes.

Le village... Un petit hameau de terre et de paille, au bord du désert. La pâte de glaise et de bouse mêlées dont les femmes enduisent les murs lui donne une douce tonalité beige rosé. Ici, ce n'est pas la misère sans espoir des villes, mais une pauvreté également partagée, et peut-être moins dure car elle ne voisine pas avec la richesse et les tentations.

Arjun, notre voisin le plus proche, un beau et grand gaillard très brun aux fières moustaches noires, habite une minuscule maison, presque une hutte. Il porte un énorme turban rouge et, par-dessus son dhoti, une chemise blanche très ample. Mais ce qui surprend le plus, chez cet homme si viril, ce sont les sandales brodées à pointe relevée avec lesquelles il marche dans les champs, et le fin bijou doré qu'il arbore à l'oreille gauche.

Il nous a tout de suite invités chez lui avec beaucoup de gentillesse. Un peu timidement au début, en faisant des gestes comiques pour s'excuser de la modestie de son habitation : une petite pièce aux murs nus, une étagère, un lit de cordes sur la terre battue, quelques ustensiles de cuisine autour d'un foyer creusé dans le sol. Mais maintenant nous le sentons très à l'aise et, à l'aide de quelques mots que nous connaissons, et de beaucoup de gestes, nous discutons longuement.

Avant-hier, il est allé chercher sous son lit une *Gita* pleine d'images naïves aux couleurs douceâtres. Il l'a feuilletée un moment avec dévotion puis son visage s'est illuminé quand il en a sorti amoureusement la photo repeinte d'un vénérable vieillard.

Il nous a expliqué que c'était son gourou et qu'il faisait des économies depuis longtemps pour aller le voir un jour à un « satsang », une de ces cérémonies religieuses qui rassemblent plusieurs milliers de fidèles. Un simple regard du maître le comblerait de bonheur pour le reste de sa vie.

Il nous a montré aussi son petit champ de cannes à sucre, qui ne doit même pas faire la moitié d'un hectare, et nous a épluché une tige pour nous en faire goûter. En nous distribuant les morceaux il nous a montré comment, d'un coup de dents, en presser le jus frais. Nous nous sommes promis de l'aider à faire sa récolte.

Nous avons passé l'après-midi dans le champ de cannes à sucre. Caroline et moi étions à la coupe avec Kali, Abha, Sangeeta et trois autres que je ne connaissais pas. Décidément, je ne me lasse pas d'admirer la grâce et l'habileté de toutes ces femmes, qui travaillent dans les champs habillées comme des princesses, avec l'ample jupe rajpoute, le bustier brodé, qui dénude la taille, les lourds bijoux, et le voile de couleur vive. Au début, notre gaucherie les avait beaucoup amusées. Mais, gentiment, Kali nous a peu à peu appris comment sectionner la tige et en enlever les feuilles avec la petite serpe. Nous avons fini par prendre le coup et, même si notre rendement n'est pas spectaculaire, je me sens heureuse de participer à leur travail.

Christian et les garçons étaient au fond du champ, là où les hommes fabriquent le sucre. Pour les protéger du soleil, Arjun les avait coiffés de l'énorme turban rouge de la région; celui d'Éric lui retombait comiquement sur le nez, à la grande joie de tous. De temps en temps, Sangeeta leur portait sur sa tête la grosse botte des cannes que nous avions coupées.

En fin de journée, fourbues, nous sommes allées les rejoindre autour de la petite fabrique rudimentaire. Bertrand, tout fier, aidait Selvam à passer les tiges une à une dans le broyeur, dont Éric et le petit Thambi faisaient tourner le zébu.

Avec Isabelle et ses copines qui revenaient de l'école, la vieille Irawadi est arrivée, portant dans ses bras un bébé de quelques mois. Elle est venue s'installer à côté de moi. L'enfant était splendide, avec des yeux très grands, très noirs, mais je me suis aperçue avec stupeur que des dizaines de mouches grouillaient autour de sa bouche, sans avoir l'air de gêner personne. Deux ou trois fois, discrètement, j'ai essayé de les chasser d'un geste de la main, mais elles revenaient toujours. Il aurait fallu laver les quelques légères croûtes, mais je n'ai rien osé dire.

Le soir tombait. Les rayons du soleil, devenus caressants, donnaient à la campagne une douceur reposante. Nous sommes restés un long moment à regarder la dernière tournée de jus brun qui bouillonnait dans le grand chaudron, tandis qu'Arjun ramassait dans un panier les pains de sucre marron qui avaient refroidi sur la paille.

26 février

Pour la première fois hier soir, nous sommes allés avec le village faire notre « puja » au temple d'Hanuman. Tout autour de la colline, les paysans montaient en groupes tranquilles. Les enfants, qui avaient rejoint les nôtres, nous escortaient joyeusement, et les femmes, ravies de nous voir venir, nous faisaient des petits signes amicaux. L'air était tiède, et les rayons dorés du soleil couchant flamboyaient dans la transparence des voiles aux couleurs si gaies.

Quand nous sommes arrivés en haut, le temple était déjà plein d'une assemblée bruyante et dissipée. Chacun, en entrant, donnait un grand coup sur la cloche suspendue au-dessus de la porte.

– Pour attirer l'attention d'Hanuman, nous explique Arjun. Christian et lui ont soulevé les deux petits, qui tenaient absolument à faire comme tout le monde, puis sont allés, avec Bertrand, rejoindre les hommes de l'autre côté de la petite barrière. J'ai suivi Kali côté femmes, tandis qu'Isabelle et Durga se faufilaient jusqu'à l'avant. À mesure que les gens arrivaient, nous nous tassions un peu plus, et j'ai hissé Éric sur mes épaules avant qu'il n'étouffe complètement.

En levant les yeux, j'eus un mouvement de recul : Hanuman était là, devant, énorme, les yeux exorbités, dégoulinant de la graisse rouge des dévotions. Vraiment trop laid. Pourtant, tout ça, je le respecte : un dieu des singes, Dieu aussi pour les animaux, dans les animaux, Dieu dans la nature... mais Hanuman!... J'ai préféré détailler les dizaines de chromos qui couvraient les murs autour de lui. De surprise, les bras m'en sont tombés : entre le gros Ganesh, et Krishna tout bleu au milieu de ses bergères, baignant, comme leurs voisins, dans les dorures et les couleurs bonbon, trônaient un Sacré-Cœur et une Vierge éthérée!

Ça a commencé comme un tremblement de terre : un homme, accroupi devant un tambour gigantesque, s'est mis à le cogner de grands coups qui me résonnaient dans le ventre, puis se sont mêlés tout à la fois les cloches, les hurlements d'une conque, vacarme assourdissant, cacophonie formidable qui s'amplifiait comme un tonnerre tandis que le rythme s'accélérait. L'assemblée s'est mise à danser d'un pied sur l'autre, psalmodiant en cadence et frappant dans ses mains.

Alors que les enfants et Christian s'en donnaient déjà à cœur joie, je me trouvai d'abord un peu bête et tapotai timidement mes paumes l'une contre l'autre. Puis, presque malgré moi, je me suis sentie peu à peu enveloppée irrésistiblement par la joie éclatante de mes voisines, et j'ai été la première surprise de me voir bientôt danser et chanter comme je pouvais les mantra que je ne comprenais pas, un peu saoulée par le bruit, l'odeur entêtante des fleurs et de l'encens, et l'impression fugitive et délicieuse de n'être plus qu'une enfant.

Le rythme s'est ralenti et le calme est revenu peu à peu. Psalmodiant toujours, nous nous sommes assis par terre en tailleur. Alors, de partout, les bras se sont tendus pour passer des petits paquets de nourriture qui parvenaient de main en main jusqu'au brahmane. D'un geste symbolique, celui-ci les offrait à Hanuman, puis les renvoyait aux fidèles qui recevaient précieusement cette nourriture devenue sacrée. Il a ensuite attrapé une soucoupe d'huile où brûlait une petite mèche, lui a fait faire de grands cercles devant le roi des singes et l'a remise à l'assemblée dont elle a fait le tour. Quand elle m'est parvenue, Kali m'a expliqué comment placer ma main droite au-dessus de la flamme, puis la porter à mon front.

Nous sommes sortis dans la nuit, ravis, complices, dévalant joyeusement la colline, avec, au fond du cœur, la certitude que Dieu était là, partout. J'étais bien. Pour la première fois, je me laissais aller à l'impression merveilleuse de n'être plus tout à fait étrangère à cette foule dont émanait une paix radieuse.

1er mars

Je me suis installée à l'ombre du grand banyan. Extraordinaire, cet arbre, avec son enchevêtrement de branches enracinées. Une brise tiède soulève ses feuilles poussiéreuses et fait danser sur la table des taches de soleil.

Pendant que Caroline apprend à filer le coton avec Kamali, Isabelle joue à côté avec sa grande amie. Durga est une petite bonne femme aux grands yeux et à la peau d'un joli mat. Toute frêle dans sa robe courte, elle court pieds nus avec son petit frère sur la hanche.

Plus que nous tous encore, Isabelle cherche à se fondre avec les autres enfants. Depuis trois jours, elle refuse de se laver le front pour garder précieusement le « tika » rouge que le brahmane y a posé, et me supplie de l'emmener au marché se faire percer les oreilles et la narine gauche. Elle fait de folles parties avec ses copines, et s'est mis dans la tête de ramasser les bouses de vaches avec elles.

D'ici, j'entends le grincement de la grosse poulie du puits où mes hommes ont passé l'après-midi avec Arjun. C'était son jour d'irrigation, et il fallait l'aider à vider l'énorme outre de cuir qu'interminablement un couple de bœufs remonte à la surface.

Je me rends compte que c'est en restant sur place qu'insensiblement nous nous enfonçons dans l'Inde. Nous ne cherchons plus à la voir, mais, pour un instant, nous la vivons.

Un peu en contrebas de Nain-Bus, les femmes défilent tranquillement, leurs jarres sur la tête, et me font de petits signes en passant. À les regarder vivre, si gaies, si joyeuses malgré leur vie pourtant difficile et précaire, je réapprends les joies élémentaires du présent vécu intensément, sous le regard de Dieu. Chez nous, trop de richesses nous ont fait oublier cette vraie sagesse et cachent mal une autre misère, intérieure celle-là, celle de la solitude et du scepticisme. Comme si inéluctablement, le confort et la facilité nous séparaient de l'autre et de Dieu puisqu'on n'en avait plus besoin.

De la vie de famille nous passions à la vie à trois, puis à deux, puis à un plus un avec ou sans chien, enfin, au tout seul de plus en plus égoïste.

Petit à petit, nous perdons la notion du temps. Plus de huit mois, maintenant, que nous sommes partis et, d'ici, notre vie en France me paraît bien lointaine. Notre vie en France... Comment ai-je pu avoir besoin d'un grand appartement, de vaisselle fine, d'argenterie ? Je sais désormais qu'à l'avenir tout cela ne comptera plus beaucoup pour moi. Ici, dans Nain-Bus, nos assiettes sont fendues et fuient, nos plats sont des couvercles de gamelles, et nous installons pompeusement notre couvert sur deux glacières. Pourtant, la soupe y est joyeuse.

Voici mon Christian qui arrive, entouré d'une horde de gosses. Je le sais heureux, et je pense à l'école qu'il avait créée, autrefois, en Kabylie. Comme il l'a ratée, sa vocation !

Tout doucement, la chaleur monte. Je serais bien restée encore dans ce village, mais il nous faut partir vers le Népal, si nous ne voulons pas avoir trop chaud au retour.

Bénarès, 10 mars

CHRISTIAN :

La nuit est plus noire que les yeux d'une Rajpoute. Nous nous sommes assis dans le fond du car qui, peu à peu, se remplit de groupes mal réveillés. On parle anglais, allemand, et même français, comme les deux dames qui sont installées à notre droite. Nous les regardons curieusement, comme une race que nous aurions oubliée.

En arrivant, hier, à Bénarès, nous avons tout de suite vu qu'il était impossible de garer Nain-Bus dans l'inextricable dédale des ruelles qui bordent le Gange, sans risquer de le perdre à jamais. Alors, quitte à jouer les touristes, nous avons décidé de nous inscrire à l'excursion du Tourist Office.

Notre car vient de terminer le tour des grands hôtels et nous emmène vers le Gange. Il est cinq heures du matin. C'est à cette heure-ci, paraît-il, que tout se passe.

Nos voisines papotent avec les enfants :

– Goa, vous l'avez fait ?

– Goa ? Non !

– Et vous n'avez pas vu les grottes d'Ellora non plus ?

– Ben non !

– Ni celles d'Ajanta ?

Il y a un temps de silence.

– Ça fait combien de temps que vous êtes là ?

– Ben..., quatre mois !

La dame nous dévisage tous les six avec des yeux ronds, puis se tourne vers la fenêtre et se tait un moment.

Dehors, dans la nuit, la rue s'anime déjà. Des hommes circulent avec un pot de cuivre à la main. Une jeune femme porte une coupelle d'offrandes.

– Qu'est-ce qu'ils sont sales!

C'est comme si elle nous avait giflés : « Ils », maintenant, c'est un peu nous aussi.

Je la regarde. Elle me paraît soudain vraiment trop bête. Les enfants se tournent vers nous, Marie-France hausse les épaules.

Le car s'arrête. Surgissant de la pénombre, une nuée de culs-de-jatte, de lépreux et d'éclopés. Des moignons se tendent aux fenêtres. Un gamin pousse son tronc sur une planche à roulettes. J'ai les tripes qui se nouent. Trop de misère, par ici.

Et voici les fameux Ghats, ces grands escaliers qui descendent jusqu'à la rive. Debout dans l'ombre au bord de l'eau, des bateliers nous attendent : nos barques sont réservées.

Tout d'un coup, je repense au salon, là-bas, à nos cartes, à nos livres, et à ces noms magiques : Bénarès, le Gange. Encore un bout de mes rêves que je m'apprête à violer. J'ai le trac.

Nous glissons sur le fleuve d'huile. À gauche, l'horizon blanchit, puis flamboie. Le dieu Soleil se lève et je me sens soudain horriblement gêné. Je nous découvre dans nos barques, voyeurs indécents et grotesques, armés de nos appareils. Brusquement dévoilée, la rive nous apparaît en pleine lumière. Les astuces fusent et le spectacle nous amuse. Nous mitraillons debout. Clic pour la vieille qui se trempe dans l'eau froide et dont on aperçoit les seins à travers le sari. Clac pour cet homme qui boit et qui recrache, et qui jette l'eau devant lui. Clic pour cette femme ravissante dont les deux mains jointes donnent au geste une grâce infinie. Clic et clac pour les gourous et les saddhous, les tordus et les mourants. Clic et clac et clic pour les jeunes filles dont les saris mouillés collent à la peau, et pour ces parias qui lavent le linge en le frappant à grands coups sur la pierre. Clac encore pour ces corps qui fument sur le bûcher. « C'est interdit », ose timidement le vieux rameur au regard doux et à la peau d'ébène. Mais qu'importe, nous sommes là pour ça.

Nous nous rapprochons encore de la berge pour mieux vous fouiller, vous examiner... Excusez-nous! J'ai honte. Je ne reviendrai plus à Bénarès. Ou alors pour me recueillir, pour prier avec vous, participer à votre espoir...

En débarquant, nous avons quitté le groupe, pas très fiers de nous. Tant pis pour le temple des Singes, celui de Mother India et je ne sais quoi encore.

Le soleil brille dans les ruelles aux mille sanctuaires. Deux enfants barbouillent un Ganesh minuscule. La ville sent l'encens, les fleurs, le beurre fondu. Nous avons envie de silence, et nous nous asseyons à l'ombre d'un porche. Une gamine noire de crasse, aux pieds nus et aux yeux grands comme le ciel, s'approche de nous. De sa petite main poisseuse, elle me tend avec un sourire un morceau de la chose qu'elle mâchonne. J'avale ce trésor devant elle, me moquant soudain de la saleté et des microbes. Jamais je n'oublierai ce geste et ce visage adorable qui effacent d'un seul coup toutes les vilenies de la Terre.

Patna, 14 mars

Patna, quatre kilomètres.

Tétanisé au volant, la colonne vertébrale en vrille, la gorge bétonnée de poussière, je n'existe plus qu'au niveau du réflexe. Je sens bien que je dérange tout le monde avec Nain-Bus. Quelle idée, aussi, de circuler en voiture sur la route! Marie-France a renoncé à pester, les enfants à chahuter. Tout le monde dort, même moi. Je dépasse encore deux morts en rickshaw, trois chars à zébus, une chaise à porteurs, mais pas de raton laveur. Comment se fait-il, monsieur Prévert, qu'il n'y ait pas de raton laveur.

Patna! Après huit heures de routes indiennes, c'est le coup de grâce. Ici, ce n'est pas une foule, mais une marée, un raz de marée, des millions devant, derrière, sur les côtés, qui nous happent et nous engloutissent. Nain-Bus n'avance plus qu'au centimètre, essaie désespérément de pousser, d'écarter. Le jean me colle à la peau. Plus un souffle d'air. Ils sont trop, ils respirent tout, j'ai chaud, j'étouffe. Il faut sortir de là à tout prix.

Je passe ma tête à la fenêtre, interpelle :

– Camp? Camp?

Les yeux fermés, je penche la tête sur mes deux mains jointes en oreiller, avec un gros ronflement pour enfoncer le clou. Un bras se tend au-dessus de la mer de chevelures noires et huileuses :

– *Dak Bungalow!*

Trois siècles pour y arriver.

Est-ce la fatigue ? Ici, tout nous paraît soudain gris et déprimant : les chiffons crasseux se prennent pour des turbans, les saris sont délavés, les murs lépreux, les regards tristes et las. Bien loin, le Rajasthan et ses couleurs de feu!

C'est là!

Nain-Bus fait une tête longue comme le Gange. Nous qui rêvions d'un petit coin tranquille où nous pourrions nous reposer!...

Je m'arrête dans une cour sale et sinistre que rien ne sépare de la rue folle. Où est le manager? Ah, c'est vous? Pas l'air aimable! Deux roupies par nuit, pour ce terrain vague? Marie-France grogne. Est-ce qu'il y a de quoi se laver, au moins?

– *Washing-room?*

Une petite salle grise, un robinet... Ça fera trois roupies de plus.

– Bon, ça va. Il faudra que je nettoie tout ça! marmonne-t-elle.

Les enfants sont déjà sortis se dégourdir les jambes. Ils courent dans la pénombre en poussant des cris. Je sors le réchaud à kérosène : il y a bien longtemps que nous ne trouvons plus de gaz, et d'ailleurs il fait bien trop chaud pour cuisiner dans Nain-Bus. L'opération est délicate : c'est un réchaud de fabrication locale, et qui peut exploser à tout instant, comme me l'a expliqué le vendeur.

Mais on hurle dans le fond de la cour. Les enfants! Je bondis. Isabelle et Bertrand, en pleurs dans le caniveau, dégoulinent d'immondices.

Ce n'est pas mon heure de tendresse et j'explose : une paire de claques, et dix roupies d'amende! Quand ils arrivent à Nain-Bus, Marie-France double la mise et y ajoute la moitié d'une bouteille de mercurochrome.

15 mars

J'ouvre la porte de Nain-Bus. Armée de brosses et de récurants, Marie-France est partie nettoyer la salle d'eau. Elle avait l'air ravi d'avoir trouvé de quoi se laver et nous y faire passer tous. Dehors, le soleil est déjà chaud.

– Mais... mais, c'est mes godasses!

Devant moi, chaussé des espadrilles que j'avais mises hier soir à sécher sur le marchepied, un gars s'éloigne en boitillant, et le plus tranquillement du monde.

– Ça alors.

Stupéfait, je reste bêtement immobile à le contempler. Il perd soudain celle de gauche et se baisse pour essayer de la remettre. J'aperçois sous les loques deux moignons et des jambes rongées. Merde, c'est pas la gloire! En tout cas, il n'a pas l'air d'y arriver. Je le rattrape.

– Attends, mon gars, sans les lacets elles ne risquent pas de tenir!

Je fais un double nœud à chaque pied :

– Tiens, ça ira mieux comme ça!

Il est parti sans un mot. Côté pointure, il aurait peut-être dû prendre celles de Marie-France.

Dans Nain-Bus, les enfants se réveillent. J'aurais bien mis en route le petit déjeuner, mais je viens de m'apercevoir que le réchaud, laissé cette nuit en dessous de Nain-Bus, a disparu lui aussi. Côté toilette, la situation n'est pas brillante non plus. Marie-France revient en trombe, rouge de colère :

– Écoute, ils se fichent de nous! J'avais tout nettoyé impeccablement et, le temps que je sorte pour aller chercher mon savon, le gars de la chambre d'à côté s'est enfermé dedans avec mes affaires!

J'arrive sur les lieux. À l'intérieur, on s'ablutionne à grands coups de raclements de gorge. Il doit sûrement se laver les boyaux un par un!... Manifestement, le manager s'est payé notre tête en nous donnant la salle d'eau d'un autre. Je vais aller lui dire deux mots.

Il a pris un air exaspéré :

– *You wait, you wait!...*

Ça, pour attendre, nous avons attendu! Une heure de palabres pour qu'il se décide enfin à s'occuper de nous. En grognant, il a fait le tour des salles d'eau et nous a gratifié de la première pièce qui s'est ouverte. Elle était pleine de mousse verte et nous l'avons récurée de fond en comble. Marie-France et les filles sont passées les premières et sont ressorties presque aussitôt. Quand j'ai vu la tête de Marie-France, j'ai senti qu'il allait se passer quelque chose :

– Retiens-moi, ou je l'étripe : il n'y a plus d'eau!

Renseignements pris, elle était coupée jusqu'à cinq heures du soir, comme tous les jours dans la région. Ravis d'échapper à la douche, les garçons se tenaient les côtes de rire. Quant à moi, j'ai peut-être mal choisi mon moment pour lui annoncer qu'on s'était fait voler le réchaud...

Nous avons passé la journée à chercher un nouveau poêle et à nous relayer pour aller faire les courses dans ce coin triste et fouillis. Ici, il était hors de question de laisser Nain-Bus tout seul. Pendant mon tour de garde, un grand gaillard d'une trentaine d'années, élégant et nonchalant dans sa tenue pendjabi, m'a abordé en anglais.

– *Where do you come from?*

Ici, c'est une façon comme une autre de dire : « Bonjour, je viens faire la causette. »

Nous nous sommes installés contre le mur. Ce personnage étrange m'intriguait. Il semblait cultivé, et je l'ai attaqué bille en tête sur les problèmes de l'Inde. Il me répondait d'une manière très calme, étonnamment lucide. En fin d'après-midi, nous nous sommes quittés ravis l'un de l'autre :

– Puisque ça vous intéresse, a-t-il ajouté, je vous invite avec votre famille à un grand meeting politique qui a lieu ce soir. Il s'agit de forcer le gouvernement local à accorder trente pour cent des sièges aux basses castes. Vous serez avec moi dans la tribune officielle. Il y aura même un ministre.

Quand les autres sont revenus, nous en avons discuté ensemble. À vrai dire, nous étions tous très tentés. Mais les petits étaient trop fatigués pour veiller encore cette nuit, et nous ne pouvions pas les laisser seuls ici. C'est ce que je lui ai expliqué tout à l'heure quand il est venu nous chercher.

16 mars

Un brouhaha venu de l'extérieur finit de me réveiller. Je soulève un coin de rideau : dans la rue, plusieurs attroupements. Les gens paraissent très excités et discutent vivement. Il doit se passer quelque chose.

J'enfile mon jean et sors aux nouvelles. Sur la place, le marchand de journaux est littéralement pris d'assaut. Je me faufile jusqu'à lui et repars avec le *Time of India :* c'est tout ce qu'il avait à vendre en anglais. Titre énorme en première page : « PATNA. UN MEETING POLITIQUE TOURNE À L'ÉMEUTE. ON TIRE SUR LES OFFICIELS. DEUX MORTS DANS LA TRIBUNE. » Je fonce à Nain-Bus, réveille tout le monde :

– Ben, mes agneaux, on l'a échappé belle hier soir. Ça aurait pu être la fin du voyage. Regardez ça!

Marie-France parcourt l'article qu'elle traduit tout haut en frissonnant rétrospectivement. Éric émerge de son sac, très fier :

– C'est grâce à nous que vous êtes sauvés, hein?

Quelqu'un frappe à la porte.

– C'est mon gars, je sors!

Il a l'air fortement impressionné et me parle tout bas, en conspirateur :

– Bonjour, je suis heureux que vous ne soyez pas venus. On nous a tiré dessus, ça a été terrible! Je suis venu vous prévenir que des événements très graves se préparent : l'attentat d'hier a mis le feu aux poudres et la situation est explosive. En ce moment même, deux manifestations avancent dans la ville : basses et hautes castes. Elles risquent de se rencontrer par ici, vous êtes juste au centre de Patna. Si c'est le cas, cela peut dégénérer en affrontement sanglant car beaucoup d'hommes sont armés. Il faut que vous prévoyiez de protéger les enfants.

– Mais je ferais peut-être mieux d'emmener toute ma famille vers le cantonnement?

– Hélas, il est trop tard. Vous risqueriez de rencontrer des manifestants. Non, je crois qu'il est plus sage, maintenant, de ne pas sortir d'ici. Excusez-moi, il faut que je file. Faites très attention!

Flûte! Je n'avais pas prévu ça. Décidément, ce patelin...

J'étudie un peu le terrain : si on tire, il faudra se mettre là, contre le petit mur. Ce que je crains le plus, là-dedans, ce sont les débordements d'une foule en folie et les émeutes qui se transforment en saccages. Nain-Bus peut exciter les convoitises et, à l'intérieur, nous ne sommes pas à l'abri. Conseil de guerre. On ne blague plus. Les enfants ont repéré le mur.

– Il ne faut pas s'affoler, mais mieux vaut tout prévoir. Pour le moment, ne bougez pas et restez avec Maman. Je vous dirai s'il faut sortir.

– Moi, je peux venir avec toi, Papa? demande Bertrand gravement.

Je le regarde : il a déjà onze ans.

– Si tu veux. D'accord!

Sur la place, l'atmosphère est lourde, l'attente n'en finit plus. Soudain, venue de la gauche, une rumeur qui s'amplifie. Nous retournons à Nain-Bus.

Ils sont arrivés en masse compacte, silencieux, tendus, inquiétants. Nous scrutons anxieusement le côté opposé de la place. Le défilé n'en finit plus, s'élargit, frôle Nain-Bus. Quand les derniers groupes sont passés, je me sers un coup de raki, et Marie-France vient décompresser sur mon épaule. Les petits ont l'air presque déçus :

– Ben alors, il ne s'est rien passé!

Vers cinq heures, nous avons revu notre ami qui nous apportait les dernières nouvelles : la police chargeait en ce moment même tout près d'ici. Il y avait déjà des morts et des blessés.

– Je vous conseille de ne pas rester avec votre famille, car j'ai bien peur que ce ne soit pas fini. Vous savez, la situation en Inde n'est plus possible. À eux seuls, dix pour cent des plus riches possèdent la moitié des terres, tandis que la moitié de la population n'a même pas de quoi vivre. Rendez-vous compte que des dizaines de millions de gens ne gagnent pas plus d'une roupie par jour.

– Une roupie par jour pour toute une famille, ça ne fait même pas cinquante centimes, calcule Bertrand, atterré.

Nous avons encore discuté longtemps. Il nous a expliqué comment les landlords avaient contourné la réforme agraire en distribuant fictivement des terres à toute leur famille; comment, au détriment de la main-d'œuvre agricole, ils profitaient de la mécanisation; il nous a parlé de l'inflation, du chômage, de la chute récente et catastrophique du cours de la canne à sucre, des fermetures des usines de jute...

– Alors, de toute façon, un jour ou l'autre, cela tournera en une grande révolution. Elle commencera ici, au Bihar, et peut-être très bientôt. Partez avant qu'il ne soit trop tard!

Katmandou, Népal, 15 avril

CHRISTIAN :

En silence, Tashi nous conduit derrière le gros Bouddha dont les oreilles pendent jusqu'à la ceinture, puis nous précède dans un petit escalier qui débouche sur un sous-sol obscur. Nous tâtonnons en conspirateurs vers une salle à colonnes éclairée aux bougies et enfumée d'encens. Tashi nous laisse dans le noir, derrière une rangée de piliers.

– Restez ici sans vous montrer, la cérémonie va commencer, nous souffle-t-il à l'oreille, avant de rejoindre les autres.

Ils sont assis en lotus, le dos au mur, dans leur robe bordeaux.

Ça a commencé tout bas. Le gros s'est mis à marmonner d'une voix grave une litanie-mantra qu'ils ont tous reprise en chœur dans un braillement joyeux. Et en avant les conques, le gong et les cymbales! Ça enfle à la Wagner, ça tintamarre à qui mieux mieux comme un gros chahut de réfectoire. Merveilleuse religion qui fait d'un défoulement bienfaisant une prière!

Bertrand a toussé. En face, un petit lama de cinq ans, à bille de lune, nous aperçoit. Rigolard, il envoie une série de coups de coude dans les côtes de son voisin et nous pointe du doigt si discrètement que toute la lamasserie nous repère. Et ça repart de plus belle, avec clins d'œil et sourires complices. Du coup, les petits voudraient y aller. Ils taperaient bien, eux aussi, du gong et des cymbales.

Nous remontons saoulés et presque convertis. Dehors, les singes font les pitres entre les minitemples et farfouillent dans les mille niches à dieux. Ici, à Swayambou, c'est du superconcentré : tout le panthéon asiatique s'y est donné rendez-vous.

Avant notre départ, Tashi nous emmène encore une fois faire le tour du grand stupa. Dans le sens des aiguilles d'une montre. Il y tient beaucoup pour attirer sur nous la bénédiction des dieux. Soudain très pieux, les enfants concourent à qui fera tourner le plus longtemps les gros moulins à prière, à la grande joie d'un groupe de Tibétaines qui prient à tour de bras. Je porte Éric, qui est furieux de ne pas être à la hauteur.

Nous avons dit au revoir à Tashi, qui était devenu un bon ami. D'une poche intérieure de sa robe de moine, il a sorti une liasse de feuilles jaunies par le temps, et me les a tendues avec précaution :

– C'est pour vous. Ce sont des prières que nous avons rapportées du Tibet pendant l'exode. Elles vous protégeront.

Puis nous avons échangé nos adresses et promis de nous écrire. Rappelé par un moinillon, Tashi a disparu dans la lamasserie. Nous nous sommes arrêtés une dernière fois sur le muret d'où nous dominons toute la vallée de Katmandou.

Katmandou... Près d'un mois que nous y sommes arrivés. Mille souvenirs déjà.

Je revois nos grandes balades sur les vieux vélos noirs que nous avions loués pour sillonner toute la vallée; les après-midi entiers passés dans le calme des *gaths* de Pashupatinath où, sous le soleil qui éclairait les bûchers, la mort elle-même perdait de sa tristesse; la folle journée du « Holi », quand, avec la ville en fête, nous nous aspergions comme des gosses de liquides et de poudres colorées... Contaminés peu à peu par la simplicité, l'insouciance, la foi confiante, naïve, merveilleuse, et la gaieté de ce peuple si proche de la « demeure des dieux », nous avons pris ici une belle leçon d'enfance. Nous serions bien restés encore un moment, mais la chaleur monte tous les jours en Inde, maintenant, et il va falloir rentrer au plus vite sous peine d'y retrouver l'enfer.

Je l'ai vu débouler du toit et s'approcher tout près, juste derrière sa tête. Avant que j'aie eu le temps d'intervenir, il s'est penché à son oreille et a poussé un formidable « Crouiiiiiiik! » à vous percer les tympans.

Marie-France sursaute et se retourne d'un bond, prête à châtier le sale gosse :

– Non mais, ça ne va pas ?

Ils se regardent tous les deux, stupéfaits. Puis le singe fait une bouche en cul de poule et lui répond d'un petit « ouh! » timide, qui déclenche notre fou rire.

La nuit tombe, il est temps de redescendre. Voilà d'ailleurs nos dames tibétaines qui ont fini leur prière et qui, en chahutant comme des gamines, se dirigent elles aussi vers l'interminable escalier qui descend toute la colline. Devant la famille ahurie, l'une d'elles ramasse alors sa longue robe à tablier coloré, enfourche en riant la double rampe et entame la descente sur les fesses. Hilares, les autres l'imitent aussitôt et nous font signe d'en faire autant. Je pense à mon patron et à mes quarante-quatre ans, et nous voilà tous glissant, gloussant, pleurant de rire, sous l'énorme regard du Bouddha de Swayambou qui rit sûrement, lui aussi. En bas, nous nous quittons ravis et, tandis qu'elles se dirigent vers le petit camp de réfugiés où elles ont le culot d'être si joyeuses, nous prenons à travers champs vers Katmandou.

Le moral est au grand beau, nous avons convaincu Marie-France de nous payer une soupe népalaise « pour le dernier jour ».

Il fait nuit quand nous atteignons la première maison. La ville sent bon la cuisine et le feu de bois. Moins poétique, le passage sur le pont : dans le lit de la rivière, c'est l'heure des cabinets municipaux. On devine, à travers les hautes herbes, des rangées d'accroupis. À côté, les petits pourceaux-sangliers fouinent du groin dans les immondices. Un salut à notre épicier qui ferme les volets de bois de sa minuscule boutique puis, en haut de la ruelle, le taureau Nandi nous présente ses fesses et ses avantages un peu huileux : dans la journée, c'est le stand du marchand de beignets.

Durbar Square. Une soucoupe d'offrandes entre les mains, des femmes se faufilent pour leur dernière prière. Les dieux éteignent une à une les lumières de leurs temples, avant de s'endormir sous la protection de leurs affreux griffons de pierre aux grimaces dissuasives.

Sur la plus haute marche du grand temple-pagode, le point lumineux d'un joint circule encore au milieu d'un groupe de chevelus piteux, l'arrière-garde décimée des hippies de 70, qui n'en finit pas de se suicider à coups de drogue et d'oisiveté, avec dans les yeux l'infinie désespérance d'un Occident qui a perdu son enfance et ses dieux. Demain, au pied de ce temple, et marchant depuis l'aube sous de lourdes charges de bois, des montagnardes viendront, par leurs rires, lui donner encore une fois, mais en vain, la leçon du simple bonheur d'exister.

Nous frissonnons de bien-être en pénétrant dans la chaleur réconfortante de la petite salle basse où se mêlent les odeurs de soupe et de bois brûlé, et nous nous tassons sur les bancs rustiques, les coudes sur la table bancale, au milieu de solides Népalais. Pas besoin de commander, on ne sert que ça : six grosses assiettes de soupe épaisse nous fument dans la figure à nous en donner la goutte au nez.

Nous n'avons recommencé à parler qu'après la troisième tournée. On paye la première, les autres sont gratuites. Les enfants clignent des yeux, les mains sur le ventre, et l'air béat.

– Allez, vite au lit! N'oubliez pas que demain, nous partons à la montagne!

Le vent est glacial. Assis épaule contre épaule, le derrière au frais et le nez dans les étoiles, nous attendons en grelottant dans nos sacs de couchage. Au fond, là-bas, un vague halo s'est éclairci lentement. Puis, comme pour annoncer une apparition grandiose, d'énormes faisceaux de lumière blanche ont éclaté dans le ciel. Alors, tout autour de nous et dans une mise en scène féerique, le grand Régisseur a embrasé l'un après l'autre les formidables sommets, avant d'apparaître en une étoile éblouissante dont l'éclat nous force à baisser le regard comme pour nous demander allégeance.

Les Népalais ne se trompent pas : nous sommes bien ici dans la demeure des dieux.

– Il faudra vraiment se souvenir de ce moment, murmure Marie-France, qui a le nez rouge de froid et le sens des instants historiques. Est-ce que quelqu'un peut décrire ce qu'il voit, pour notre livre?

– Ben... c'est grand... et c'est haut.

– Oui, et puis c'est superbeau.

– Ah bravo! Vous assistez à un lever de soleil inoubliable sur l'Himalaya, avec l'Everest en face de vous, et c'est tout ce que vous trouvez à dire! Soyez un peu poètes, au moins!

Silence.

– Euh... le magnifique Himalaya se rosit sur les pointes et nous le regardâmes en famille avec satisfaction! déclame Isabelle.

Nos sacs tressautent ensemble d'un joyeux fou rire.

Le soleil éclairait maintenant le fond de la vallée. Nous nous sommes blottis les uns contre les autres, comme si le paysage et le moment, étaient trop grands pour nous. Et, en silence, nous avons échangé les mille choses que nous ne savions pas dire.

IV

Entre Patna et Bénarès, Inde, 18 avril

MARIE-FRANCE :

Nous retrouvons une Inde écrasée de chaleur et de lumière. En un mois, le paysage est devenu méconnaissable, grillé, craquelé, et les étangs ne sont plus que des mares boueuses dans lesquelles les buffles noirs pataugent et les femmes puisent encore.

Nain-Bus soulève un nuage brûlant de poussière blanche. À l'intérieur, on étouffe. Il faudrait aller plus vite, pour respirer, pour remuer un peu l'air. Mais, devant, tout le monde dort : les buffles, les bouviers, les cyclistes, les porteurs, les piétons. J'avais oublié qu'il y avait tant de monde et si peu de place sur les routes indiennes. Pour comble de malheur, un pont hors d'état nous a obligés à nous perdre sur cette vilaine piste éventrée de trous énormes que la poussière dissimule. Et c'est toujours quand nous nous méfions le moins que nous décollons tous les six vers le plafond, avant de retomber dans un épouvantable fracas de quincaillerie, accompagné de jurons et du contenu des placards.

Le long de la piste, des femmes construisent une route. En files interminables, elles charrient sur leur tête d'énormes paniers de gravats, tandis que d'autres étalent à la louche le goudron bouillant qu'elles puisent dans un grand chaudron. Même là, dans leur sari poussiéreux, elles gardent une démarche gracieuse et noble. Comment peuvent-elles continuer à travailler sous un soleil pareil ? Quand je pense à la réputation de paresse que ce peuple garde chez nous !.. Je voudrais nous y voir, tout suralimentés que nous sommes.

– Maman, je peux boire ?

J'ai accroché à ma portière la vache à eau que nous avons achetée au Népal et, depuis, je n'arrête plus de remplir et de passer le gobelet à mes assoiffés. Plus le soleil tape, plus c'est frais.

À l'arrière, tous les quatre somnolent, assommés, tête sur la table. Isabelle est rouge écrevisse. Et dire que nous avons encore toute l'Inde à retraverser! Nous n'aurions jamais dû rester si longtemps au Népal!

Sasaram, Inde, nuit du 19 avril

CHRISTIAN :

Nain-Bus se retourne, grogne, soupire des jurons. Une heure du matin, et personne n'a encore fermé l'œil.

– On étouffe là-haut! Je peux avoir un verre d'eau?

Marie-France s'assied d'un bond, en hurlant :

– Vous allez dormir, oui?

– Si je me déshydrate, ce sera de ta faute, gémit Éric.

Silence. Marie-France se penche à mon oreille :

– Tu crois qu'il risque?

– Ben, tu sais, avec cette chaleur.

Pour ma conscience, j'ajoute un imperceptible :

– Mais, si tu veux, je peux y aller.

Hélas, elle voulait bien. Alors, je me suis relevé pour distribuer les bols d'eau tiédasse. Elle s'est levée aussi, en mère poule, pour aller inspecter les couchages.

– Tu as vu? Leurs sacs à viande sont trempés de transpiration.

Je me recouche.

– Essayez de vous rendormir. Je ne veux plus entendre un mot!

Re-silence. Nain-Bus est une cocotte-minute. Combien?... 41!... Pff!... Ce bon sang de thermomètre qui ne redescend même plus la nuit!

Maintenant, dodo.

J'essaie de compter les moutons, mais la route de la journée me tourne dans la tête. Je ne vois que des buffles, et ça ne saute pas bien. J'étouffe, je ruisselle. Si je continue à m'évaporer comme ça, je me réveille en squelette. De l'air! Tant pis pour les moustiques! À cette heure-ci, ils doivent être couchés.

J'enjambe Marie-France et ouvre la porte comme un noyé qui arrive à la surface. C'est mieux. L'air est toujours aussi chaud mais il bouge un peu.

J'ai bien failli m'endormir. Le premier est arrivé en rase-mottes de reconnaissance au-dessus de l'oreille. Je me suis donné une grande claque. Puis, derrière, sans déclaration de guerre, mille escadrilles de moustiques fondent en vagues successives sur mon lobe, point névralgique de l'offensive diptère. Il gonfle. Je fais donner la DCA, me giflant à tour de bras.

Les nouvelles du front sont mauvaises : autour aussi, on lutte rageusement. C'est l'attaque générale. Merde! Lumière!

Deux heures et demie. La bataille a été rude. Les visages sont gonflés, les fesses tuméfiées. Isabelle n'ouvre plus l'œil gauche. Ce sera donc la bombe atomique!

– Allez, tout le monde dehors!

– Et si un monsieur indien nous voit, tout nus comme on est? s'inquiète Isabelle.

– Vous n'avez qu'à remettre vos pyjamas!

Avant de sortir, Marie-France a rentré le pain et mis un couvercle sur la soupe : pas de poison dans la popote!

– Tu peux y aller!

J'inspire à fond, bloque ma respiration et fonce à l'intérieur, ivre de vengeance. À tour de bras, je pompe de gros nuages de mort : en haut, dans la cabine, sous la table, derrière le rideau, dans les toilettes, plus deux autres gratis... Il faut que je respire!... Je ressors comme un pantin.

– J'en ai mis de quoi tuer un troupeau de buffles.

Je referme doucement la porte, à la sadique :

– Bonne nuit, les petits, faites de beaux rêves!

Les miens, de petits, titubent, piteusement alignés contre Nain-Bus.

Dix minutes d'attente. Pour qu'il n'en reste plus un. Après, hélas, pas question d'entrer dans Nain-Bus comme ça : le « Flytox » indien est aussi « childrentox ». Il faut aérer, c'est-à-dire remplir Nain-Bus d'une nouvelle flopée de bestioles toutes neuves, avides de sang. Mais nous avons mis au point une technique d'aération tout à fait révolutionnaire, qui a toujours le don d'ahurir les éventuels spectateurs.

– Caroline, tu prends la porte avant droite! Bertrand, la gauche! Isabelle, à l'arrière! À mon signal, vous battez comme des fous! Ouvertes, fermées, ouvertes, fermées, sans vous arrêter! Et que pas un moustique ne passe!

Je me pince le nez, me glisse à l'intérieur, ouvre les vitres à moustiquaires et le lanterneau, ressors à bout de souffle et respire un grand coup.

– J'ai l'impression qu'il y a du cadavre! Bon, vous êtes prêts? Partez!

Comme à chaque fois, c'est le fou rire. Même ce soir, avec la fatigue. Nous avons l'impression d'empêcher Nain-Bus de s'envoler.

– Ça doit suffire maintenant.

Chacun a reclaqué sa porte. Nous nous sommes regroupés devant celle de l'arrière pour nous y engouffrer en bloc et refermer avant d'être poursuivis par l'ennemi. Du moins, je l'espère.

Il est trois heures du matin. Je vais pouvoir dormir.

– Papa?

Je grogne :

– Qu'est-ce qu'il y a encore?

– J'en entends un!

Je n'avais donc pas rêvé.

– Il y en a au moins quatre! assure tranquillement Bertrand.

Je crois bien avoir entendu Marie-France parler d'excréments d'oiseaux, ou quelque chose d'approchant. Si j'en attrape un..., si j'en attrape un..., bon sang, si j'en attrape un... Un moustique, comment ça crie? Est-ce que ça fait plus mal d'arracher une aile ou...? Non! Les pattes! Une à une, en les tordant! Je me suis rassis. Je vais craquer. Je sens que je vais craquer! Je vais tout laisser là, Nain-Bus, Marie-France, les enfants et leurs moustiques, me barrer le front du signe de Vishnou, me barbouiller le ventre et le zizi de cendre grise, et partir tout nu sur les routes avec une sébile, un bâton et un chapelet, en chantant *La Paimpolaise.*

Je prends une dernière décision :

– Une roupie par moustique abattu!

Caroline a rallumé la lumière, et tout le monde s'est relevé. Bertrand a organisé la chasse : Isabelle a été détachée aux rideaux, Éric à la cabine, Caroline à la capucine, Marie-France à l'arrière, et moi aux cabinets. Bertrand a ordonné :

– Maintenant, vous secouez tous à la fois, pour qu'ils s'échappent. Et quand ils arrivent à la lumière, toc! On partagera après.

Ça n'a pas arrêté de faire « toc », et les enfants volaient vers la fortune en hurlant de joie. J'avais exigé de voir les preuves : à chaque nouvelle victime, Bertrand me tendait fièrement la paume de sa main, et j'entassais les cadavres dans une assiette, pour les contestations éventuelles.

Au bout de dix minutes, j'avais déjà perdu trente-quatre roupies. J'ai commencé à rire jaune, et Marie-France à ne plus rire du tout :

– Tu sais combien il nous reste ?

Les enfants, touchés, ont arrondi à quarante roupies, et nous ont proposé généreusement de continuer gratis. Nous avons de braves enfants.

Kanpur, Inde, 20 avril

CAROLINE :

Ça va mal. Il fait vraiment trop chaud. Les nuits deviennent affreuses : moi, je passe mon temps à m'enfermer dans mon sac à viande et, au bout de cinq minutes, j'étouffe là-dedans. Alors je ressors et je deviens vraiment folle avec les moustiques. Ah, ces sales bêtes! Et, le matin, même pas moyen de faire la grasse matinée pour rattraper; à neuf heures, le soleil tape déjà si fort sur Nain-Bus qu'on ne peut plus tenir dedans.

Ce matin, il fallait voir nos têtes avec des cernes sous les yeux, et les boutons écorchés. Quand il s'est levé, Éric ne se sentait pas bien. Bertrand avait la diarrhée, et le petit déjeuner ne faisait envie à personne. Les Parents paraissaient très ennuyés. Papa a dit qu'il fallait absolument qu'on se repose et qu'il allait louer une chambre dans un Dak Bungalow. Maman a répondu qu'on ne pouvait pas, à cause du prix : ça nous coûterait au moins quinze roupies pour la journée.

Bertrand a proposé l'argent que nous avions gagné avec les « moustiques-parties ». Papa a accepté et nous a dit qu'il nous rembourserait à Kaboul si le virement qu'il avait demandé arrivait.

Maintenant que nous roulons, on a un peu d'air. Maman fouille dans ses livres pour trouver dans les environs une ville avec Dak Bungalow ou Circuit House.

Ce soir, ça va mieux. Nous avons trouvé une chambre, et dormi dedans tout l'après-midi.

Quand nous sommes arrivés, le manager voulait nous faire attendre jusqu'à quatre heures. Papa a beaucoup insisté pour en avoir une tout de suite avec un ventilateur qui marche. Le manager a disparu un moment et ça a fini par s'arranger. Il nous a conduits au fond d'une cour où nous avons garé Nain-Bus, et nous a donné la clé.

Dedans, les volets étaient fermés, il faisait noir et ça sentait le moisi. Maman a allumé le gros ventilateur accroché au plafond, et nous nous sommes tous jetés sur le lit en nous installant comme nous pouvions. Avec le vent du ventilateur, les moustiques restaient plaqués aux murs et nous fichaient la paix. C'était génial!

À sept heures du soir, je me suis réveillée. Papa était en rage et attrapait les garçons qui avaient arrêté le ventilateur plusieurs fois. À cause d'eux, nous avions plein de nouvelles piqûres. Et tout ça pour quoi? Pour jouer à l'hélicoptère! Papa se grattait en répétant d'un air furieux :

– À l'hélicoptère! Non mais, quelle bande d'andouilles!

Maman a ouvert les volets, et nous nous sommes aperçus que la chambre n'était pas ragoûtante. Le bas des murs était vert de moisi, et il y avait des taches sur le lit. Beurk, beurk!

Maman est partie se doucher dans la petite salle d'eau à côté. Elle est ressortie à toute vitesse en poussant un cri. De loin, elle nous a montré une énorme araignée noire près de la porte. Ça lui fait cet effet-là à chaque fois, c'est drôle! Moi, d'accord, je n'aime pas, comme pour les cafards, mais c'est tout! Bertrand, qui n'en a pas peur du tout, les attrape dans ses doigts.

Nous sommes tous rentrés, pour voir. C'est encore Bertrand qui l'a prise et, comme d'habitude, il a couru derrière Isabelle, pour la faire hurler. Il faut dire qu'Isabelle hurle quand même assez facilement! Éric, presque jamais. Et moi, comme je suis aussi forte que Bertrand, il ne s'y risque pas trop. Papa riait mais il a dit d'arrêter.

Dans la salle d'eau, il y avait juste un robinet au mur, et une rigole qui passait sous la porte. Nous sommes allés chercher des brosses et le savon de Nain-Bus pour nettoyer par terre. Puis nous nous sommes tous mis tout nus et, pendant une demi-heure, nous avons rigolé comme des fous à essayer d'éclabousser les autres, en appuyant la main sous le robinet. N'empêche que ça faisait du bien!

Ce soir, quelle aubaine! Les garçons sont de corvée, à cause de l'hélicoptère.

Nous avons mis la table dehors, pour ne pas attirer dans Nain-Bus nos chers petits amis moustiques. Le dîner n'a pas été très réussi : quand nous étions bien installés, Maman a apporté la cocotte-minute d'un air satisfait et, dès qu'elle l'a ouverte, nous nous sommes aperçus par l'odeur que la bonne soupe de légumes était complètement tournée. Pas étonnant, avec cette chaleur! Nous n'avions plus le courage de faire cuire du riz. Mais, heureusement, il restait des tomates, que nous avons mangées avec du sel.

Nous ne sommes pas restés longtemps à table : les moustiques nous piquaient les jambes par en dessous. Alors les garçons ont allumé des dizaines de tortillons indiens à brûler, pour les chasser. Mais ça pue tellement que nous avions mal au cœur.

Cette nuit, nous allons coucher dans la chambre. Mais les pauvres Parents resteront dans Nain-Bus : depuis le cambriolage, Maman ne veut absolument plus le laisser tout seul. Ils l'ont garé devant notre porte.

Les garçons débarrassent en courant après des espèces de vers luisants volants qui font des petits clignotants dans la nuit. C'est extraordinaire, je n'en avais jamais vu en France.

Moi, j'écris dans la chambre pendant que Maman prépare notre lit et corrige un peu mon texte que je lui lis tout haut. J'ai surtout des problèmes de temps. Sous le ventilateur, il fait vraiment bon mais, dès que je sors, ça me fait comme une bouffée de chaleur qui vient de la terre brûlante.

Delhi, 21 avril

Nous avons repassé une journée à Delhi, et partons demain : Uncle Narain nous a prévenus qu'à partir de maintenant la température allait encore monter tous les jours – jusqu'à plus de 50°! – et qu'il fallait nous dépêcher de repartir. Il était venu exprès de Jaïpur pour nous dire au revoir, avec des cadeaux pour chacun.

Ce soir, nous avons fait une dernière promenade avec lui dans la ville.

Tout le monde couche dehors maintenant (pas seulement les pauvres), sur les terrasses, les balcons, et devant les maisons. Uncle nous a expliqué que, si on s'aimait comme ça, c'est qu'on avait sûrement déjà dû vivre une autre vie ensemble. Je me demande si c'est possible.

À Connaught Place, il a appelé un petit marchand de glaces et lui a demandé quatre cornets pour nous. Maman refusait parce qu'on ne savait pas d'où venait l'eau. Mais Uncle croyait que c'était par politesse, et les a achetés quand même. Il était si content de nous les offrir, et nous ne pouvions même pas les manger! Pourtant, elles nous faisaient très envie, surtout par cette chaleur! Il nous disait sans arrêt *« eat! eat! »*, et nous restions avec le cornet dans la main, un peu gênés. Pour finir, Papa a inventé une petite histoire, en expliquant que nous avions été très malades avec de la glace et que le docteur nous avait dit de ne plus en prendre.

Il nous a raccompagnés jusqu'ici. Nous l'avons embrassé plusieurs fois. Ça nous faisait vraiment de la peine de le quitter!

AU NÉPAL :

44

45

44. Abha tisse des guirlandes de fleurs destinées aux dieux.
45. Promenade matinale à Katmandou.
46. Lever de soleil sur l'Himalaya.

46

DANS L'ATLAS :

Toutes les illustrations (photos des Pallières/Sidoc) sont des Kodachromes

Sur la route de Moradabad, Inde, 23 avril

MARIE-FRANCE :

Je ruisselle dans la cabine surchauffée. Cette route n'en finit plus. Chaque jour, il fait un peu plus chaud, et chaque jour nous supportons un peu moins bien cette chaleur, comme si la fatigue s'accumulait. Ce sont surtout les garçons qui m'inquiètent : ils ont la diarrhée depuis quatre jours et des mines de papier mâché.

Je me demande si nous allons tenir le coup.

Entre Hardwar et Chandigarh, Inde, 24 avril

Nous roulions depuis trois heures quand j'ai entendu comme un coup de feu. Nain-Bus a zigzagué sur la route. En jurant, Christian a frappé son volant du poing :

– Bon sang de merde! C'est l'arrière gauche!

Un pneu arrière! Toute une affaire à changer, à cause du cric trop court. Et, pourtant, il fallait faire vite si nous ne voulions pas griller vifs sous ce ciel d'enfer.

Dehors, la lumière était aveuglante. Le pneu avait éclaté sur vingt centimètres.

J'ai coincé un torchon mouillé sous le bob de Christian. Pendant qu'il desserrait les boulons, j'essayais, avec les grands, de dégager la roue de secours de derrière mon siège, et me suis brûlé le bras sur la tôle surchauffée. Le cœur me cognait dans la poitrine. Christian aussi avait du mal : l'un des boulons était trop serré. Il s'est relevé, écarlate, en s'appuyant sur la carrosserie. Il respirait à petits coups et la sueur lui dégoulinait sur les tempes. J'avais peur qu'il ne me fasse un malaise.

Alors, quand, par-dessus le marché, j'ai aperçu la quinzaine de dadais qui s'étaient plantés autour, immobiles, j'ai explosé et hurlé :

– Poussez-vous! Vous ne voyez pas qu'on étouffe?

Ils m'ont regardée d'un air étonné, puis se sont mis à rire comme des idiots. J'ai failli piquer une crise de nerfs. Décidément, je deviens irritable. La chaleur doit nous avoir petit à petit, à l'usure.

Pindi, Pakistan, 26 avril

Bientôt le bout de l'enfer. Juste le temps de passer dire au revoir à la famille de Djamil, et nous filons vers Peshawar. Après-demain, nous serons à Kaboul. Ouf! À mille huit cents mètres, nous pourrons enfin respirer! Il est temps : tout le monde est à bout. Bien sûr, il nous restera encore le désert du Sud, mais nous aurons eu le temps de nous reposer.

En attendant, nous avons installé Nain-Bus en pleine ville, sur un parking. Nous pourrons avoir de l'eau à l'hôtel voisin.

28 avril

Je reste sans voix.

– Tiens, regarde toi-même.

Cela s'étale en énormes lettres sur toute la première page du *Pakistan Times* que me tend Christian : « COUP IN KABUL. DAOUD OVERTHROWN ».

– La frontière est fermée! Cette fois-ci, nous sommes coincés, répète-t-il.

Il était parti chercher les visas pendant que je finissais de préparer Nain-Bus avec les enfants. Dans la rue, il avait tout de suite aperçu les attroupements autour des vendeurs de journaux.

– Mais ce n'est pas possible! On ne peut pas rester à cuire ici dans cette fournaise et à ne pas dormir! Tu as vu la tête des enfants?

– Pourtant, il n'y a rien d'autre à faire. Après tout, la situation va peut-être se débloquer rapidement.

La journée a été torride. Nous sommes allés aux renseignements à l'ambassade d'Afghanistan. L'ambassadeur est très énigmatique : il attend des ordres de son gouvernement et ne délivre aucun visa.

Dans la rue, nous avons abordé un groupe de Pakistanais qui écoutaient la radio. Il paraît qu'il y a eu du grabuge à Kaboul et beaucoup de victimes. Que sont devenus, dans tout ça, Shahwali, Tati Martha, et tous nos amis ? Je me suis souvenue, tout à coup, qu'en France tout le monde devait nous croire déjà en Afghanistan, en plein dans la bagarre. Nous sommes allés à la poste envoyer un télégramme pour les rassurer.

Rawalpindi, Pakistan, 29 avril

La résistance s'organiserait en Afghanistan. La loi martiale a été proclamée.

Nous avons trouvé un gros arbre pour abriter Nain-Bus mais, toutes les heures, il faut changer de place pour suivre l'ombre. Je ne sais plus quoi inventer comme repas, et pimente à bloc pour essayer de réveiller les appétits.

J'admire le moral des enfants. Ils ne se plaignent pas et Éric continue à nous faire rire.

30 avril

Christian et moi partons très tôt pour faire nos courses au Raja Bazar avant que la chaleur ne devienne insupportable.

Mais, ce matin, nous étions un peu en retard et, dans la foule des ruelles surchauffées, nous n'en pouvions plus de cette lumière insoutenable qui nous aveuglait, de ce soleil qui tapait à nous faire éclater la tête. Nous nous sommes réfugiés, écarlates et dégoulinants, dans une petite boutique où tournait un gros ventilateur accroché au plafond, et sommes restés là un long moment, à faire semblant de nous intéresser au tas de fripes.

Christian s'est cru obligé d'acheter deux caleçons d'occasion, en échange de ce courant d'air miraculeux.

1er mai

Toujours rien de nouveau à l'ambassade.

– Je ne sais même pas ce que je vais devenir moi-même, nous a fait remarquer l'ambassadeur.

Cette fois-ci, notre moral est sérieusement atteint. Et si ça se prolongeait? Et si la frontière ne rouvrait plus du tout? Ici, nous n'avons presque plus d'argent, alors qu'un virement nous attend à la banque de Kaboul. Quand je pense que Christian y a fait envoyer les derniers quatre mille francs qui restaient sur notre compte!

Nous avons passé l'après-midi, penchés sur la carte, à étudier toutes les solutions possibles. Partir attendre dans la montagne, vers Murree ou Swat? Bien sûr, nous y retrouverions la fraîcheur, mais ce serait risquer de rater une éventuelle brève ouverture de la frontière. Contourner l'Afghanistan par le sud, via Quetta et le désert iranien? Impensable avec Nain-Bus sur ces pistes très dures de désert total, sans point de ravitaillement, et dans une des régions les plus chaudes du globe à cette époque-ci! Et puis, ce serait abandonner définitivement nos derniers sous à Kaboul.

– Essayons de tenir encore une semaine, conclut Christian. Alors, il faudra absolument prendre une décision.

J'ai trouvé du lait caillé au bazar : à peu près la seule chose que les enfants arrivent à avaler, avec les fruits.

2 mai

Indifférents désormais aux piqûres de moustiques, nous passons des nuits éreintantes, qui n'en finissent plus, à dormir par petits coups, à nous agiter, à nous retourner mille fois, à attendre un peu d'air.

Là-haut, dans la capucine, c'est devenu intenable : Bertrand et Isabelle couchent sur notre lit, à côté de Christian, et moi je me suis installée par terre, la tête vers la porte ouverte. Quand, vers trois ou quatre heures du matin, la température baisse un peu, apportant une relative fraîcheur, nous nous endormons comme des masses. Mais le répit est de courte durée : à neuf heures, le soleil cogne déjà trop fort sur le toit pour que nous puissions rester à l'intérieur.

Ce sont sans doute ces mauvaises nuits accumulées qui nous vident et font que nous supportons de plus en plus mal la chaleur de la journée.

Au bazar, nous avons vu des ventilateurs. Si nous trouvions un branchement électrique, cela nous permettrait peut-être de respirer un peu. Mais nos fonds baissent, et nous ne savons pas combien de temps encore il nous faudra les faire durer ici.

3 mai

Dès dix heures, le thermomètre de Nain-Bus se bloque à 60°. Le réfrigérateur ne refroidit plus. Tout ce que nous mangeons est tiède : les salades de tomates, l'eau, les fruits...

Nous nous traînons du matin au soir, n'ayant plus le courage de rien faire, pas même d'écrire, de lire ou de parler.

Maintenant, je comprends l'attente fébrile de la mousson, même si elle apporte souvent des catastrophes avec elle.

Ce matin, pendant la toilette, j'ai été effrayée par la maigreur de Bertrand. Nous avons tous la diarrhée. Il faut absolument faire quelque chose avant que nous ayons un gros pépin !

4 mai

– René, t'a mis le rosé au frais ?

Nous somnolions depuis un moment sous notre arbre quand j'ai entendu un bruit de manœuvre et puis, peu après, cette conversation tellement ahurissante que je me suis demandé si je ne rêvais pas.

Christian se lève d'un bond :

– Tu as entendu ? Non, mais c'est une blague !

Nous nous précipitons.

Deux couples, un belge et un français, viennent de garer un peu plus loin leurs gigantesques camping-cars. Partis d'Europe il y a quelques semaines pour un raid rapide, ils reviennent d'Inde sur les chapeaux de roues, leurs énormes camions encore bourrés de provisions de France.

Les yeux brillants, Christian regarde d'un air incrédule la bouteille de rosé qui trempe dans un seau de glace et ne risque même pas un refus de politesse quand René nous invite à partager l'apéritif. La chaleur, la fatigue, et ce petit verre de vin à jeun quand on n'a plus l'habitude..., nous voici tous pompettes, fraternisant joyeusement et rigolant comme des idiots.

Nos amis ont un moral du tonnerre.

– Demain matin, nous partons pour Kaboul!

Christian s'étonne :

– Kaboul? Mais vous ne savez pas? La frontière est fermée.

Oui, ils sont parfaitement au courant et ont l'air navrés de nous savoir bloqués ici.

– Mais pour nous, pas de problème, nous avons pris nos visas en Europe avant de partir et, de toute façon, Loulou connaît très bien l'ambassadeur de Belgique. Alors... Nous partons justement le voir.

Dix-huit heures. À la tête que fait Loulou en descendant de son camping-car, nous devinons tout de suite que ses relations à l'ambassade n'ont pas dû être tellement efficaces.

René s'affale contre le capot et grogne :

– J't'avais bien dit, Loulou : on n'aurait jamais dû rester dans ces pays de misère. Nous voilà coincés maintenant!

Il a pris un air si désespéré que Loulou et Christian ne peuvent s'empêcher d'éclater de rire.

Personnellement, je suis désolée pour eux, mais pas mécontente que nous ne soyons plus tout seuls en cas de problème, ou s'il fallait décider de descendre vers les pistes du Sud. D'autant que Danièle et Lisette me paraissent très sympathiques.

5 mai

Loulou supporte très mal la chaleur. Depuis dix heures du matin, il est affalé à l'ombre, les bras écartés, immobile, écarlate, et respirant avec peine.

6 mai

Ce soir, Nain-Bus a un nouvel habitant qui ronronne doucement près de la porte : ce gros ventilateur qui nous faisait tellement envie, derrière sa vitrine, et que nous nous sommes finalement décidés à acheter, avec des kilomètres de fil électrique. Mais, malgré un marchandage assez serré, le budget en a pris un coup et, avec ce qui nous reste de roupies, nous ne pourrons plus tenir bien longtemps.

Après bien des palabres, et un backchich à l'employé, l'hôtel d'à côté a fini par accepter de nous louer l'utilisation d'une prise de courant.

Alors, nous nous sommes plantés tous les six devant cette merveilleuse machine à courants d'air qui nous faisait revivre, et sommes restés là sans bouger le reste de la journée, de peur d'en perdre le moindre souffle.

Nous avons fait de la place à nos voisins qui, tout de suite séduits, ont décidé d'en acheter un, eux aussi, dès demain.

Pour cette nuit, Christian a perché l'engin en équilibre sur les glacières superposées afin que tout le monde profite au maximum de cette brise artificielle et providentielle. Mais j'ai très peur que les enfants se prennent les doigts dans les pales, et leur ai fait promettre de me réveiller s'ils ont besoin de se lever.

Tous les quatre dorment déjà à poings fermés. Je me sens bien et j'ai retrouvé les bras de Christian, alors que, ces derniers temps, la fatigue et la chaleur nous avaient séparés et que nous supportions à peine d'être côte à côte.

Mais ce soir, rideaux de capucine et de cabine tirés, serviettes suspendues devant le lit de Caroline, nous avons installé Nain-Bus en position-tendresse.

7 mai

Pour la première fois depuis longtemps, nous avons merveilleusement bien dormi, mais Christian s'est réveillé avec un bon mal de gorge.

Ce matin, les hommes ont fait leur habituelle et inutile visite au consulat. À leur retour, ils nous annoncent qu'un certain nombre de pays, dont la Belgique, viennent de reconnaître le nouveau gouvernement de Kaboul. Loulou rouspète :

– Si la France en avait fait autant, ils nous laisseraient peut-être passer!

Cette attente devient insupportable.

8 mai

Hourrah! l'Afghanistan débloque la frontière! Christian est revenu en trombe :

– Préparons-nous à toute vitesse avant qu'ils ne changent d'avis. Ils délivrent des visas de transit, et ça ne va peut-être pas durer. Nous avons exactement sept jours pour traverser le pays « à nos risques et périls » a bien précisé l'ambassadeur, car les tribus sont partout en révolte.

9 mai

Dès l'ouverture, nous sommes tous à l'ambassade. On nous rappelle encore les risques que nous courons en décidant de partir. Loulou paraît inquiet :

– Ils sont bien bons, avec leurs histoires. On n'y est pour rien, nous, après tout! Tiens, toi qui parles anglais, demande-leur donc de nous fournir une escorte armée.

Je me suis retournée vers Loulou en riant. Je n'ai jamais su s'il blaguait ou s'il parlait sérieusement, mais, comme j'imaginais que nos Afghans avaient d'autres chats à fouetter en ce moment, je n'ai quand même pas osé traduire.

De Rawalpindi, Pakistan, à Djelallabad, Afghanistan, 10 mai

Départ au petit jour. Nous atteignons Peshawar en fin de matinée puis, vers midi, la Khyber Pass. Nous sommes maintenant en pleine zone tribale, et je ne peux m'empêcher de repenser à ce que nous a dit l'ambassadeur.

Onze heures. La frontière. Tout paraît normal. Un peu plus de militaires, c'est tout.

Christian essaie de poser quelques questions aux douaniers sur la situation dans la région, mais ils sont peu loquaces et plutôt bougons.

Avant de remonter dans les camping-cars, nous discutons cinq minutes avec nos compagnons. Nous ne sommes pas très fiers d'être les premiers à passer par ici depuis le coup d'État, mais maintenant il faut foncer.

Je ressens une drôle d'impression, d'être dans ce pays qui a fait tellement parler de lui ces derniers temps. Pourvu que tout se passe bien!

Nous parcourons à toute allure les quarante-cinq kilomètres qui nous séparent de Djelallabad. En apercevant les premières maisons, je respire, presque étonnée que nous soyons arrivés là sans encombre.

Nous faisons quelques courses, le plein d'essence, et nous guidons nos amis vers les jardins du Spinghar où nous avions eu l'autorisation de camper l'hiver dernier. Pendant que nous nous installons pour la nuit, les hommes plongent dans leur moteur : ce n'est sûrement pas le moment de risquer une panne! Après le dîner, nous préparons nos plans pour demain.

– Si nous voulons avoir une chance de récupérer nos quatre mille francs, explique Christian, il faut que nous soyons avant midi à Kaboul. Après, avec le week-end musulman, ce serait fichu.

Tout le monde est d'accord : nous partirons donc dès la fin du couvre-feu, au lever du jour.

Sur la route de Kaboul, Afghanistan, 11 mai

Nain-Bus s'essouffle à suivre Loulou et René qui roulent toujours très vite. Mais, cette fois-ci, il n'est plus question de flâner. Trois heures que nous sommes partis, et déjà les gorges de la rivière Kaboul. J'ai l'impression de vivre le rembobinage rapide d'un film trop court. Mais tous ces paysages que nous avons tant admirés quelques mois plus tôt me paraissent maintenant suspects et, instinctivement, je scrute l'horizon, m'attendant à chaque virage à une embuscade.

Cependant tout semble calme et, sans les chars et les militaires que nous apercevons de temps en temps sur le bord de la route, on pourrait presque croire qu'il ne s'est rien passé ici.

Kaboul.

Il y règne une drôle d'ambiance. Partout des militaires et des carcasses de chars. Nain-Bus contourne de gros trous d'obus dans la chaussée et passe devant des murs criblés de traces de mitraillages.

Nous fonçons à la banque, sans trop y croire : jamais ce nouveau régime ne va reconnaître les dettes du précédent, et encore moins nous payer en dollars!

Surprise incroyable! Nous ressortons une heure plus tard avec la totalité de nos quatre mille francs, dont trois mille cinq en devises. Ouf!

Nous conduisons tout le monde au Gulzar. Tati Martha est là. Nous nous tombons dans les bras. Elle n'a pas le moral et nous raconte à voix basse les bombardements, le mitraillage du palais, les effrayants piqués d'avions en rase-mottes au-dessus du Gulzar et, chaque nuit, le ronronnement incessant du pont aérien russe :

– Ils arrivent sans arrêt. Vous en verrez plein dans les rues. Mais, pour vous, comment ça s'est passé? Entrez donc avec vos amis. Je vais vous préparer quelque chose à manger et vous me raconterez vos aventures.

Brièvement, nous lui expliquons notre retard, le blocage de la frontière, la chaleur, l'attente interminable.

– Vous n'allez quand même pas repartir sur les routes? C'est bien trop dangereux en ce moment. D'ailleurs, vous allez trouver l'Iran à feu et à sang. Non, vous feriez mieux de rester. Je pourrais essayer de faire prolonger votre visa!

Kaboul, Afghanistan, 12 mai

Nous avons entendu des coups de feu toute la nuit. Il y a eu des quantités d'arrestations, nous a dit Tati Martha. Dans la rue, nous devons faire attention à qui nous parlons, car les autorités ont demandé de dénoncer les antirévolutionnaires.

Nous sommes allés faire nos courses à Chicken Street. Dans une boutique dont je tairai le nom, il y avait deux grosses femmes blondes à fichu. Le vieil Afghan nous a dit en crachant par terre que personne ne voulait de ces Russes et qu'ils les ficheraient dehors.

– D'ailleurs, ils n'achètent rien, a-t-il ajouté d'un air dégoûté.

Partout, ce sont les mêmes réflexions. Je suis stupéfaite du culot de ces Afghans qui n'ont pas peur d'afficher leur opinion à la tête des Russes.

Nous sommes passés devant le palais de Daoud. Des soldats ont tenu à nous montrer le bureau où il avait résisté et s'était fait abattre. Celui-là, personne ne le regrette, apparemment. Mais pourquoi a-t-on aussi fusillé toute sa famille, jusqu'à ses petits-enfants ?

Nous n'avons pas pu revoir Shahwali. Qu'est-il devenu dans tout cela ?

Christian vient de s'apercevoir que notre réservoir d'essence fuit. Nous avons perdu six litres dans l'après-midi. Il a fait un colmatage de fortune. Pourvu que ça tienne !

Nous partons demain matin très tôt, au lever du couvre-feu.

Région parisienne, 20 novembre

MARIE-FRANCE :

Une étrange impression de désert. Beaucoup de voitures, de métal, de ciment, mais si peu de gens... Où sont les myriades d'enfants qui couraient dans le soleil?

Paris, cinq kilomètres! Dix-huit mois déjà! Je revois tous ces pays, alors pour nous des tracés sur la carte et maintenant, des familles, des visages amis.

Mais la récréation est finie. Dans une semaine, les enfants auront repris l'école, et Christian sera au bureau. Il fait gris des murs jusqu'au ciel, comme si Paris le faisait exprès.

Tout à l'heure, nous nous sommes arrêtés sur le bord de l'autoroute, pour prévenir parents et grands-parents de notre arrivée. Tout le monde était ému. On nous attend avec impatience à Meudon, sur la place. Depuis, c'est le silence dans Nain-Bus. Sans doute trop de pensées, trop d'émotions, de sentiments mélangés.

Boulevard périphérique, porte de Sèvres, Issy-les-Moulineaux...

– Ça y est! Je reconnais! claironne Isabelle. C'est la route des Gardes!

C'est vrai, rien n'a changé, ni les gens, ni les maisons, ni les rues, comme si rien ne s'était passé.

Place Stalingrad. Nain-Bus s'est arrêté.

– Maman! Regarde!

Ils sont tous là, avec les bons amis. Nous nous sautons dans les bras, et n'en finissons plus de nous embrasser, incapables de parler. Moi, bien sûr, je pleure. Mais, aujourd'hui, je ne suis pas la seule à laisser couler la joie.

– Bon, allez! Je vous emmène tous au restaurant! tranche Bonne Maman. Venez nous raconter ça au chaud.

Est-ce la fatigue, l'émotion, le vin? Je me sens tout d'un coup un peu saoule. La tablée est joyeuse et bruyante. J'entends comme dans un rêve Christian et les enfants raconter notre voyage. Notre voyage... Je me rends compte soudain que, pour la première fois, nous en parlons au passé!

– ... Et cette traversée du désert, on s'en souviendra toujours. Il faisait un vent brûlant et on avait peur de se faire tirer dessus. Papa a continué à perdre de l'essence. On est arrivés à Hérat à la limite du couvre-feu.

– Et vous avez revu Isaak, l'ami dont vous parliez dans vos lettres?

– Oui, nous l'avons revu. Il n'avait pas le moral non plus. Tu sais, autrefois, sa famille avait déjà été réfugiée du Turkménistan quand les Russes étaient arrivés. Et puis, sans les Européens, il ne pouvait plus faire d'affaires pour nourrir sa famille.

– En plus, il était furieux de savoir qu'on n'aurait plus le droit de venir.

Éric s'est endormi, la tête sur les genoux de Mamita. Il n'a même pas fini sa mousse au chocolat dont il rêvait depuis si longtemps.

– Et le pire de tout ça, c'est qu'en Iran, ce n'était pas mieux! Quand nous sommes arrivés à Meched, il venait d'y avoir deux cents morts. Ce pays était devenu fou et pris d'une frénésie anti-occidentale. Nous n'en menions pas large.

– Oui, avec Maman, on a même été obligées de se voiler pour passer inaperçues.

– C'est là que nous avons quitté nos amis. Ils rentraient dare-dare en Belgique et en France. Nous, nous voulions quand même rester un peu en Iran et puis, nous avions encore des mois de voyage.

– En Turquie, nous pensions que ce serait plus calme.

– Plus calme? Tu parles! Dans un village, nous sommes tombés en pleine émeute : il paraît qu'un étudiant venait de se faire tuer par un extrémiste. C'est là que nous avons failli rester bloqués définitivement parce que les pompes à essence étaient à sec. La Turquie n'avait plus de devises pour acheter son pétrole. Sans un dépannage miraculeux, nous y serions encore. En arrivant à Ankara, nous avons vraiment fait ouf! Finies les émotions! Nous étions contents de nous reposer un peu.

– Alors là, Mamie, tu vas rire, parce que, quand Papa parle de se reposer... On s'était tranquillement installés dans l'herbe et, tout d'un coup, on a entendu Bertrand crier : « Là! Là! » Et puis, derrière, qu'est-ce qu'on a vu? Un énorme serpent qui rampait vers nous. On a tous sauté sur la table. Brrr!...

Isabelle en tremble encore.

– Après, on est allés en Grèce et puis on a pris deux fois le bateau. La nuit, on couchait sur le pont et le pauvre Nain-Bus était dans la cale.

– Et moi, ce qui m'a le plus étonné, en arrivant au port de Tunis, ajoute Bertrand, c'est d'entendre parler français. Tu rigoles, mais on n'y était plus habitués!

La Tunisie... Christian, tu avais retardé notre entrée en Algérie, comme si tu avais le trac. Je savais ce que cela représentait pour toi. Je savais combien étaient profonds tes souvenirs de ces trois années passées en Kabylie, dix-sept ans plus tôt, et la passion que tu avais eue pour ce pays... Alors, lorsque, à la fin du séjour dans cette colonie de vacances où nous avions été si merveilleusement accueillis, les moniteurs et les deux cents enfants ont confié à Bertrand le lever des couleurs dans ce ciel algérien si bleu, si pur, comme pour tout effacer, alors, Christian, j'ai vu les larmes qui embuaient tes yeux, même si tu as voulu t'en cacher.

– Et le Maroc? Vous avez revu Zohra?

– Zohra? Bien sûr! Tu penses si les enfants étaient contents de la revoir! Elle était aux anges et nous a préparé de ces tagines!

Le Maroc, c'était presque un pèlerinage. Nous y avions passé trois ans et laissé tant d'amis que nous nous y sentions un peu chez nous. Et pourtant, nous y avons eu notre dernière peur.

Christian raconte :

– Nous voulions monter dans l'Atlas pour passer un moment avec les tribus berbères. J'avais choisi la piste de montagne la plus courte. Mais un ami marocain avait essayé de m'en dissuader : « Elle n'est plus entretenue en ce moment; vous ne monterez jamais avec votre camping-car. » Nous étions devenus si sûrs de nous, que je lui avais répondu : « Avec Nain-Bus? Il en a vu bien d'autres!... » Nous nous sommes lancés en toute confiance et, pendant des heures, nous avons roulé à flanc de montagne, presque au pas, sur cette piste de poussière et de trous. Et puis, tout à coup, la pente est devenue trop forte... Nain-Bus ne montait plus, c'était la catastrophe. À droite, tout proche, le précipice... Il était impossible de reculer. J'avais la jambe qui tremblait sur le frein. Il ne fallait pas que Nain-Bus bouge. Des minutes de cauchemar... Il n'y avait qu'une solution : qu'ils descendent tous pour pousser. Une fausse manœuvre et je les précipitais dans le vide! Ils sont sortis par l'arrière. La sueur me perlait dans le dos. J'ai lâché peu à peu le frein à main. Nain-Bus avançait... Vingt mètres plus loin, c'était déjà moins raide.

– Heureusement que vous ne m'avez pas écrit tout ça, soupire Bonne Maman, j'aurais été morte de peur!

Elle garde un moment le silence puis hoche la tête en regardant les enfants :

– C'est fou ce qu'ils ont grandi et changé aussi. Surtout Caroline!

C'est vrai qu'elle a changé. Nous avions emmené une petite fille; elle a presque ma taille maintenant. Une bouffée de cheveux blonds, ramenés en queue de cheval, dégage un cou gracieux et fait ressortir le bleu de son regard de chatte. Sa silhouette même s'est transformée, et elle commence à ressembler aux héroïnes de David Hamilton.

Les autres sont restés bien enfants.

– Dis donc, Christian, tu sais l'heure qu'il est?

– C'est vrai, où couchez-vous ce soir? Voulez-vous venir à la maison?

– Tu es gentille, mais nous ne pouvons pas laisser Nain-Bus seul dans la rue avec tout ce qu'il y a dedans et la porte qui ferme mal. Non, je pense que nous allons nous installer au camping du bois de Boulogne.

– À propos, je crois vous avoir trouvé un appartement en location.

Camille, triomphante, me passe un bout de papier par-dessus la table.

– Il serait libre dès maintenant.

– Bravo! ce serait un coup de veine!

– Mais il n'a que trois pièces. Ça vous ira?

– Trois pièces? Mais c'est énorme! Tu oublies que nous venons de passer dix-huit mois dans Nain-Bus!

Et, avec ce que nous avons vendu, ce ne sont pas les meubles qui nous encombreront...

Meudon, 15 décembre

MARIE-FRANCE :

Maudit réveil! Il m'a sonné dans les oreilles pendant au moins une minute avant que je ne trouve le bouton pour l'arrêter. Sept heures moins le quart, déjà! Qu'il fait sombre, dehors! Ça me fend le cœur de réveiller les enfants.

– Allez, debout, c'est l'heure!

Je fonce préparer le petit déjeuner sur le réchaud de camping qui trône au milieu de la cuisine vide.

C'est aujourd'hui que Christian reprend son travail. Pour les enfants, c'est déjà fait. Je nous revois encore tous les deux quand la directrice nous a reçus dans son bureau. Nous nous sentions comme deux potaches pris en flagrant délit d'école buissonnière.

– Bon, alors, ces enfants, qu'ont-ils fait, au juste?

Christian a bafouillé :

– Eh bien, euh...

– Ont-ils au moins suivi un cours par correspondance?

– C'est-à-dire que... vous savez, la correspondance... Mais ils ont rédigé leur journal de bord. Ça leur a fait travailler le vocabulaire, la grammaire, le style même.

Ça y est, Christian était lancé :

– Oui, le journal de bord les a obligés à mieux observer, à développer leur esprit de synthèse. Et puis, les autres matières : la géographie, bien sûr, sur le tas; chacun d'entre eux serait capable de dessiner la carte de l'Asie les yeux fermés. L'histoire aussi : cette route en est si riche! Vous savez, quand on mime sur place la prise de Constantinople par les Turcs, on ne l'oublie plus! À part ça, l'anglais, évidemment, pour se débrouiller dans toutes les grandes villes...

– Bien. Et les maths?

– Nous en avons fait aussi.

Là, il bluffait. Nous y avions consacré, en tout et pour tout, huit après-midi pour quatre programmes. Nous avions installé Nain-Bus dans un coin tranquille du Maroc et transformé son côté en tableau noir. Christian avait alors décrété qu'il ne comprenait rien aux maths modernes et demandé aux enfants de lui expliquer leurs livres, progressivement, d'Éric à Caroline. C'est tellement plus drôle d'être professeur!

– Écoutez, je ne doute pas qu'ils aient appris énormément de choses, mais il faudra qu'ils fassent leurs preuves. Je vais les prendre à l'essai dans les classes supérieures, et rendez-vous à la fin du trimestre.

Les enfants sont rentrés depuis quelques jours. Hier soir, Isabelle est revenue en trombe de l'école, brandissant son cahier de textes :

– Devinez ce que j'ai à faire comme rédac : « Racontez vos dernières vacances »! Ouh là là! Je ne suis pas sortie de l'auberge!

Tout le monde est dans l'entrée, prêt à partir. Quand Christian arrive, les enfants pouffent de rire :

– Superchouette, Papa, avec ta cravate!

– Ne vous fichez pas de moi! Vous croyez que vous avez l'air malin, vous? Regardez-moi celui-là, qui disparaît complètement sous son cartable! Tu as vraiment besoin de tout ça aujourd'hui?

La porte s'est refermée. Je suis toute seule. L'appartement me paraît tout d'un coup trop grand. Chacun de son côté. Maintenant, la vie de famille, ce ne sera plus que des soirées et des week-ends... Je fonce sur le palier et les rattrape devant l'ascenseur :

– Allez, embrassez-moi, bande de clowns! Eh bien, qu'est-ce qu'il y a? Ne me regardez pas comme cela! On ne va pas se mettre à pleurer, non?

c'est vrai qu'on repart bientôt ?...
éric

ÉPILOGUE

27 février

CAROLINE :

Si un jour vous passez par les collines de Meudon et que vous apercevez, sur un parking, un petit Nain-Bus mélancolique, alors n'hésitez pas, montez nous voir! Sans lits ni beaucoup de meubles, notre appartement vous paraîtra peut-être bien vide, mais il est rempli de rêves, et vous en remporterez sûrement un. Peut-être même partirez-vous à votre tour.

Pour l'école, ne vous inquiétez pas. Vous en apprendrez bien plus et, comme nous, vous sauterez certainement votre classe.

Nous pourrons vous donner des nouvelles récentes de beaucoup de nos amis, de Brian qui a été sauvé par son médecin, d'Ashu qui nous invite à son mariage, de Vipin, etc., mais, soyez gentils, n'en demandez pas d'Isaak ni de Shahwali, car nos lettres restent sans réponse. Savez-vous qu'il y a eu quatre mille morts à Hérat?

Et puis, s'il vous plaît, quand vous redescendrez, consolez bien Nain-Bus. Dites-lui qu'il ne se rouille pas trop de tristesse et que nous lui préparons de nouvelles aventures.

TABLE

PREMIÈRE PARTIE

Le premier matin 11
Cela a commencé il y a un peu plus de deux ans 14
De l'Allemagne à Istamboul 47

DEUXIÈME PARTIE

Istamboul 57
Sur le bord de la mer Noire 66
Istamboul, Ankara, Cappadoce 69
Malatya 75
Diyarbakir 79
Sur les pistes de Turquie de l'Est 84
De Makou à Téhéran 91
Nord de l'Iran 95
Meched 101
Entrée en Afghanistan 103
Hérat 106
D'Hérat à Kandahar 124
Sur la route de Kaboul 128
Kaboul 133

TROISIÈME PARTIE

La Khyber Pass 159
Premier contact avec l'Inde 166
Sur la route de Delhi 173
Delhi 176
Dans la jungle, contreforts indiens de l'Himalaya 190
Découverte du Rajasthan 197
Jaïpur 201
Sikanderpur 211

Dans les villages du Rajasthan 219
De Bénarès à Patna 229
Katmandou 237

QUATRIÈME PARTIE

De Patna à Delhi 245
De Moradabad à Kaboul, par Rawalpindi 253
Le retour 264
Meudon 268

Épilogue 271

Cet ouvrage
a été composé
et achevé d'imprimer
en avril 1984
par l'Imprimerie Floch à Mayenne
pour les Éditions Albin Michel

AM

N° d'édition 8390. N° d'impression 21785
Dépôt légal : avril 1984

Imprimé en France